苦悶する
大欧州世界

中津孝司［編著］

雨宮康樹・金森俊樹［著］

創成社

はじめに

　一難去ってまた一難。リーマン・ショック（金融危機），南欧債務危機，ギリシャ危機，難民危機，英国・欧州連合（EU）離脱危機―　欧州はさまざまな危機に直面し，その都度，危機を克服してきた。賛否は分かれるが，欧州の復元力は今もって健在だと評価できる。

　経済統合から政治統合へと昇華させる試行錯誤は現在も進行中。前人未踏の壮大なる実験が続けられている。もちろん巨大組織体を運営・管理する関係上，あらゆる障害は日常茶飯事。新たな危機は今後も欧州を苦しめることだろう。

　しかし，欧州には哲学を源流とする学問を体系化した偉大な功績がある。自由，平等，民主主義を具現化した先駆者でもある。この意味で欧州は価値観のパイオニアであろう。ただし，価値観のみで市民は豊かになれない。衣食足りて礼節を知る。経済的繁栄なくして進歩は実現しえない。

　EU統計局が2016年4月29日に公表した同年1－3月期のユーロ圏域内総生産（GDP）は実質で対前期比0.6%増だった（『日本経済新聞』2016年4月30日号）。年率換算では2.2%成長と，2013年4－6月期以降，景気回復基調が保たれている。2桁ではあるものの，失業率は10.2%にまで低下。雇用が内需を下支えする構図が続く。

　一方，経済の体温と形容される物価の動向は日米両国と同様に芳しくない。日本もユーロ圏の経済社会もデフレ圧力にさらされている。政治リスクがくすぶる中，ユーロ圏はこれから正念場を迎える。

　本書は欧州の危機的構図をさまざまな角度から描いている。それを国際関係全体に位置づけようと試みた。その道の専門家・研究者からの助力も得て，ようやく脱稿にこぎつけることができた。執筆者の先生方に厚く御礼申し上げる。

このたびもまた創成社の塚田尚寛社長，編集部・営業部のスタッフの皆様に大変お世話になった。記して感謝申し上げる次第である。

平成28年梅雨のころ

執筆者を代表して　中津孝司

目　次

はじめに

I　米利上げ後のグローバル経済 —————— 1
1. 不透明感が払拭されない世界経済 …………………… 1
2. 米利上げの衝撃 ………………………………………… 5
3. 中東リスクと原油安 …………………………………… 8
4. 中国リスクとグローバル経済 ………………………… 18
5. 悪循環を断ち切る処方箋 ……………………………… 26

II　国際関係の構図が激変する —————— 30
1. グローバル経済の悩みの種 …………………………… 30
2. 大変動する国際政治力学 ……………………………… 34

III　ドキュメンタリー：ギリシャ緊迫 —————— 40
1. 大いなる茶番 …………………………………………… 40
2. 国民投票結果は無視され，事態は意外な展開に …… 44
3. ギリシャ危機は繰り返されるか ……………………… 50

IV　ドイツ経済はなぜ強いのか —————— 57
1. はじめに ………………………………………………… 57
2. 戦後の歴史 ……………………………………………… 58
3. ドイツの資本主義はどのように変わったか ………… 73
4. ドイツ経済の現状 ……………………………………… 82
5. おわりに ………………………………………………… 83

V ロシア経済混迷の真相 ——————————— 86
1. プーチン大統領の訪日は実現するか ················· 86
2. 苦境深まるロシア経済 ························· 94
3. 迷走するウクライナ情勢 ······················· 99
4. ロシアが泣きつく中国の惨状 ···················· 104
5. 中央アジア争奪戦 ··························· 109
6. ガスプロムとロスネフチの苦闘 ··················· 112

VI バルカン半島地域の特殊性 ——————————— 123
1. 大欧州地域におけるバルカン半島地域の特殊性 ·········· 123
2. 欧州における「領域的支配」と「民族的支配」 ············ 126
3. 欧州における冷戦後の「新しい戦争」 ················ 128
4. バルカン半島における特異なナショナリズム ············ 131
5. オスマン帝国と南東欧・バルカン半島地域 ············· 134
6. 「トルコ共和国」の歩み ························ 139

VII バルカン半島地域と大欧州世界 ——————————— 165
1. 「ポスト・冷戦期の終わり」と国家の変容 ·············· 165
2. 国際法と国家の変容 ·························· 169
3. バルカン半島における「大民族主義」 ················ 172
4. 「『アルバニア人居住圏』地域」をめぐる平和構築 ········· 175
5. 「新しい戦争」の時代とアイデンティティ ·············· 181
6. 「新しい戦争」の時代のバルカン半島地域と大欧州世界 ······ 185
7. 「『アルバニア人居住圏』地域」の形成 ················ 193
8. 「『アルバニア人居住圏』地域」の形成と平和の可能性
   —「『アルバニア人居住圏』地域」の出現— ············ 201

VIII イラン制裁解除の国際政治経済学 —————— 224
1. 歴史的な制裁解除となるか ………………………………… 224
2. 制裁解除の国際経済学 ……………………………………… 226
3. 制裁解除の国際政治学 ……………………………………… 232
4. ロシアのシリア介入で中東の勢力地図は激変する ……… 252

索 引 259

《著者紹介》

中津孝司（なかつ・こうじ）担当：はじめに，Ⅰ，Ⅱ，Ⅲ，Ⅴ，Ⅷ
　※編著者紹介を参照。

雨宮康樹（あめみや・やすき）担当：Ⅳ
　愛知県生まれ。
　2000 年　大阪大学国際公共政策研究科博士後期課程修了。
　現　在　星城大学経営学部経営学科教授，大阪大学博士（国際公共政策）。
〈主要業績〉
　「フランス労働市場における賃金構造の変化と内部労働市場」『オイコノミカ』2002 年。
　「日系製造業の対欧州直接投資と撤退」『世界経済評論』2003 年。
　『戦略的グローバリズムの企業経営』（共著）創成社，2012 年。

金森俊樹（かなもり・としき）担当：Ⅵ，Ⅶ
　東京都生まれ。
　2014 年　早稲田大学大学院社会科学研究科博士後期課程修了。
　現　在　大東文化大学法学部政治学科非常勤講師，早稲田大学博士（学術）。
〈主要業績〉
　『新版・現代バルカン半島の変動と再建』（共著）杉山書店，1999 年。
　「コソヴォ独立とアルバニア人のナショナリズムの質的変容—民族・エスニシティ問題を中心に—」『ロシア・ユーラシア経済—研究と資料』2010 年。
　『「アルバニア人居住圏」地域にみる民族・宗教とアイデンティティ—現代バルカン半島の平和構築に向けて—』（早稲田大学大学院学位論文（博士（学術））），2014 年。

I 米利上げ後のグローバル経済

1. 不透明感が払拭されない世界経済

　波乱の幕開けとなった申年の 2016 年。申年は騒がしいとされるが，松の内から不安材料が外国から相次いで日本に飛び込んできた。

　中東ではサウジアラビアがイランとの断行を宣言。バーレーンやスーダン，それにアラブ首長国連邦（UAE）もイランとの対決姿勢を強めている。不安定な中東地域でまた 1 つ，懸念材料が増えた。

　市場も落ち着かない。中国の通貨・人民元が切り下げられたことを警戒して，上海株が急落。再び上海ショックが世界を駆け巡り，東京，ロンドン，ニューヨークの株式市場が年明け早々，乱気流に巻き込まれた。中国人民銀行（中央銀行）が人民元の対米ドル基準値を人民元安方向に設定したことから，中国経済の先行き懸念が再燃した。市場が一斉にリスクオフ姿勢へと傾いたことで安全資産とされる日本円買いが加速したのである。

　今もって釈然としないが，日本円は安全資産との評価が定着している。有事の際に金が物色の対象となるのと同様に，リスクオフ局面では決まって日本円に買いが入る。日本株は円高にきわめて脆弱。円高を嫌気し，日本株が売り込まれてしまう。

　市場が中国不安や世界経済の先行き不透明感を十分に織り込めないでいたところに，北朝鮮が水爆実験（核実験）を断行したというニュースが世界を駆け巡った。リスク回避の円買いが進み，日本株は叩き売られた。

　中東不安，北朝鮮問題，中国懸念に共通するのはマネーのリスク回避。日本円にリスクマネーが流入し，急激な円高を招く。株式市場からは資金が引き揚げられ，日経平均は暴落する。米国の利上げを無難に乗り切った株式市場であったが，2016 年は年初から連日の株価急落に見舞われた。

2015年，最大級の金融・経済イベントと位置づけられた米連邦準備理事会（FRB）によるゼロ金利解除。2015年12月に開催された米連邦公開市場委員会（FOMC）でゼロ金利解除が決定された。実際の利上げまでに市場は利上げを相当程度，織り込んでいた。入念な予行演習が実施された感もあり，ゼロ金利解除宣言に市場は動揺せず，FRBが米国経済の先行きに自信を深めたと理解，市場はむしろ不透明感が払拭されたと利上げを歓迎した。

　ところが，もう1つの不安材料は放置されたままだった。それが原油安。原油価格は2015年を通じて，下落し続けた。確かにエネルギー安は消費国経済にとってプラス要因である。消費国から生産国に富が流出しないわけだから，原油安は歓迎されるべき材料である。原油を100％輸入に依存する日本にとって朗報であることに間違いはない。

　しかしながら，経済空間は「風が吹けば桶屋が儲かる」メカニズムに支配される。世界経済に多大な影響を与える米国経済。痩せても枯れても米国は基軸通貨・米ドルを自由自在に操る世界トップの経済大国である。その米国には原油消費国と産油国という2つの顔がある。

　世界屈指の国際石油資本（メジャー）であるエクソンモービルやシェブロンは米国のグローバル企業。ニューヨーク株式市場に上場する。原油安局面ではエネルギー関連企業の収益は圧迫される。当然，収益悪化懸念で石油企業の株式は売り対象となる。石油企業株が売られると株式市場全体に悪影響を及ぼす。これらは米国株安を誘発する。リスクオフムードが漂い，米国債や日本円に投資マネーが流入する。米国の長期金利は押さえ込まれ，円高が演出される。これが日本株にとっての足枷となる。

　一般に米ドル高局面では国際商品価格が低迷する。貴金属やエネルギー資源には金利を伴わないからだ。米ドルが利上げの対象となった今，国際商品を積極的に買い漁る根拠に乏しい。投資家は商品からマネーを引き揚げ，利回りの良い投資対象にマネーをシフトさせていく。これまで原油価格が堅調に推移していたのは米国のゼロ金利政策にも原因が潜んでいる。

　原油安は産油国の経済を直撃する。石油輸出国機構（OPEC）に加盟する産

油国のみならず，ロシアやノルウェー，それにカナダやメキシコといったOPECに加盟しない産油国の経済悪化も招く。投資家は産油国経済の悪化を懸念して，当該国の通貨や株式から資金を引き揚げる。引き揚げられたマネーの一部が安全資産と見なされる日本円に流入する。円高が日本株を圧迫してしまう。

米国による利上げは実現した。今後，米国のフェデラルファンド（FF）金利（政策金利）は1.0％以上に向かって誘導されていく。

だが，原油安は終焉していない。1バレル30ドルという抵抗ラインを割り込んでしまうか。底を打ち反転するか。市場は慎重に見極めようとしている。ただ，足元では供給サイドにも需要サイドにも原油の買い材料は見当たらない。反転するとすれば，テクニカル的な要因となろう。1バレル30ドルで底を打ったとしても，同50ドルを大きく上回ることはないだろう。35–50ドルのレンジをスネークする様相を呈するのではないか。

底を打てば，市場がいったん，原油安を織り込んだこととも相まって，今度は原油安のプラス材料が着目されることになろう。これは日本株にとっての強気材料となる。金利差がドル高・円安に導くことになるだろう。これも日本株にとっては買い材料である。

いわゆる「改革・開放」路線が打ち出されてから35年以上の歳月が流れた。中国経済は高度成長を遂げたと一般に評価されているが，果たしてその評価は正しいか。

1945年8月，日本はポツダム宣言を受け入れた。都市部は焼け野原。日本経済は奈落の底に突き落とされた。それから35年後の1980年。日本は米国に次ぐ世界屈指の経済大国として君臨した。優良企業はグローバル経営戦略を展開。それとともに日本の技術力を世界が礼賛した。日本製品は世界中のウインドウに飾られ，品質の高さが賞賛された。

今の中国企業にそのような輝きはあるか。卓越した技術力を誇る中国企業，日本企業を圧巻する中国企業は皆無である。中国経済の進歩は亀のように遅いのである。日本が35年で成し遂げられた経済成果を中国は実現できないでい

る。実現できないまま，落日が眼前に迫ってきた。中国の高度成長とは幻影に過ぎないのである。外国企業に外国の技術力で製品を輸出したカネで生活が上向いただけである。質的に蓄積されたものは皆無である。

　中国のネットユーザーは6億5,000万人に達するという(1)。この巨大市場を背景にアリババ集団なる中国のネット企業が躍進，中国企業の代表格との評判だ。その会長はチャイナ・ドリームを体現した人物として注目されている。

　だが，世界市場で通用するかどうかは未知数。アリババのビジネスモデルは米アマゾン・ドット・コムを模倣。そこにオリジナリティーは見出せない。2014年9月に意気揚々とニューヨーク証券取引所に上場，史上最大の250億ドルを調達したものの，上場後は株価を大きく削っている。これが紛れもない投資家の評価である。株価はさらに下値を探ることになろう。アリババ集団が倒産しても，誰も困らない。模倣しか能のない企業は世界市場では自然淘汰されていく。

　確かに中国の商人は商売人かもしれない。しかし，技術力に磨きをかける「ものづくり」に熱心でない。あたかも職人を蔑視しているようだ。逆に日本では職人根性が連綿と後世に受け継がれ，創意工夫を重視する「ものづくり」が尊重されている。日本企業は奇抜な発想では米国のベンチャーに勝てないかもしれない。それでも，改良に改良を重ねて，本家を凌ぐ製品を生み出す総合力は並外れている。これこそが経済活力の源泉である。日本企業に中国企業が追いつくことは永遠に不可能である。韓国企業についても同様だ。

　中国は役に立たない建造物建設を得意とする。世界中の資源が中国に吸い寄せられるゆえんだ。13億人の胃袋を満たすために世界中の食料品が中国に吸い寄せられる。ただそれだけなのである，そこに工夫や創造力は微塵もない。中国は世界経済にとっての障害物であることに気付くべきだ。労働争議が多発する中国を見限ることこそが将来の成長を約束する。

　中国経済の発展を期待する，中国経済に依存するなどは愚の骨頂。中国経済との決別こそが日本経済発展に貢献することを認識すべきだ。

　賢明な台湾国民はいち早く中国依存の危険性を悟った。民進党の蔡英文主席

が台湾史上初の女性総統に就任，台湾独立へと舵を切った。民進党は党綱領に台湾独立を掲げる。台湾の対中輸出依存度は4割(2)。対中輸出から輸出先の多様化を推進せねばならない。台湾は今後，環太平洋経済連携協定（TPP）加盟を標榜し，日本や米国との関係強化へと乗り出していく。日本にとっても脱中国を図る契機となる。日本・台湾関係は新たな時代を迎える。

2. 米利上げの衝撃

　イエレンFRB議長がようやく決断。2015年12月16日，イエレン議長はワシントンで記者会見し，ゼロ金利の解除，金利引き上げを発表した(3)。英経済紙『フィナンシャル・タイムズ』は「歴史的ギャンブル」と形容している(4)。

　実に，9年半ぶりの利上げ，7年ぶりのゼロ金利解除，政策金利の正常化である。ただ，利上げのペースについては，イエレン議長は緩やかに進めると幾度も繰り返し，緩和的な金融政策スタンスが継続すると強調，市場の懸念払拭に腐心した。

　引き締めペースに配慮するのは物価動向にも原因がある。中東地域や朝鮮半島，それに南シナ海での地政学的リスクが顕在化する中で，FRBが矢継ぎ早に金利引き上げを実施できる客観的環境は醸成されていない。

　米国の物価上昇率目標は日本と同様に年間2％。ところが，足元では物価目標2％に達していない。雇用環境は大幅に改善されたものの，米国経済は低インフレ・低成長に甘んじている。日本銀行の黒田総裁やユーロ圏が頭を悩ませる低インフレと同様の悩みをFRBも抱える。

　ゼロ金利を解除して，金融政策を正常化の軌道に乗せることは重要である。しかし，物価が上昇しない局面で金利だけを引き上げる大義はない。追加利上げには慎重とならざるを得ない。

　当然，米長期金利は上昇の勢いが鈍く，金利差に着目したドル高・円安は緩やかになる。反面，息の長い長期の円安を期待できる。新興国は追随利上げで資金流出防止に懸命だ。これも米ドル買い圧力が弱い原因となっている。急激

なドル高の回避は米国企業の輸出競争力を温存することに寄与する。

　通貨防衛を目的として新興国の通貨当局は相次いで利上げに踏み切った。米国の隣国であるメキシコでは政策金利の連動性が高い。米国の利上げは通貨ペソの利上げを誘発した(5)。今後，FRB が利上げを実施するごとにメキシコの通貨当局は追加利上げを迫られることになる。南米ではチリの中央銀行も利上げを決定している。

　米ドルが一段高になると，自国通貨安が顕在化。輸入インフレが加速する。新興国も外貨準備金を積み上げていることを考えると，即座に通貨危機に見舞われる可能性は低い。ただ，利上げは本来，景気を冷ます手段として用いられる。景気の低迷局面で利上げに踏み切ると，景気をさらに冷え込ませる。

　新興国の先頭を走っていた BRICs（ブラジル，ロシア，インド，中国）はインドを唯一の例外として精彩を欠く。中でも資源国であるブラジルとロシアの景況悪化は長引いている。リスクマネーは収縮する一方の状況下で，新興国が世界経済を牽引することは絶望的な状況となっている。

　中東のペルシャ湾岸に位置するサウジアラビア，クウェート，UAE，バーレーンといった一連の産油国は自国通貨を米ドルにペッグ（固定）している。それゆえに米国に追随して利上げせざるを得ない。先に指摘したように，産油国の経済は原油安で例外なく青息吐息。財政状況も悪化しているために，補助金の削減を余儀なくされている。カフカス（コーカサス）地方の一角を占めるアゼルバイジャンは通貨マナトの米ドル連動を放棄，変動相場制への移行を余儀なくされた。事実上の通貨切り下げ措置である(6)。

　今後，金利の引き下げを断行できる新興国と追加利上げを迫られる新興国とに二極分化していく。経済の足腰が強い新興国では利下げは可能となるが，反対に，景況感が芳しくない新興国は利上げせざるを得ない。本来ならば，その逆の金融政策が打ち出されるはずだが，基軸通貨・米ドルの前に屈服するしか方策はない。

　米金融当局は 2000 年代初頭から半ばにかけて政策金利を小刻みに引き上げていた。にもかかわらず，米国内ではいわゆるサブプライムローン（信用力の

低い個人向け融資）問題が表面化。リーマン・ショック（金融危機）の伏線となっていく。

　2008年9月の金融危機で世界経済がクラッシュすると，FRBは同年12月にゼロ金利政策を導入。量的金融緩和策の採用にも踏み切る。2014年10月に量的金融緩和策が打ち切られた後もゼロ金利政策は継続されていた。このゼロ金利も解除されたことで緩和マネー・リスクマネーは急減することになる。カジノ経済という宴は名実ともに終幕を迎えた。残ったのは多額の債務だけである。

　米国とは反対に日本とユーロ通貨圏は量的金融緩和政策を採用し続ける。追加緩和も辞さない。日銀は異次元金融緩和の補完措置となるマイナス金利政策を打ち出した。日本政府も1億総活躍社会実現に向けた補正予算を編成。日銀と政府が足並みをそろえて政策の総動員に動く。

　にもかかわらず，日本も欧州も低インフレのリスクに脅える。原油安の影響で物価目標2％は達成できず，頼みの綱は賃上げと設備投資のみ。政府が労働組合の代理人として賃上げを財界に要請する始末。日銀も政府も企業に積極的な設備投資を求めている。黒田日銀によるバズーカ砲第4弾を正当化する状況が生み出されつつある。欧州中央銀行（ECB）にも市場から追加緩和の催促状が突きつけられている。

　ユーロ圏の消費者物価上昇率は2015年12月実績で対前年同月比0.2％増(7)。ユーロ圏の物価低迷は明らかである。物価低迷の原因は原油安のみならず，低い賃金上昇率と緩慢な景気回復にもある。ECBが描く物価回復シナリオは崩れる公算が大きい。

　また，ユーロ圏では銀行の破綻処理が一元化される（銀行同盟）(8)と同時に，資本の増強が進展しているものの，欧州の大手金融機関は南欧諸国を中心に不良債権の処理に手間取っている。欧州の景気が芳しくないことが不良債権処理を遅らせる原因となっている。原油安は大きな問題であることは間違いがないけれども，それ以上に足腰の強い経済構造を構築することこそが重要である。

3. 中東リスクと原油安

　原油価格の高値維持政策を放棄し，市場シェア優先主義を打ち出したOPEC。OPECは米国で進展していた，いわゆる「シェール革命」に対抗すべく，市場占有率を重視する方針に転換した。この戦略転換の直後から原油価格は一貫して大幅に下落，低空飛行を今も続けている。

　産油国が原油価格低迷の被害者であることはいうまでもない。原油の輸出で外貨を稼ぐ昔ながらの手法に依存する限り，産油国の景況感は悪化する一方である。産油国は政府歳入でも原油輸出に頼る。財政収入が圧迫されることから補助金の削減や国債の発行に追い込まれる状況となっている。

　需要サイドを点検すると，先進国では地球温暖化ガスの排出削減が政策目標として掲げられ，化石燃料の需要は自ずと低迷する。新興国でも中国を代表国として景況感の悪化からエネルギー需要の伸びは抑え込まれている。全体として，エネルギー資源の需要は旺盛でない。

　需要の低迷期には供給量を絞り込むのが一般的だが，既述のとおり，OPECが産油量を削減する気配はなく，米国の産油量も堅調に推移している。世界全体ではすでに日量150万バレル程度の供給過剰状態にある[9]。ここに加えて，供給サイドでは新たな原油の供給量増大要因が2つ存在する。

　第一に，イラン。国際社会による経済制裁が解除されたことを受けて，イラン産原油の輸出が解禁された。少なくとも日量50万バレルのイラン産原油が国際市場に復帰した。中東ではイラクでも原油の増産が勢いを増す。イラクの産油量は2015年11月実績で日量430万バレルとなっている[10]。イランとイラクの原油輸出量増加は需給バランスをさらに崩していく。

　第二に，米国。「シェール革命」の進展で米国が40年ぶりに原油の輸出へと舵を切る。米国は今もって原油の純輸入国だが，米国内の産油量増加で原油の輸入量が劇的に減少している。現在，米国の原油輸入量は日量830万バレル程度である。

　潤沢な産油量[11]を背景に，原油在庫が積み上がり，北米市場の油価の指標

となる WTI（ウエスト・テキサス・インターミディエート）原油価格に下落圧力が作用して久しい。

　シェール企業も含めた石油企業は通例，油田や天然ガス田を担保として金融機関から融資を得ることから，原油安局面では油田・天然ガス田の評価額が下がり，採算割れの事業には融資できない。そうなると，当該企業は運転資金を借り入れできなくなり，資金繰りの道を断たれる。

　一方の金融機関にとっても油田の評価低下が不良債権を生み，金融機関の財務を傷つける。原油安の悪影響が石油企業のみならず，金融機関にも波及する結果となる(12)。事実，米国の独立系石油・天然ガス企業トップ60社の純債務総額は2006年末の1,000億ドルから2,060億ドルに膨張している(13)。新規借り入れは困難で重債務企業は生き残れない公算が大きくなってきた。すでに2015年には8万6,000人の関連業務が失われた。シェール企業の生産コストが大幅に下がったとはいえ，人員削減だけで苦境を乗り越えることができるかどうかは不透明である。

　他方，米国では原油在庫の増加が原油輸出のインセンティブとなり，輸出禁止措置が撤廃された。米国産原油の禁輸措置撤廃で米国産原油が世界市場に流入する。これは欧州価格の指標である北海ブレント原油やアジア指標となるドバイ原油の価格を押し下げる要因となる(14)。

　2016年1月，米エンタープライズ・プロダクツ・パートナーズがテキサス州ヒューストンからオランダの石油商社ビトルグループ向けに，60万バレルを輸出することになった。原油輸出タンカーはメキシコ湾からイタリアに向かった。米国産原油輸出復活の第一弾案件となる(15)。

　輸送費はかさむが，米国産原油は日本にも輸入される。日本は原油をロシアからも輸入し，イラン産原油の輸入も増やそうとしている。米国産原油の輸出にはロシアやイランを牽制する意味合いもある。原油が戦略物資である以上，原油は外交・軍事戦略の道具となる。

　国際社会は核兵器開発疑惑を理由に，イランに対して経済制裁を科してきた。このため，イラン産原油の国際流通が大幅に制限されたほか，金融取引に

も制約が加えられた。イラン経済は金融危機に見舞われ，国民生活が困窮を極めた。その結果，経済成長はストップ，制裁解除が喫緊の国家的課題となっていた。

経済破綻に直面したイラン指導部は国際社会との対話路線へと舵を切る。むろん，経済制裁の解除を促すことが目的である。イランと欧米6カ国が核合意に達し，イラン経済制裁にようやく終止符が打たれることになった。

制裁が解除されたことを背景に，イラン産原油が世界市場に再登場する。当面，日量50万バレル相当の原油がイランから出荷，半年後には同100万バレルに輸出量が拡充されるといわれる(16)。むろん，日本もイラン産原油（イラニアンヘビー，イラニアンライト）をスポット（随時契約）で調達できる。

原油価格が低空飛行を続けている現状下で国際市場にイラン産原油が追加されることになると，原油の供給過剰に拍車がかかる。指摘するまでもなく，原油価格の下押し圧力として作用する。

ここに加えてもう1つ。中東地域でイスラム教シーア派の盟主であるイランのプレゼンスが否応なく強まる。イランの台頭を誰よりも嫌がる国がイスラム教スンニ派の大国サウジアラビア。リヤドはイランのプレゼンス増強を妨害したい。

その一方で，イランが国際社会に復帰できれば，外資系企業のビジネスチャンスが拡大する。日欧米企業にとっても中東企業にとっても7,850万人，国内総生産（GDP）4,000億ドルのイラン市場は魅力的，市場の開拓に熱い眼差しを向ける。

イランの新車販売台数は2014年実績で100万台超，中東地域の主要自動車市場である。早速，ドイツの自動車大手ダイムラーがイラン現地企業とトラックを生産する基本合意を交わしている。フランスの自動車大手プジョーシトロエングループ（PSA）はイランの現地企業ホドロと折半出資の合弁企業をテヘランに設立，今後5年で4億ユーロを投資するという。同じくルノーも現地企業サイパと提携を結び，イランへ本格復帰することになった。

メジャーではフランスのトタルがイラン当局と日量15万-20万バレルの原

油生産契約を締結すると表明している．また，フランス国鉄（SNCF）はイラン国鉄と駅の建設で協力する(17)．

加えて，パキスタンはイランとの天然ガスパイプライン建設プロジェクトを見直すと表明している(18)．

日本政府がイラン向けの貿易保険を再開したことで，日本の自動車大手も対イラン輸出の再開を検討しているという．メガバンクによるイラン送金も再開される．合わせて，日本は中東最大級のアザデガン油田の権益獲得を狙う．プラント大手も商機拡大を狙う(19)．

経済制裁が解除されたことを受けて，凍結されていたイランの在外資産1,000億ドルが解除される．ロウハニ大統領は外資300億-500億ドルの導入を目指すと言明した(20)．こうした資金を活用して，イランはエネルギー分野を再建できる．また，欧州のエアバスから旅客機114機を購入するとイランのアホウンディ都市開発・道路交通相が表明している(21)．

また，外国との資金決済が正常化し，国際決済が再開される．イランの消費者物価上昇率は2015年12月で14％，失業率は12％に達しているが，新たな外貨の流入を通貨安定化に充当すれば，イラン経済の好転が期待できる(22)．

もちろん，経済制裁が解除されたからといって，即座に疲弊したイラン経済が好転するわけではない．2016年は8％の経済成長が見込まれてはいるものの，石油・天然ガス産業の再建に加えて，金融機関を近代化，刷新しないと新たな投資を呼び込めない(23)．慢性的な水不足を解消するには灌漑プロジェクトが不可欠．いずれも外国資本の協力なくしては果たせない経済課題ばかりだ(24)．

フリーハンドを得たロウハニ大統領は早速，経済外交に乗り出した．2016年1月25日，ロウハニ大統領はローマに飛び，イタリアのレンツィ首相と会談．イタリアの主要企業が最大で170億ユーロ相当の事業契約を獲得する見通しとなった．アリタリア航空はイラン定期便を週7便に増やす．エンジニアリング大手のサイペムは製油所の設備更新を支援する．鉄鋼大手のダニエリは57億ユーロの契約を締結したという．インフラ整備を得意とするガビオグルー

プは交通インフラの整備で協力する。イタリア鉄道（FSイタリアーネ）は高速鉄道の整備（テヘラン・イスファハン間）を支援する。さらに，自動車大手のフィアット・クライスラー・オートモービル，石油大手のイタリア炭化水素公社（ENI）などとも大型案件の契約が続く。イタリアがイランビジネスで一気に先頭へと躍り出た格好だ(25)。

　そうなると，イランのライバルであるサウジアラビアの孤立が際立つようになる。リヤドはこの閉塞状況を阻止したい。2016年1月2日，サウジアラビア当局がシーア派指導者のニムル師をはじめ，テロに関与したとして47人の処刑を断行した。この暴挙にイランは猛反発。首都テヘランにあるサウジアラビア大使館が群集に襲撃され，リヤドに対する抗議行動が勢いを増した。

　シリアをめぐってはテヘランがアサド政権を擁護する一方，リヤドはアサド大統領の退陣を迫る。イエメン内戦についても，イエメン政府を支援するサウジアラビアとシーア派武装組織フーシを支援するイランとが正面衝突する。イエメン内戦にはサウジアラビアが軍事介入，空爆してきた。

　サウジアラビアとイランとの対決は頂点に達し，サウジアラビアはイランに断交を突きつけた。外交関係を断ち切ると同時に，商業関係にも封印した。この両国は宗派的に対立するだけでなく，地域覇権や経済利権をめぐっても角を付き合わせる構図が構造化してきた。

　サウジアラビア当局は対イラン断絶に追随するドミノ現象を期待したが，実際には思惑通りに事態は進んでいない。確かにバーレーンやスーダン，それにソマリアは歩調を合わせてイランと外交関係を断絶した。と同時に，サウジアラビア，バーレーン，UAE，クウェート，カタール，オマーン6カ国が加盟する湾岸協力会議（GCC）はイランの内政干渉を批判，イランを非難する声明を発表している(26)。

　しかしながら，UAEやクウェートは駐イラン大使を召還しただけで，カタールやオマーンは外交関係を維持し続けている。オマーンは遺憾の意を表明したに過ぎない。UAEの主要都市であるドバイはイラン中継貿易の拠点であり，同国のエミレーツ航空はイランの主要空港を結ぶ(27)。イランの国際社会

復帰にはドバイの経済利権も絡む。イラン周辺国はイランとの経済関係を強化したい。これが本音。結果として，ペルシャ湾岸産油国の足並みが揃わない。

サウジアラビア当局による危険分子の処刑はイスラム教武装組織・イスラム国（IS）掃討作戦の一環であることは間違いがないだろう。しかし，その副作用として，サウジアラビア，イラン両国の緊張は危険水域から沸点に達し，1980年代に勃発したイラン・イラク戦争時代を彷彿させる(28)。

このような中東の地政学的リスクが高まると，国際原油価格は急騰する。第1次石油危機はサウジアラビアによる原油禁輸を契機とし，第2次石油危機はイラン・イスラム革命で長期化した。ペルシャ湾岸戦争の際も原油価格は高止まりした。2008年7月には史上最高値の1バレル150ドル目前に迫った。金融危機で原油価格は暴落したが，新興国の旺盛な需要を背景に同100ドル近辺の高値圏で推移していた。ここに終止符を打ったのが2014年11月のOPECによる市場占有率優先宣言である。

サウジアラビアとイランの冷戦は確かに原油価格の高騰要因である。一時期流行したホルムズ海峡封鎖懸念。今もって可能性としては否定できない。ホルムズ海峡封鎖懸念が再燃しても決して不思議でない。しかしながら，原油市場はほとんど無反応だった。油田が炎上したわけではないからだ。供給過剰が解消されない中，中東リスクは市場を揺さぶっていない。

逆に，サウジアラビアとイランの両国が原油の増産凍結で協調姿勢を打ち出せなくなったことにスポットが照射され，原油価格下落に拍車がかかった。1バレル30ドルに向かう下落勢いは衰えていない。30ドルが防波堤となるか。一時的に30ドルを割り込んでも30ドル台に戻れるか。

OPECの役割が終焉を迎えたことは明らかだが，それだけではなく，OPECの存在意義そのものが失われている。OPEC加盟国による協調減産は望めそうにない。OPECは融解し，事実上の解体状況となってきた。

原油価格動向のチャートを見れば一目瞭然だが，原油価格の軸は明らかに下を向いており，それを反転させるには相当程度の市場エネルギーが必要となる。まずは底を打ち，当面の底値，大底を確認することが先決。自立反発狙い

の買いが入り，そこに投機マネーが大量流入するかが次の焦点となる。しかし，相場が反転しても1バレル50ドルを天井に再び下落に転じるだろう。産油国が期待するオイルマネーの大量流入は当分の間見込めそうにない。

石油王国サウジアラビアはOPECの総大将であるだけでなく，世界最大の原油輸出国でもある。原油を輸出することでオイルマネーを獲得し，それがロイヤルファミリーの蓄財や国民生活に還元される。オイルマネーがサウジアラビア経済の隅々にまで浸透し，経済全体を支える。潤沢なオイルマネーが流入する限り，産油国は繁栄を享受できる。

しかし，オイルマネーが枯渇すれば，悲惨。たちどころに経済は行き詰まり，財政政策も金融政策も有効に機能しなくなる。国際通貨基金（IMF）はサウジアラビアの経済成長率を1.2％と予測している。これは過去14年で最低の成長水準となる(29)。

サウジアラビアの2016年予算を見ると，財政は歳入不足に直面。財政赤字は3,262億リヤル（10兆5,000億円）を記録し，油価低迷が台所を直撃していることがわかる。2015年も3,670億リヤルの赤字で当初の赤字見込み幅を上回っている。イエメン軍事介入に伴う戦費が財政を圧迫した結果でもある。そうなると，歳出を絞り込み，緊縮に舵を切らざるを得ない。サウジアラビア財務省は早速，補助金の削減や付加価値税（VAT）の導入を検討しているという。ガソリン価格は2015年末に最大で67％引き上げられた(30)。国営企業の民営化も検討材料の1つとなってきた(31)。

歳入不足分は国債の発行と外貨準備金を取り崩すことで賄われている。石油大国がオイルマネーの収縮で困惑する―― 脱石油を推進しないと石油大国が石油に滅ぼされてしまう。

為替相場で通貨リヤルは米ドルとペッグ（自国の通貨価値を基軸通貨に連動させる固定為替制度，1986年から1ドル3.75リヤルに固定）する関係上，米国の利上げでサウジアラビアも追随利上げを余儀なくされた。通貨当局はリヤル切り下げを否定するけれども，市場では切り下げ観測が強く，売り圧力が強まっている。オイルマネーが急減する局面での利上げや通貨切り下げはサウジアラビア

経済をさらに追いつめる。事態脱却には構造改革を断行しなければならない。ペルシャ湾岸産油国ではUAEやオマーンなどもペッグ制を採用している(32)。

資金不足に苦悩を深める中，サウジアラビア国営石油会社サウジアラムコの新規株式公開（IPO）が視野に入ってきた。株式上場時に発行済み株式の5％程度が売り出される計画だという。実現すれば，過去最大のIPOとなる(33)。

サウジアラムコは日本の昭和シェル石油に15％出資すると同時に，韓国でも石油大手Sオイルに出資。中国では中国石油化工（シノペック）と石油精製・化学合弁事業に取り組み，ドイツのランクセスとは合成ゴムの合弁企業を2016年前半に設立する構えでいる。

サウジアラビア政府は国営企業の民営化を経済効率化の主柱と位置づけている。リヤドや西部ジッダにある国際空港の民営化も進められているという(34)。

産油国の国営企業民営化への外資参入は外国企業にとって大きなビジネスチャンスではあるけれども，オイルマネーの収縮は産油国の外国資産売却を誘発する。これは株安に直結する。産油国の傷は回りまわって石油消費国も巻き込む。オイルマネーの枯渇は世界市場全体の問題でもある。

サウジアラビアの人口は3,000万人程度だが，その増加率は年率で2％前後に達する。雇用機会の創出は急務で，産業の多角化を図り，人材を育成していかないと，持続可能な経済成長は不可能となる。

産油国は今こそエネルギー関連事業との決別を宣言し，産業構造の多様化を推進していかざるをえない。必要なのはエネルギー関連企業からの資本と技術ではなく，一般産業への外資流入である。これを実現しない限り，産油国経済の復活はありえない。いわば産油国から新興国への脱皮が必要なのである。

サウジアラビアとイランとの関係悪化が決定的になるにつれて，日本の外交的舵取りが困難をきわめる。2013年度実績で日本は輸入原油の30.7％をサウジアラビアから調達した(35)。以下，UAE 22.7％，カタール 13.0％，クウェート 7.2％，ロシア 7.2％，イラン 4.6％，その他と続く。GCC加盟諸国からの原油調達が全体の7割以上を占める。この数字だけから判断すると，サウジアラビア重視が日本に求められる外交姿勢ということになる。

しかしながら，事態は単純でない。既述のとおり，イラン経済制裁が解除され，イランが国際社会に本格復帰する。これを視野に入れて，日本はイランと投資協定に調印，経済協力を強化していく。イランは原油確認埋蔵量で世界第4位，天然ガス確認埋蔵量で世界首位。化石燃料に恵まれない日本としてはイランの存在を軽視できない。日の丸油田を確保すると同時に，自主規制してきたイラン産原油の調達拡大を図りたい。

一方で，日本にとってサウジアラビアとの安定した経済関係の構築も重要課題だ。イランとの貿易額が輸入63億ドル，輸出1億9,000万ドルであるのに対して，サウジアラビアとの貿易額は輸入453億ドル，輸出75億ドルとその差は圧倒的だ。サウジアラビアも日本を産業育成の相手国として重要視，日本企業を誘致したい。

サウジアラビアとイランとの関係冷却が懸念される中，日本としては天秤外交ではなく，両国と関係強化を模索したい。バランス外交に徹せざるを得ない。焦るサウジアラビアは中国に急接近している。ホワイトハウスの神経を逆撫ですることは間違いがない。

経済的困窮を極めるのはロシアも同様である。ロシアは日量1,061万バレル（2015年推定，2014年実績の産油量は日量1,049万バレル）の産油量を誇る世界屈指の産油国(36)。原油安に直撃されていることは想像に難くない。ウクライナのクリミア半島強奪で国際社会からは金融制裁が科される。金融制裁と原油安でロシア国内に外貨が流入しなくなった。極端な流動性不足に見舞われている。

ロシア経済の実態はロシア限定の金融危機。景気後退に追い込まれ，マネーの流出が加速している。2015年のマイナス3.7％成長に引き続き，2016年もマイナス成長に沈むことが確実となった。IMFはマイナス1.0％と予測している(37)。2015年の設備投資は対前年比で8.4％減，製造業生産高も同5.4％減。プーチン大統領は危機のピークは過ぎ去ったと豪語するが，ロシア市民が断末魔の叫びを上げるのはこれからである。

通貨ルーブルの対米ドル相場は2016年1月21日に1ドル85.97ルーブル台後半と史上最安値を更新，2015年には年間で26％も下落，過去2年では5割

超も下落した(38)。ルーブル相場はおおよそ原油価格の推移と連動する。

　ルーブル防衛のために，ロシア中央銀行は2014年11月に通貨バスケット制を放棄，完全変動相場制へと舵を切った。しかし，原油価格がすでに底割れしていることから，ルーブルの先安観は一段と強まっている。

　実体経済では，輸入品物価の高騰でインフレ率が年率12.9％超に加速する一方(39)，実質賃金が2015年1-11月期に9.2％低下，1990年代末に顕在化した通貨危機以来の落ち込みである。食料品から乗用車に至る消費財の販売，すなわち小売売上高は2015年11月に年率換算で13.1％減少し，個人消費が冷え込んでいる(40)。2015年の新車販売台数は対前年比35.7％減で3年連続の減少を記録している。

　ロシアは政府歳入の半分を石油と天然ガス収入に依存する。資源安はロシアの台所を直撃する。2016年政府予算では原油平均価格1バレル50ドルを前提としており，財政赤字はGDP比で3％(41)。しかし，現実には1バレル40ドル台で推移していることから，財政赤字はさらに膨張する。財政均衡化のためには1バレル82ドルの水準が維持されなければならない。財政赤字は対GDP比で5％を超える可能性が高く，赤字を準備金で補填することになれば，準備金は間もなく枯渇する(42)。

　ロシア政府は緊急経済対策をまとめているが，経済危機は深まるばかりで浮上の契機は当分の間，望めない。長年，積極的にロシアの石油・天然ガス産業に投資してきた米石油大手のコノコフィリップスはパイオニア的存在だった。だが，内外環境が悪化することに鑑みて，ロシア撤退を決断した(43)。

　ロシア社会では今，悲観が蔓延，クレムリン（ロシア大統領府）にとっても経済的苦境が最大の懸念材料となっている。この意味で9月に議会選挙が予定される2016年は重要な1年となる。

　財政赤字が拡大していることを受けて，一部の地域では年金の支給が滞っているという(44)。にもかかわらず，ロシアでは年金支給者数は年間40万人ずつ増加，2030年までに年金生活者数と労働人口が同じ水準になると予測されている。福祉関連の支出は増加していく一方となろう。ロシアの経済社会は停

滞状況に突進していることがわかる。

その一方で，厳しい予算制約があるにもかかわらず，モスクワはシリア内戦に介入。アサド政権を擁護すべく，反政府勢力を標的とする空爆に踏み切った。もちろん，戦費は財政を圧迫する。ソ連邦はアフガニスタン侵攻が伏線となって，空中分解した。プーチン政権も同じ轍を踏むのか。

シリア内戦に軍事介入したことでロシアとトルコとの関係悪化が決定的となっている。第2次世界大戦終結後，初めて，北大西洋条約機構（NATO）加盟国のトルコがロシアの戦闘機を撃墜した。シリアのアサド政権をめぐる外交姿勢の違いが露土対立に反映されている。この対立は意外と根深い。険悪な2国間関係は経済関係の冷却化に及ぶ。クレムリンの悩みは尽きない。

カフサス地方の一角を占める産油国のアゼルバイジャンでも通貨安で経済危機が深刻化，政府が資本規制を導入し，現金を引き出すために銀行前で長蛇の列が発生するなど(45)，産油国・資源国総崩れの様相を呈している。中央アジア屈指の産油国であるカザフスタンでも原油安の悪影響から通貨安を招いている(46)。

原油価格の暴落を放置してきた産油国はここにきて，原油の減産に向けて協調姿勢を示そうと試みている。OPECとロシアが5％の原油減産，すなわち日量200万バレルの減産を検討しているという(47)。

もちろん，OPEC内部ですら減産調整することは困難で，OPEC非加盟産油国との協調減産はなおさらである。確かに産油国が原油減産に乗り出せば，過剰供給を吸収できる。しかし，OPECやロシアが減産に踏み切り，原油価格の下落に歯止めがかかれば，今度は米国のシェール生産企業が増産へと転換するかもしれない。そうなると，元の木阿弥。原油価格の低下が再び始まり，合わせて，米国に市場シェアを奪われてしまう。

4. 中国リスクとグローバル経済

人民元相場が危機レートに大接近してきた。中国リスクを煎じ詰めると，急激な人民元安に行き着く。一時期，人民元相場については先高期待が支配的

だった。なぜか。量的な拡大に限定されていたものの，中国経済が公共投資に牽引される2桁成長を遂げていたからである。世界金融危機を断ち切った立役者も中国の財政出動と米国の量的金融緩和だった。

しかしながら，現状，グローバル経済はこの2つの成長エンジンを失った。中国の経済拡大路線は頓挫し，米国の量的金融緩和にはピリオドが打たれた。中国からの輸入に依存していた資源国・新興国経済の経済規模拡大は終焉を迎え，先進国は低成長・低インフレから脱却できない。

市場は米国のゼロ金利解除は無難に乗り切った。しかし，中国不安は払拭されていない。その不安が人民元相場の下落観測に集約される。人民元安と世界同時株安が共振，市場はリスクヘッジに身構える。市場が安定するには人民元相場の安定が不可欠となってきた。

A. 人民元安の恐怖

中国の通貨当局は人民元の国際化に注力してきた。これが奏功してIMFの準備通貨，特別引き出し権（SDR）に採用された。人民元の国際化を狙う以上，管理相場から変動為替相場への移行を決断しなければならない。為替市場への人為的な介入を抑制し，自由な為替取引を容認しなければならない。そうなると，中国国内の景気減速局面ではどうしても人民元が売られる。これが自然の摂理だ。

ただ，問題なのは通貨安の速度である。5年ぶりの通貨安を記録した(48)。たとえ人民元が役に立たない通貨であったとしても，人民元建ての資産を保有する投資家は存在する。急激な人民元安は急激な資産の目減りにつながる。それを嫌気した投資家が一気に売却に走れば，人民元安はさらに加速する。株式市場は人民元安を織り込むまで下落し続ける。投資家の恐怖心は払拭されるどころか，逆に増幅され，株安が進行してしまう。

そもそも人民元の国際化が推し進められた原因は基軸通貨・米ドルの影響力低下にある。強いドルの揺らぎが人民元国際化を促した。ところが，皮肉なことに，人民元国際化への脱皮が人民元を不安定化した。これは人民元に対する

信用が低い，あるいは投資家が人民元を信頼していないことを意味する。

　これが現段階での人民元に対する評価であり，実力である。この文脈で中国の通貨当局は人民元の国際化ではなく，信用力の回復に注力しなければならない。これには中国のミクロ，マクロ双方の経済力強化が必須課題となる。そうでないと，人民元安に歯止めはかからない。当局のなすべきは権力闘争ではなく，構造改革である。

　人民元安の悪循環を断ち切るために必要なのは，サーキットブレーカーを適用した株式取引の停止や株式市場への恣意的な介入ではなく，有効な経済対策と適切な人民元買い介入なのである。にもかかわらず，中国当局は市場をコントロールできると勘違いしている。コントロールしようとすればするほど，市場は逆襲する。中国当局は市場の逆襲の恐ろしさを理解していない。

　人民元は中国本土のみならず，香港やロンドンといったオフショア（外国）為替市場でも売買される(49)。上海外国為替市場が通貨当局の管理下に置かれる一方，オフショア市場には規制がない。それゆえに，市場実勢レートはオフショア市場で形成される。つまり足元の人民元安を先導するのはオフショア人民元なのである。

　当然，上海のレートとオフショア市場のレートは乖離する。オフショア市場での人民元安が著しい。株式市場が警戒するのはオフショア市場での急激な人民元安である。市場が落ち着くにはオフショア人民元の安定的推移が不可欠となっている。

　人民元安が急速に進むと，中国から外国に資本が流出する。これは中国経済を一段と下押しする。極端な人民元買い介入を断行すると，外貨準備金が急速に目減りし，人民元安を刺激する(50)。日本円高・人民元安が顕在化すると，訪日観光客の減少を招く。日本での特需が剥がれ落ち，関連銘柄の株価下落につながる(51)。

　2015年夏，突然，人民元相場が切り下げられた。この上海ショックは瞬く間に拡散，世界は同時株安に襲われた。FRBは同年9月にゼロ金利解除を見送らざるを得なかった。ユーロ圏の追加金融緩和や堅調な先進国経済を背景に

株価は再び上昇気流に乗り，市場は上海ショックを完全消化した。

ところが，2016年初に再度，人民元相場が切り下げられると，中国不安が再燃。ここに中東リスク，原油安リスクが添加され，一気に円高が進行。1ドル117円まで買い進まれた。日経平均株価は短期間に1,500円ほども削られている。2015年の上昇分を帳消しにした格好だ。日欧米諸国の株式市場では明確な反転のサインが点灯することなく，叩き売られる一方となった。投資家心理は完全に冷却してしまった。

日本でも円高を嫌気した株式資産圧縮が進み，特に主要大型株，輸出株が売り込まれた。個人投資家の資金は値動きの軽い中小型株や材料株・テーマ株に向かった。投資家の手詰まりを如実に示している。円ドルレートは1ドル105円に向かう円高，株価は日経平均で1万5,000円までの下落が視野に入ってしまった。実体経済への悪影響が懸念される結果を招いている。

B. 絶望的な中国経済の再建

2016年1月19日，中国国家統計局は2015年10–12月期の実質GDP成長率が対前年同期比6.8％増と発表。2015年通年では6.9％と対前年比で0.4ポイント下回った(52)。25年ぶりの低成長に甘んじている。名目GDPでは6.4％成長にとどまる。

IMFが公表した世界経済見通しによると，2016年の世界経済成長率は3.4％，日本1.0％，中国6.3％と予測している。2017年についても中国の経済成長率は6.0％とさらに減速する(53)。

中国経済減速の原因は原油と同様に，供給過剰であることに尽きる。デフレへの道程を歩みつつある。卸売物価は2015年通年で5.2％下落，2014年よりも3.3ポイント拡大している。

過剰設備，不動産在庫，資本・金融市場の混乱。需給ギャップを解消できない限り，中国経済は次のステップへと進めない。中国政府が目標とする7％成長は達成できない。共産党一党独裁の国であるから，責任は共産党指導部にある。本来ならば総辞職だろう。GDPや経済成長率といった統計数値は捏造さ

れている可能性がある。偽造は中国の専売特許だ。

　生産設備に過剰感があるので，自ずと輸出へと振り向けられる。世界市場に溢れ，価格の下押し圧力がのしかかる。貿易総額は3兆9,586億ドルと対前年比8.0％減を記録，輸入が落ち込んだ結果だ(54)。資源安が輸入総額を抑え込んでいる。中国輸出に頼っていた資源国にとって痛手となると同時に，中国はデフレという毒を世界中に撒き散らしている。

　中国の新車販売市場規模は2015年実績で2,459万台，対前年比で4.7％増と世界首位を維持している（世界第2位の米国は1,747万台）。ただ，伸び率が鈍化していることから先行き不透明感は強まっている。販売台数順位を外資系企業別に列挙すると，米ゼネラル・モーターズ（GM），ドイツ・フォルクスワーゲン（VW），韓国・現代自動車，日産自動車，トヨタ自動車，米フォード・モーター，ホンダ(55)。

　製造業購買担当者景気指数（PMI）が悪化したことで市場では中国製造業の業績回復は期待できないとの見方が支配的となっている。ここに人民元相場の切り下げ懸念が加わる。外貨建て債務を抱え込む中国企業が多数を占めることから，人民元安は外貨建て債務を膨らませてしまう。

　2015年に人民元は過去最大の下落率を経験したが，それでも人民元相場のさらなる先安観は蔓延。債務の膨張が警戒され，上海総合指数の上値は自ずと重くなる。上海総合指数は2015年6月1日の5,076.18から2016年1月4日には3,469.07に下落している(56)。

　中国金融当局は強い人民元を声高に叫ぶ反面，市場は人民元の先高観測を否定する。金融当局が標榜する人民元の国際化や資本の自由化は自ずと人民元安を招く。それが市場の診断，評価だからだ。人民元建て国際決済が増えれば増えるほど，中国当局による人為的・作為的介入や規制の矛盾が露呈してしまう。

　経済の体温と形容される物価は低迷。2015年通年の消費者物価指数（CPI）は平均で1.4％の上昇率にとどまっている(57)。中国政府の目標数値3％前後を大きく下回る。2009年以来6年ぶりの低水準だという。卸売物価指数に関

しても前年を下回る状況が継続，2015年12月までに46カ月連続で前年水準を下回る。デフレ圧力が強いことを物語っている。価格水準が低いことは企業の実質金利負担が増すことを意味する。

　中国指導部は年率で6.5％以上の経済成長率を目標としている。しかし，現実にはその目標値を達成できるかは疑わしい。経済指標はことごとく減速。巡航速度に乗せようと，インフラ整備といった公共投資の積み上げや法人税減税などの財政出動が計画されているが，景況感悪化を食い止めることができるかどうか。

　中国企業全体の投資需要が落ち込んでいる中，財政出動の経済効果は限定的だろう。中国製品の品質が劣悪である以上，消費主導型の成長も困難だろう。関税を引き下げて輸入を拡大すると，中国国内企業の経営はたちどころに追いつめられる。中国当局は参入障壁で国内企業を防御しようと躍起だ。外資系企業は人件費の上昇で対中新規投資に踏み切れない。

　中国の消費者も国内製品に対する不信で国内企業・製品を見限っている。消費マネーはインターネット通販や外国旅行に消える。2015年上半期の国際旅行収支は11兆円の大幅赤字，国内消費総額の4％に相当する(58)。中国の中間層は実質的に国外に流出していることになる。消費主導型成長への移行は困難な道程なのである。

　そうなると，頼みの綱は金融政策しかない。中国からの資本流出は金融緩和効果を削ぐけれども，政策金利の引き下げだけでなく，量的金融緩和に踏み出せば緊急事態を打開できるかもしれない。量的金融緩和は人民元安につながるが，完全変動為替相場への移行は先送りして，通貨バスケットを導入，固定為替相場を維持すれば，金融システム危機は回避できよう。

　人民元よりも米ドルを選好する中国市民。中国の国民でさえ，もはや人民元を信用しなくなっている。自国通貨を信用しない国家がグローバル経済を牽引できるはずはない。通貨も製品もその信用力を強化する必要がある。

　同時に，国営企業の民営化を強引に断行すれば，閉塞経済を活性化する道が開かれる。規制緩和や技術革新の推進は国営企業を民営化して初めて，効力を

発揮する。重厚長大型の国営企業に中国経済を牽引する能力はもはや期待できない。

中国政府は2015年3月,「中国製造2025」という産業振興策を打ち出した(59)。次世代情報技術（IT），ロボット・工作機械，航空・宇宙，海洋エンジニアリング・造船，先進鉄道設備，省エネ・新エネ車，電力設備，農業機械，新材料，バイオ・医療機器という10分野の重点産業を政府が集中的に支援する。内容的には凡庸だが，製造業に力を入れようとする方針であることは間違いない。

ただ，国営企業はこの宿願を果たせない。数少ない優良企業は国内投資を敬遠，対外直接投資に熱心だ。2015年1-11月期の対外直接投資総額は対前年同期比95％増の118億ドルに急増した(60)。外国企業が保有する先端技術やスーパーブランドを獲得することが投資の狙いである。中国国内市場を見限り，外国の市場や企業との提携に活路を見出そうとしている。これは中国の国策でもある。留意すべきはこの国策でさえ頓挫する可能性はあるということだ。

非建設的な権力闘争に明け暮れ，軍事力強化で海洋進出に固執するのではなく，身の丈に見合った経済重視の戦略に転換していく必要がある。中国はしょせん，軍事力では日本や米国に勝てない。中国企業の国際競争力を鍛え直すことが先決である。経済力の見劣りはグローバル経済の障害物となる。北京は政策の優先順位を間違えてはいけない。

C．膨張主義に走る危険な中国

中華民族の偉大なる復興という中国指導部の掛け声の下，無謀な海洋進出が著しい。不沈空母・日本列島を突破して太平洋展開を狙う。北回りと南回り双方のルートを確保したい。21世紀の海上交通路となる北極海航路を開拓して権益掌握を狙う。南シナ海支配で東南アジア覇権を狙う。東シナ海では尖閣諸島強奪を狙う。米国が強敵だと見るや，物色の矛先は欧州に向かう。北京が画策する海洋権益拡大の壮大な野望は尽きない。

2015年10月中旬，中国山東省を本拠地とする中国の民間企業・嵐橋集団がオーストラリア北部にあるダーウィン港の経営権を取得した。中国軍部が触手を伸ばしたことは状況証拠により明らかである。ダーウィン港を中国海軍が拠点とする構想がうごめく(61)。

　トルコ西部にあるボスポラス海峡から西に35キロメートル。ここに位置するクンポート埠頭の運営会社を中国国有企業連合が買収。また，ギリシャ最大のピレウス港でも中国遠洋運輸集団（コスコ・グループ）が国営運営会社の株式51％を取得，2015年2月に中国海軍の大型揚陸艦・長白山が寄港した。コスコは2009年にピレウス港の埠頭運営権35年分をすでに取得していた。コスコによる株式取得と追加設備投資向けの資金は15億ユーロに達するという(62)。ピレウス港は欧州やアフリカに通じる地中海海上物流の要衝。中国は地中海上に経済・軍事拠点を手中に収めたことになる(63)。

　日本の企業や市民の国際進出は現地で大歓迎されている。現地のニーズを発見し，それに答えを見出し，現地市民と協力しつつ，現地のために滅私奉公しているからにほかならない。だが，中国の企業や市民はまったく歓迎されていない。みずからの利益しか念頭になく，現地を破壊しているからにほかならない。これが日本と中国の違いである。

　軍事力についても同様で，日本の関与は大歓迎されるが，中国の干渉は迷惑でしかない。中国は強い国には弱いが，小国には強い。卑怯な国である。中国の膨張路線は世界各国との摩擦を引き起こし，障害となる。阻止するには各国が軍事力を強化して，中国に対抗するしかない。中国に対話は通用しない。通用するのは力のみである。中国をねじ伏せるには強大な軍事力が不可欠なのである。その基軸が日米同盟であることは当然である。日米同盟は中国包囲網構築に大きく寄与する。

　距離の関係上，欧州諸国は中国の脅威に鈍感，無頓着である。この間隙を突いて中国は欧州進出を図る。しかし，やがて中国の怖さを知るようになるだろう。中国と関係を絶つことが得策だと悟るようになる。日米同盟は欧州の切り崩しでも有効に機能する。

5. 悪循環を断ち切る処方箋

　眼前で繰り広げられている金融・資本市場の乱気流は紛れもなくリーマン・ショックの後遺症，副作用にほかならない。金融危機とは経済の血液と形容されるマネーが枯渇する現象である。

　リーマン・ショックの震源地であり，基軸通貨国である米国は枯渇した市場に米ドルを供給する必要に迫られた。金利水準をゼロにまで引き下げ，量的金融緩和を通じて4兆ドルの資金を市場に投入した。

　一方，中国は大規模財政出動で応答。その財政資金は4兆人民元に達する。公共投資を主軸とする経済対策であったため，中国企業は世界中から1次産品（国際商品）や食糧をかき集めた。中国からマネーが流出し，世界の財・サービスを吸収した。

　運良く，グローバル経済は金融危機を脱した。だが，緩和マネーとはいえ，しょせんは借金。世界の債務は2007年からの7年間で57兆ドルも増加した。中国1国で累積債務は160兆人民元に達する[64]。言うまでもなく，借金には必ずや返済が付きまとう。

　多額の借金に喘いでいるにもかかわらず，中国からは資金の流出が加速。2015年の純流出額は6,760億ドルに達し，2016年も5,520億ドルの資金流出が見込まれている[65]。中国を含む新興国から大量の資金が流出し続ける。流出を食い止めるには資本規制が不可欠。人民元の国際化や自由化を推進するのであるならば，資本規制は有効に機能する。

　また，中国の人民元を含めて新興国・資源国では通貨安も顕著。それゆえに，米ドル建ての借金が膨張してしまう。グローバル経済は金融危機を脱したものの，新興国・資源国では新たな金融危機が発生しているのである。その発火元は中国。公共投資の積み上げを原因とする過剰設備，過剰住宅，過剰債務。中国は今，デフレの亡霊に脅えている。資源安・商品安は3つの過剰が解消されない限り，治癒しない。

　バブル崩壊で金融危機に陥り，それを克服するために新たなバブル経済を恣

意的に発生させる。グローバル経済はこの愚を幾度となく繰り返してきた。米国が利上げに踏み切ったことから基軸通貨国の金融緩和は終幕を迎えた。だが一方で,日本や欧州は量的金融緩和の規模を拡大。日本銀行はマイナス金利を導入して,デフレとの闘いを鮮明にしている。長期金利を徹底的に押さえ込み,イールドカーブを強引に押し下げ,物価上昇率2%を実現する構えだ。米FRBも追加利上げには慎重で,金融緩和の潮流は今もって健在である。

おそらく新興国・資源国の金融危機はこの量的質的金融緩和で克服されるだろう。しかしながら,金融緩和がカンフル剤である以上,一時凌ぎ,時間稼ぎに過ぎない。問題の根本的な解決は導出されない。根本的な解決策とは成長戦略への取り組みである。各国が実情に即した成長戦略を打ち出し,総力を挙げて邁進する。この姿こそが全体として,グローバル経済の足腰を強めていくのである。日本はそのモデル国になる必要がある。

---------------- 註 ----------------

(1) 『日本経済新聞』2016年1月6日号。
(2) 『日本経済新聞』2016年1月20日号。
(3) 『日本経済新聞』2015年12月17日号。
(4) *Financial Times*, December 17, 2015.
(5) 『日本経済新聞』2015年12月19日号。
(6) 『日本経済新聞』2015年12月25日号。
(7) 『日本経済新聞』2016年1月6日号。
(8) 『日本経済新聞』2016年1月1日号。
(9) 『日本経済新聞』2015年12月20日号。
(10) 『日本経済新聞』2015年12月11日号。
(11) 世界の石油生産量は2014年実績で次のとおり。米国日量1,402.1万バレル,サウジアラビア同1,162.4万バレル,ロシア同1,084.7万バレル,中国同459.8万バレル,カナダ同438.3万バレル,その他同4,772.8万バレル(『日本経済新聞』2015年12月17日号)。なお,米国の原油生産量は現在,日量917万バレル,OPECは同3,170万バレル(『日本経済新聞』2015年12月11日号)。
(12) *Financial Times*, January 16, 17, 2016.
(13) *Financial Times*, January 23, 24, 2016.

(14) 国際原油価格の指標については，主に3つの市場で形成されている。WTI（ウエスト・テキサス・インターミディエート）原油は北米市場の指標（ニューヨーク市場）。北海ブレント原油は欧州市場で取引される指標（ロンドン市場）。中東産ドバイ原油はアジア市場の指標（『日本経済新聞』2015年12月19日号）。
(15) 『日本経済新聞』2015年12月24日号。
(16) *Financial Times*, January 19, 2016.
(17) 『日本経済新聞』2016年1月29日号。
(18) *Financial Times*, January 18, 2016.
(19) 『日本経済新聞』2016年1月18日号，『日本経済新聞』2016年1月23日号。
(20) 『日本経済新聞』2016年1月20日号。
(21) 『日本経済新聞』2016年1月18日号。*Financial Times*, January 25, 2016.
(22) 『日本経済新聞』2016年1月19日号。
(23) *Financial Times*, January 20, 2016.
(24) 『日本経済新聞』2016年2月5日号。
(25) 『日本経済新聞』2016年1月26日号，『日本経済新聞』2016年1月27日号。
(26) 『日本経済新聞』2016年1月10日号。
(27) 『日本経済新聞』2016年1月6日号。
(28) *Financial Times*, January 4, 2016.
(29) 『日本経済新聞』2016年1月23日号。
(30) 『日本経済新聞』2016年1月20日号。
(31) 『日本経済新聞』2015年12月29日号。*Financial Times*, December 30, 2015.
(32) 『日本経済新聞』2016年1月12日号。
(33) 『日本経済新聞』2016年1月19日号。
(34) 『日本経済新聞』2016年1月31日号。
(35) 『日本経済新聞』2016年1月11日号。
(36) *Oil & Gas Journal*, December 7, 2015, p.20.
(37) 『日本経済新聞』2016年1月20日号。
(38) 『日本経済新聞』2016年1月20日号。*Financial Times*, January 22, 2016.
(39) 『日本経済新聞』2016年1月26日号。
(40) *Financial Times*, December 31, 2015.
(41) *Financial Times*, January 13, 2016.
(42) 『日本経済新聞』2016年1月22日号。
(43) *Financial Times*, December 23, 2015.
(44) *Financial Times*, January 16, 17, 2016.
(45) *Financial Times*, January 20, 2016.
(46) *Financial Times*, January 21, 2016.

(47) *Financial Times*, January 30, 31, 2016.
(48) *Financial Times*, January 7, 2016.
(49) 『日本経済新聞』2016年1月8日号,『日本経済新聞』2016年1月11日号。
(50) 中国の外貨準備金は 2016 年 1 月末現在,3 兆 2,309 億ドル。ピーク時には 4 兆ドル近くに上ったが,2015 年に 5,000 億ドル以上減少している。減少の主たる原因は為替介入。ドル売り・人民元買い介入で外貨準備金が減少している(『日本経済新聞』2016 年 2 月 8 日号)。
(51) 『日本経済新聞』2016年1月9日号。
(52) 『日本経済新聞』2016年1月19日号,『日本経済新聞』2016年1月20日号。
(53) 『日本経済新聞』2016年1月20日号。
(54) 『日本経済新聞』2016年1月13日号。
(55) 『日本経済新聞』2016年1月13日号。
(56) *Financial Times*, January 5, 2016.
(57) 『日本経済新聞』2016年1月9日号。
(58) 『日本経済新聞』2015年12月24日号。
(59) 『日本経済新聞』2015年12月21日号。
(60) 『日本経済新聞』2015年12月21日号。
(61) 『日本経済新聞』2015年12月26日号。
(62) 『日本経済新聞』2016年1月21日号。
(63) 『日本経済新聞』2016年1月13日号。
(64) 『日本経済新聞』2016年1月23日号。
(65) 『日本経済新聞』2016年1月27日号。

(中津孝司)

II 国際関係の構図が激変する

1. グローバル経済の悩みの種

　金融当局は共通の悩みを抱え込む。日本も米国も欧州連合（EU）も金融当局はそろって物価の低迷に頭を抱える。米連邦準備理事会（FRB）は追加利上げに踏み切れない。物価が低迷する中で追加利上げを実施する理論的根拠を欠く。一方，欧州中央銀行（ECB）は追加措置を視野に入れた。目標とする物価上昇率は2％。2％の物価上昇が実現されるまで緩和策は継続される。

　言うまでもなく，中央銀行の使命は物価と雇用の安定。物価をコントロールすると同時に，雇用創出に尽力する。そのために金融政策を駆使する。通貨供給量を巧みに調整しつつ，景気の浮揚を図る。古今東西，通貨を発行する中央銀行の責務は同じである。通貨の番人とよばれるゆえんだ。先進国ではいずれも新興国の景気減速を足枷とする，景気全体の下振れリスクが懸念されている。先進国企業は輸出で稼ごうとするからだ。

　先進諸国では総じて物価が低位で安定している。物価は経済・景気の体温と形容される。それだけに金融当局は物価を上げようと必死になる。いわゆる量的金融緩和を継続すれば，通貨安から輸入価格が上昇し，輸入インフレを誘発し，輸出競争力強化の起爆剤となる。日本銀行もECBも国債の購入を媒介に通貨供給量を大幅に増やして，長期金利を引き下げ，物価上昇に弾みをつけたい。ゴール地点は明確なのだが，意図するように物価上昇に火が灯らないのが実情だ。

　緩和マネーは株式市場にも流入することから，量的金融緩和は株価上昇も誘発する。リーマン・ショック（金融危機）後，世界は同時株安に見舞われたが，金融緩和政策と財政出動が奏功して，世界の株価はおおむね上昇に転じた。意味不明な成長戦略に株式市場は無反応だが，金融緩和が発動されると，瞬時に

して投資家は一斉に買いを入れる。株式市場の活性化には金融緩和策は有効である。

問題は実体経済。実体経済は金融緩和措置が導入されても，悩ましいことに，即時に上昇気流に乗らない。これは投資家と消費者の経済行動が一致しないことに起因する。投資家は金融緩和策で持たざるリスクを意識する。他方，消費者は可処分所得の改善を実感しないと財布の紐を緩めない。それだけ消費者は用心深いのである。消費者心理が改善するにはかなりの時間を要する。また，金利を引き下げ，通貨供給量を積み増しても，銀行融資が復調するとは限らない。ここに通貨当局のジレンマがある。

物価とは通例，消費者物価を指す。不動産や金融商品の価格などは含まれない。株式や不動産，それに金融商品は世界中の投資家が売買するけれども，消費と向き合うのは各国の消費者だけである。それゆえに実体経済の改善には時間がかかる。

物価低迷の原因はエネルギー価格の低迷にある。原油は実体経済と金融商品の結節点にある。双方の市場動向が価格に反映される。金融緩和策が打ち出されると，投機マネーが潤沢になることから，原油市場にもマネーが流入する。

しかし一方で，原油価格には実体経済上の需給動向も反映される。米国の「シェール革命」で米国内の原油生産量が劇的に増え，従来よりも原油輸入量は激減した。新興国の景気不調も手伝って，原油の需給バランスはグローバル市場で崩れ，供給量が需要量を上回る状況が続く。その結果，子供でもわかる理屈で原油価格は低空飛行を続ける。エネルギー価格の低迷は長期化するだろう。

先進国で物価が上昇しない犯人はエネルギーの低価格である。これは国際的な問題で1国だけでは解決できない。致し方のない現実なのである。もう1つ。賃金が上がらないことも物価低空飛行の原因である。

米国ではFRBが完全雇用だと診断する5.0％にまで失業率は下がってきている(1)。これは順調に雇用が拡大し，賃金も同時に上昇していることを意味する。それでも，物価上昇率は1％台前半にとどまる。賃金の上昇率が低いか

らだろう。米国も欧州も日本も同じ悩みを共有する。

　ドイツを唯一の例外として，欧州の失業率は総じて高い。欧州の構造問題として指摘される。EU の欧州委員会は新興国経済の減速でユーロ圏経済の下振れリスクが一段と強まっていると警告を発している(2)。それでも欧州経済は低迷期からは脱出できている。先行きに不透明感が漂うものの，ギリシャ危機の渦中にあった 2015 年 7-9 月期の実質経済成長率は対前期比で 0.3 ％増，年率換算で 1.2 ％増であった。10 四半期連続でプラス成長を記録している(3)。ただ，足元では鉱工業生産，製造業受注が振るわない。

　加えて，ユーロ圏では徐々にではあるが，雇用も拡大してきている。雇用の拡大による所得増が個人消費，家計支出を下支えする。それでも賃金が思うように上がらない。むろん，ECB が政策目標とする 2 ％近辺の物価上昇率を実現するには時間を要する。ECB は 2016 年の物価見通しを 1.5 ％から 1.0 ％に下方修正した。ゆえに追加緩和策が具体化，現実味を帯びている。結果として，ECB は保有資産を積み上げる一方となる(4)。

　企業，ことにグローバル企業，大企業ほど株主の言動を意識せざるを得ない。いわゆる物言う株主（アクティビスト）は自社株買いや増配を経営陣に突きつける。純利益還元策の一環である。株主重視は必要だが，従業員軽視は許されない。賃金の引上げだけがインセンティブではないけれども，所得の改善は景況感浮上には必要不可欠の要素だ。

　政治トップや中銀総裁が口をそろえて賃金の引き上げを企業に要請するのは景気浮揚の起爆剤となるからにほかならない。それに利益を従業員に還元するのは当然である。金融危機への備えのために内部留保を優先する理屈はわかるが，株主も従業員も生身の人間である。人間同士である以上，コミュニケーションは欠かせない。自社株買いも増配も昇給も経営陣からのメッセージである。と同時に，R&D（研究・開発）投資を主軸とする投資は企業の経営姿勢を示す鏡となる。

　雇用が安定し続け，賃金アップが実現すれば，閉塞感を払拭することができる。エネルギー価格が長期低迷する以上，景況感の改善とデフレ脱却には賃金

の引上げしか手段は残されていない。優良企業と評価される企業ほど利益の還元に注力しなければならない。これが中小企業を潤すルートとなる。

資源国経済の不調が資源安に原因があるのと同様に，新興国経済低落の原因が中国経済の減速にあるのは誰もが指摘するとおりである。世界国内総生産（GDP）の 16 ％を占める中国経済は転換期を迎えている(5)。それは産業構造の高度化に伴う転換だ。これにはかなりの時間を要する。

中国を含む新興国の経済低迷は積み上がる債務に根源的な原因がある。これは日欧米諸国による量的金融緩和政策の副作用でもある。FRB による量的緩和以来，7 兆ドルが新興国に流入したと推計されている(6)。合わせて，中国では金融危機直後に動員した財政出動による過剰債務も障害となっている。このような累積債務が解消されない限り，新たな成長を導き出すことは困難だ。

それにはまず，経済減速が長期化している新興国こそが脱中国依存を推進することが必要である。脱中国を実現した国から順番に景気減速からの脱却を実現できる。資源国には産業構造の多角化が急務だ。総力を結集して，それぞれの経済課題に取り組めば，必ずや経済成長の糸口をつかむことができる。

グローバル経済の足腰はまだまだ弱い。日銀と ECB を中心に，世界的な金融緩和は当分の間続く。欧州では金融市場で国債利回りがマイナス金利で取引される場面が増えてきた。原油安と中国経済の減速が原因なのだが，ECB は量的緩和を継続せざるを得ない状況に追い込まれている。

このような緩和政策をバックグラウンドに，投資家は安心して投機マネーを金融市場で操れる。日本も含めて，株式市場では記録的な金融緩和策に支えられて，息の長い株価上昇が見込めそうである。

一方，実体経済部門では基軸通貨である米ドルの追加利上げが視野に入っている以上(7)，円安とユーロ安を追い風として，日本企業も欧州企業も輸出競争力は強化され続ける。ドイツ企業は永遠にユーロ安の恩恵を享受し続ける。

ドイツマルク時代，ドイツ企業の足枷は通貨高だった。だが，ユーロ圏の一角を占めるようになった今，通貨高の恐怖に脅える必要はなくなった。ただ，これは落とし穴でもある。ドイツ企業が輸出偏重に陥ったそのとき，限界に直

面するのである。ユーロ安はドイツ企業にとって諸刃の剣でもある。

　一方で，日本企業の場合，環太平洋経済連携協定（TPP）を背景に，輸出機会が潤沢となる。輸出で稼ぐ企業こそ技術革新（イノベーション）と賃上げの好機であることを忘れてはなるまい。磨き上げられ，洗練された，卓越した技術力が，日本企業が世界に誇れる強みであることにはいささかの変化もない。新興国企業との大いなる違いはここにある。

2．大変動する国際政治力学

　米ソ対立を主軸とする東西冷戦は終結したが，多極化の先が不透明なままだ。米国外交は精彩を欠き，その空白を埋めようと中国やロシアが政治的に台頭する。

　ロシアは国際政治のルール・不文律を反故，国益優先に邁進する。ウクライナのクリミア半島を略奪するロシアに北方領土の返還を迫る日本。領土拡張，影響力拡散はロシアの国家的本能である。その行き先で衝突を繰り返してきたことは歴史が教示している。いつの世もロシアは国際政治舞台のトラブルメーカーである。

　クリミア半島強奪のペナルティーとして，日欧米諸国はロシアに経済制裁を科した。その効果は抜群で瞬く間にロシア経済は窮地に追い込まれた。ロシアは原油を筆頭とする資源を保有する。資源依存型のロシア経済は資源安に直撃される。制裁と資源安でロシア経済は虫の息。プーチン大統領の支持率は高いとされるが，経済が政権の致命傷であることは指摘するまでもない。クリミア半島を手放せば，制裁は解除されるが，ロシアにその選択肢はない。

　この閉塞状況を打破しようと，シリア難民の流入に苦しむ欧州諸国を念頭に，過激派組織・イスラム国（IS）打倒作戦に打って出た。IS壊滅を錦の御旗にシリアのアサド政権温存を図りつつ，反アサド勢力の駆逐に乗り出した。シリア難民の流出を食い止めるにはシリアを安定させることが優先課題。プーチン大統領は国際社会に吹聴して，公然と軍事介入に踏み切った。

　一方，ウクライナ東部からは親ロシア派を撤退させ，対ウクライナ緊張の

トーンを下げた。ウクライナとその周辺国を防衛するために，北大西洋条約機構（NATO）は戦力を増強。ロシアと対峙する姿勢を鮮明にしていた。ロシアにはNATOと一戦を交える軍事力はない。対NATO戦を回避するには緊張緩和に動かざるを得なかった。また，ウクライナと中東との二正面作戦も回避したかった。

名誉を保ちつつ，ウクライナからの撤退を実現させ，米国と欧州の世論を分断すべく，シリア介入を断行した。首尾良くISを壊滅できれば，EUは対ロシア制裁を解除するだろう。ホワイトハウスが制裁を継続しても，欧州さえ味方にできれば，クレムリン（ロシア大統領府）としては任務完了，目標達成となる。

EUの盟主と自他ともに認めるドイツ。このドイツには2015年末までに100万人以上の難民が大量流入した。2015年の夏場以降，1日当たり1万人に及ぶ難民が大挙してドイツを目指す(8)。手に負えないドイツ政府は欧州各国が難民の受け入れを分担すべきだと訴えた。

今や難民問題は欧州世界が総力を挙げて取り組むべき政治課題となっている。窮地に立つ政治指導者がドイツのメルケル首相。メルケル首相は人道的見地から難民に寛容であるべきとする立場を貫くものの，反対論も根強いのが現実だ。

人権問題では折り合わないものの，メルケル首相とプーチン大統領とは意気投合する場面が多い。ここに切り込もうとするプーチン大統領。難民やイスラム過激派の脅威を切り口にすると，欧州とロシアには問題意識を共有できる地盤がある。

ロシアはシリア和平交渉でも旗振り役を演じる。アサド政権の延命を画策するロシアは核開発疑惑を起因とする制裁の解除に漕ぎ着けたイランを自陣営に組み込むべく，イランを説得，革命防衛隊のシリア派遣を促した。ロシアは反アサド勢力への断続的な空爆を実施する一方，イラン，イラク，イスラム教シーア派民兵組織ヒズボラといったシーア派同盟はアサド政府軍とともに地上戦を展開した。ロシアが中東シーア派同盟の頂点に立つ構図が仕上がった。

この力学を背景に，ロシア主導で外相会議が開催される。その議題は当然，シリア内戦。ロシアをはじめ，米国，サウジアラビア，トルコに加えて，英国，ドイツ，フランスといった欧州主要国，イラン，イラク，ヨルダンなどシリア周辺国が一堂に会した。

　もちろんIS掃討では一致するものの，各国の思惑は異なる。ロシアやイランはアサド大統領を擁護する一方で，米国などは退陣要求を突きつける。思惑が異なる各国から合意を得ることは至難の業である。しかしながら，ロシアが外相会議開催の道を開いたことだけは紛れもない事実である。

　プーチン大統領はチェチェン紛争の収拾で大統領の座を射止めた人物である。イスラム教過激派の存在を誰よりも脅威だと実感している。この延長線上にISがある。ISを壊滅しておかないと，ロシア全土がISの標的になるとプーチン大統領は認識する。ISに対する脅威度はオバマ大統領よりも格段に高い。ここに認識の違いがある。この差異が外交戦略に反映されている。

　ロシアに突き動かされて，ようやくワシントンも重い腰を上げた。外相会議へのイラン出席を容認したばかりか，シリアに特殊部隊を派遣すると言明した(9)。米国の特殊部隊派遣，すなわち米国の直接関与でシリア情勢打開は新たな段階に入る。

　アフガニスタン派兵で辛酸を舐め，それがソ連邦崩壊の伏線となったが，プーチン大統領もまた地上部隊のシリア投入を決断し，その徹を踏むのか。地上部隊派遣はモスクワでタブーとなってきた。シリア軍事介入の経費は1日当たり235万ドル，あるいは400万ドルとする試算もある(10)。金融制裁と原油安で台所が火の車状態のロシア財政を極度に圧迫することは間違いがない。それでも，戦費のさらなる増大を覚悟の上で，プーチン大統領は地上部隊派遣に踏み出すのか。今後の問題の焦点となる。

　2015年10月31日，エジプトの保養地シャルムエルシェイクを離陸したロシアの民間航空機が，シナイ半島上空で爆弾テロにより墜落した。爆破テロと断定するまでに時間を要したが，最終的にクレムリンがテロだとの結論を披露した。

そして，同年11月13日の金曜日夜，フランスの首都パリで同時多発テロが勃発，多数の市民が死傷した。ロシア機爆破もパリ同時テロもISが犯行声明を出している。フランスのオランド大統領は即時に報復攻撃を実施，IS空爆を強化した。フランスは原子力空母シャルル・ドゴールを地中海に派遣，空爆能力を3倍に高めた。

これに米国，英国，ロシアも同調，攻撃強化に乗り出している。ロシアは戦略爆撃機と巡航ミサイルを駆使，ISが首都とするシリア北部ラッカに集中砲火を浴びせている。フランスもラッカ攻撃を強化した。英国は攻撃の対象をイラクからシリアに拡大した。米国はトルコのインジルリク空軍基地とバーレーンから出撃，欧米主要国とロシアがテロの頻発を契機に連携，大連合を結成する動きとなっている(11)。ただ，各国とも地上部隊の投入では消極姿勢を崩していない。やはり地上部隊の投入が問題の焦点となっている。

各国とも自国の対テロ防衛を強化しつつ，シリア北部，イラク北部での空爆を強めるようになった。国際社会は国際テロ組織アルカイダによるテロ攻撃に身構えてきたが，国際テロの流れをISが引き継ぐ格好となっている。

仮にISを壊滅させたとしても，再度，ISに代わる国際テロ組織が登場することだろう。ISを退治し，シリア問題を解決しても，国際社会はいずれまたテロの脅威に身構える日々が到来するのである。国際社会は姿，形を変える国際テロと半永久的に向き合い，テロから防衛しなければならない状況に追い詰められている。これが新たに加わった21世紀の対立の構図である。

中国もまた厄介なトラブルメーカー。21世紀版のシルクロード構想を打ち出した中国は，反対する日米両国と英国，欧州諸国とを差別化している。太平洋展開を完遂したい中国は当然のことながら，日本や米国の国益と衝突する。

これを突破すべく，愚かな北京は南シナ海に人工島を建設，軍事拠点化を目論む。固定化される軍事拠点は軍事攻撃の対象となる。中国と敵対する国は瞬時にして爆破できる。賢明な海洋戦略とは移動可能な空母を多数保有することである。人工島を建設できるカネがあれば，空母の建造に充当したほうが有効なのだ。人工島建設で領海を拡大したいのであろうが，ワシントンが艦船を航

行させたことからもわかるように，人工島建設が領海の拡張に直結することはありえないのである。

　経済力に陰りが生じている今，冒険主義に走るのは軍事戦略上，得策ではない。シルクロード構想といっても，しょせんは中国系ゼネコンの事業創出手段でしかない。現地で大歓迎される日本企業と違って，中国企業の進出は歓迎されない。中国から経営トップも従業員，その家族が大挙して押し寄せてくるからだ。経済的パイは中国の中で分配される。現地への経済的恩恵は限定的だ。現地がこの現実に気づけば，反中キャンペーンが繰り広げられる。

　民主主義が最高の価値観ではないだろう。しかし，民主主義という価値観を共有する諸国家が協力することには意義がある。束ねるキャッチフレーズとして民主主義を活用することに意義がある。残念ながら，英国や欧州諸国はどうやら経済的に中国の軍門に下ったようだが，政治的に従属したわけではない。

　本来，民主主義と独裁は嚙み合わない。市場経済と独裁も嚙み合わない。香港の民主化運動「雨傘革命」を平気で弾圧した北京。一方，英国では議会制民主主義と市場経済とが連綿と続いてきた。民主主義と市場経済を基軸とする英国・欧州と中国の融合は不可能である。日本と米国はオーストラリアやカナダ，それにインドからの助力を得て，中国に対抗できる軍事力を整備しなければならない。これが眼前で巻き起こる地殻変動に対処できる有効な戦略となる。

---------------------------------- 註 ----------------------------

(1)『日本経済新聞』2015年11月16日号。
(2)『日本経済新聞』2015年11月6日号。
(3)『日本経済新聞』2015年11月14日号。
(4) *Financial Times*, November 9, 2015.
(5) *Financial Times*, October 9, 2015
(6) *Financial Times*, November 17, 2015.
(7) 米国では2015年10月の非農業部門雇用者数が，対前月比で27万1,000人増という市場予想を大幅に上回る数値を記録したこと，また失業率が5.0％に低下したことから，利上げが視野に

入った。ただし，賃金と物価の上昇率は低水準にとどまる（『日本経済新聞』2015 年 11 月 7 日号）。
(8) *Financial Times*, October 28, 2015.
(9) 『日本経済新聞』2015 年 10 月 31 日号。
(10) *Financial Times*, October 26, 2015.
(11) 『日本経済新聞』2015 年 11 月 18 日号。

（中津孝司）

III ドキュメンタリー：ギリシャ緊迫

1. 大いなる茶番

　交渉の達人か，それともペテン師か。二転三転するチプラス首相の言動に国際社会は翻弄された。チプラス首相の政治的基盤は与党・急進左派連合（SYRIZA：シリザ）にある。債務返済問題で瀬戸際をさまようギリシャ社会（人口1,100万人）に救いの手を差し出すのか，見捨てるのか。チプラス首相の言動には不可解な点が多かった。

　ギリシャの債務危機は昨日，今日に顕在化したわけではない。さかのぼることの2009年。同年の政権交代を契機に政府の債務隠蔽・粉飾工作が露呈。これを起点に資金調達が難航。ギリシャ・ショックは幾度となく世界を駆け巡った。

　ギリシャ政府は公共投資を凍結すると同時に，付加価値税（VAT）増税といった緊縮策で財政再建に乗り出す。ここに2012年には債権団からの支援資金が流入，債務も大規模に削減され，持続可能な財政運営に一歩踏み出した。そして，2014年には7年ぶりのプラス成長に転じていく。

　ところが，2015年6月，またもや債務返済問題が蒸し返される。債務は持続不可能な規模に再び拡大した。債務残高は2015年3月末時点で3,100億ユーロ（41兆円）にまで積み上がっている[1]。

　ユーロ圏からの支援は必要不可欠となった。ただし，借金で火だるまのギリシャに資金を供与するにはそれなりの厳しい条件が付与された。当然のことだろう。

　貸し手は財政の緊縮策（増税や年金のカットなど）をギリシャ政府に要求。2020年には債務残高の対国内総生産（GDP，2014年実績で1,790億ユーロ，ユーロ圏全体の2％）比を110％以下（2014年時点で177％）の水準にまで引き下げる

数値目標を提示した(2)。やはりまた，大幅な債務カット（債務再編）が必要なのだろうか。

そして2015年6月26日，欧州連合（EU）は財政改革（財政緊縮策）をめぐってギリシャ政府に最終通告を突きつけた。逃げ場を失ったチプラス政権はEUの要求を素直に受け入れ，財政改革に取り組む方針に転換せざるを得なかった。それ以外の選択肢は残されていなかったからである。

言うまでもなく，チプラス首相はギリシャ国民の代表として交渉の椅子に座っている。意思決定者はあくまでもチプラス首相本人だ。だが，信じられないことに，チプラス首相はEUとの交渉を打ち切り，国民投票に打って出て，ギリシャ国民の総意を確認したいと言い出した。ユーロ圏諸国は国民投票が無効だと主張，チプラス政権に対する不信感は一気に高まった。

もちろん，支援協議は決裂，欧州中央銀行（ECB）はギリシャ金融機関に追加資金繰り支援を見送った。すなわち緊急流動性支援（ELA，ECBがギリシャ中央銀行と連携して金融機関の資金繰りを支える仕組み）(3)は発動されない事態となった。要するに，支援の打ち切りである。

これはギリシャの金融市場に新たなユーロが供給されないことを意味する。ギリシャの預金者がみずからの預金を外国に持ち出し続ければ，ギリシャ市場からはユーロが流出する一方となる。ユーロはいずれ枯渇するだろう。まさしく金融危機。チプラス首相は無責任にもギリシャ社会を危機へと導いた。ギリシャ危機を導いた張本人はチプラス首相である。

ギリシャ経済は国外から支援されないと成立しない。ギリシャ政府にはEU，ECB，国際通貨基金（IMF）が，また，ギリシャの金融機関にはECBが必要な資金を供給してきた。いわゆるトロイカ体制である。

ギリシャは慢性的な財政赤字を抱える。にもかかわらず，市場で新規国債を発行できない。ECBはEU条約で財政赤字ファイナンス（補填）を禁じられている。トロイカによる資金拠出がなければ，たちどころに国庫が底を突く。ここに債務返済期限が迫る。2015年6月30日はIMFへの融資返済日だった。しかし，この15億ユーロを返済でできるはずもなく，支払いを遅延させてし

まった。先進国では初めてのケースである。

　加えて，チプラス政権が国民投票を強行したことで，ギリシャ国民は資本規制を余儀なくされる。金融機関は営業停止，ATM からの現金引き出しも 1 日 60 ユーロに制限された。金融機関が窓口業務を再開するのは 7 月 20 日のことだった。ただし，資本規制がすべて解除されるのはその数カ月先のことである。この時点ではユーロがギリシャの金融市場から枯渇する局面に達していた。

　ギリシャが財政的に破綻し，債務不履行（デフォルト，国家が融資の元本・利息返済が期日どおりに実施できない状態）に陥るのは時間の問題となった。ギリシャのデフォルト・リスクとは国債デフォルトである(4)。対 IMF 融資を返済できなかったことで，ギリシャは事実上のデフォルトに陥ったことになる。

　チプラス政権発足（2015 年 1 月）後，2014 年 12 月から 2015 年 6 月末までにギリシャからはすでに 400 億ユーロが流出。預金全体の 2 割以上が吹き飛び，同年 6 月末時点の預金残高は 1,200 億ユーロ強と過去 10 年間で最低の水準にまで沈んでいた(5)。その一方で 2014 年末に 320 億ユーロ程度だった銀行券の流通額は 2015 年 6 月末に 500 億ユーロを上回っている。これはギリシャ国民の銀行不信が現金志向を強めていることを示唆している。

　加えて，交渉決裂で預金流出の速度はさらに加速。ギリシャ国内銀行の手元資金は 10 億ユーロ程度にまで激減した(6)。資本規制に伴う経済コストは 1 週間当たり 28 億ユーロに達すると試算された。

　ギリシャ四大銀行（ナショナル銀行，ユーロバンク，アルファ銀行，ピレウス銀行）の決算では最終赤字が計上され，不良債権が累積する始末。不良債権比率は 2014 年 3 月末時点ですでに 24 〜 38 ％と高止まりしている(7)。もはや万事休すの状況だった。緊急融資，資本注入がない状態が放置されると，ギリシャ経済は立ち行かなくなるのは自明の理である。経済崩壊。ギリシャは欧州から追放される憂き目に遭う。

　当然，ギリシャ危機は瞬く間に世界へと波及。世界同時株安が株式市場を襲った。リーマン・ショック（金融危機）の再来か。世界の投資家はギリシャ

のユーロ圏離脱に身構え，リスクオフからリスクオンへと投資スタンスを転換する姿勢を鮮明にした。

　2014年にプラス成長に浮上したにもかかわらず，2015年には再びマイナス0.2％に沈んだ(8)。ギリシャのGDPは危機以前の2008年から2014年にかけて25％減少。2016年も景気後退が続くと予測されているが，当初の試算よりも上方修正されてはいる。

　ギリシャ国家統計局が公表した数値によると，2015年1-3月期の経済成長率は0％，同年4-6月期については0.8％とプラス成長が維持されている(9)。どうやら主力の観光業が経済を下支えしたからだろう。もちろん，この数値は今回の混乱以前の数値に過ぎない。問題の同年7-9月期は対前期比でマイナス0.9％と再びマイナス成長に沈んだ。当然，投資も輸出も落ち込んでいる(10)。

　失業率は2015年7月時点で25.0％に達する。15-24歳といった若年層の失業率は55％におよぶ(11)。ユーロ圏全体の失業率が10.9％（2015年7月），EU 28カ国全体が9.5％（同）であることから(12)，ギリシャの失業率が突出して高いことがわかる。

　ギリシャ産業の主力は観光，小売り，海運である。

　観光産業はギリシャGDPの2割弱を創出する。観光，海運を中心とするサービス産業がGDPの80％を占有する(13)。観光業への負の影響はギリシャ経済にとって致命傷だ。

　他方，海運業の拡大は続く。船舶保有量は2億8,300万トンと世界首位（2014年）(14)。優遇税制を貫徹するギリシャに本社を置く，大手船主が多い。船舶を保有し，各国海運会社に貸し出す船主業が中心となっている。例えば，大手のダナオスは56隻のコンテナ船を保有，世界各国の海運大手に船を貸し出している。だが，ギリシャの雇用創出に貢献していない現実がある。

　食品，医薬品，化学品などは輸入に依存(15)，輸出競争力を備えた製造業に乏しい。貿易が停滞すると，貿易業界は大打撃，経済停滞はさらに長期化する。

加えて，ギリシャではいわゆる影の経済がGDPの24％に匹敵する規模だという(16)。欧州では突出した脱税天国である。所得を隠蔽するために領収書を発行しない。当然，税収効果を押し下げる。国ぐるみの脱税体質から抜け出せない。

ギリシャには今後3年間で500億ユーロの金融支援が必要だと試算されている(17)。支援なくしてギリシャ経済の再建は想定できず，自立更生はほぼ不可能な状況なのである。

ギリシャの強みは地中海に面する地政学的要衝地だという軍事的価値と民主政発祥の地としての歴史的業績のみである。欧州世界がギリシャを見捨てなかった唯一の理由でもある。

2. 国民投票結果は無視され，事態は意外な展開に

ギリシャ政府はEUに歩み寄ることなく，予定どおり2015年7月5日に国民投票が実施された。国民投票に伴う費用は2,000万ユーロだと報じられている(18)。

国民投票ではEUがギリシャに要求する財政改革，つまり財政緊縮策をギリシャの有権者が受け入れるか，入れないかが問われた。受け入れればユーロ圏残留，受け入れなければユーロ圏・EU離脱— ギリシャの有権者は二者択一を迫られた。ユーロ圏・EU離脱となれば，ギリシャには再び自国通貨が登場することになる。

事前の世論調査では緊縮策容認派が若干優勢との見立てだった。しかし，蓋を開けてみると，緊縮策受け入れ拒否が圧倒的多数を占める。反対票が全体の61％にのぼった。特に，若者や低所得者層が反対票を投じた。ギリシャ国内では最大野党である新民主主義党（ND）のサマラス党首が辞任した。チプラス政権にとっては緊縮策反対という民意を追い風に債権団側と強気な姿勢で臨む基盤を得たことになる。

市場ではリスクモードが支配し，世界の株価が大暴落した。ここに上海株式市場の株価暴落が追加される。中国の習近平政権は暴落を食い止めようと，株

式の取引停止を容認した。これが投資家の警戒姿勢を一層強めた。

　世界の株式市場ではギリシャ情勢の悪化と中国株価の急降下とが共振して，世界同時株安が誘発されてしまった。東京証券取引所も無傷ではいられない。日本株も乱気流に巻き込まれ，日経平均は大きく下落，2万円を割り込み，1万9,000円割れ寸前まで暴落した。ギリシャ・ショックと上海ショックというダブルパンチが世界の投資家を襲いかかった。

　しかしながら，情勢はここで急展開する。北京はありとあらゆる手段を駆使して，いわば力技で株価の暴落を食い止める。

　一方，チプラス首相はEUとの交渉に柔軟な姿勢で臨むと言明する。例の国民投票では緊縮策反対の意思が有権者によって示されたものの，チプラス首相は現実主義者に変貌する。というよりもむしろ，ギリシャ首相という権力に固執したのである。要するに，チプラス首相みずからの保身。権力志向を強め，障害物を排除していった。

　まず，債権団内で評判が芳しくなかったバルファキス財務相を更迭，後任には穏健派とされるチャカロトス外務副大臣を就任させた。債権団との交渉を前進させるためだ。その一方で，フランスのオランド大統領にユーロ圏に残留したいと懇願した。ギリシャには金融機関を破綻処理する資金も乏しかったからである。オランド大統領からの献身的な助力を得て，チプラス政権は財政改革案の立案に着手した。ここにイタリアのレンツィ首相が援護射撃した。

　国民投票の結果で世論を味方につけたチプラス首相はここにきてようやく，ギリシャのユーロ圏・EU離脱という可能性に危機感を露わにしたのであった。銀行の営業停止が長引くことでギリシャ国民の危機感も募っていった。ギリシャ議会（一院制，300議席）では財政改革案が賛成多数で承認。国民投票の結果を裏切る形で，議会は改革に前向きの姿勢を示した。

　チプラス首相はこの新たな提案を債権団側に提示，ユーロ圏が要求するVATの引き上げ（現行の13％から23％）や年金給付抑制といった財政改革・緊縮策をほぼ無条件で受け入れた。その見返りとして，ユーロ圏の財政危機国を支援する基金である欧州安定メカニズム（ESM）[19]を活用した新たな金融

支援535億ユーロ（期間は3年）や債務の減免をEUに願い出た。IMFは大幅な債務減免が必要だと力説する。

ただ，ギリシャ債権団は新たな金融支援に必要な資金は740億ユーロと試算(20)。また，IMFは850億ユーロと算定した。そうなると，ギリシャの累積債務は対GDP比で200％に達していく。そこでEUは3年間で820億-860億ユーロの金融支援実施を検討。さらに，EUはギリシャ大手銀行に最大で250億ユーロの資本を注入する方針を明言した。銀行再編・集約で経営基盤を強化するといった抜本的措置も必要だ(21)。

2015年10月31日，ECBはギリシャの四大銀行（ナショナル，ピレウス，アルファ，ユーロ）に対して資産査定とストレステスト（健全性検査）を実施した結果，資本不足額が144億ユーロであると公表した。最大250億ユーロと試算されていた不足額よりも下回っている(22)。

ギリシャ議会では財政構造改革法案が可決，ユーロ圏加盟国はギリシャ大手銀行への資本注入を正式に承認した。ギリシャ政府は2015年中にEUから100億ユーロ程度の融資を受け，資本増強に充当する(23)。

多額の債務を抱えるギリシャには国営企業の民営化を主軸とする構造改革も不可欠。既得権益を死守しようと，公務員は猛反発するだろうが，公務員の削減や500億ユーロにのぼる国有資産（空港や港湾施設など）を切り売りして，財源を確保しないと，ギリシャの財政は持続不可能となる。財政赤字の巨額累積は長期金利の急騰を誘発する。金利上昇は経済の活力を削いでしまう。硬直的な労働市場の見直しも急務だ。

ドイツはギリシャ公営企業の資産をEU管理下の専門ファンド（投資基金）に移管することを主張した(24)。そして，このファンドが新設される。ギリシャでは民事手続きを簡素化する法案が可決され，民営化手続きを円滑に進める素地も整った(25)。

そして早速，具体的な民営化案件が始動する。ギリシャ国内にある14カ所の地方空港の運営権を12億3,000万ユーロでドイツの空港運営会社フラポートに売却することが決定された。売却額は12億ユーロと見込まれている。そ

して，空港の賃貸料として年間2,300万ユーロが支払われる。さらに運営利益の25％が今後40年間，ギリシャの民間航空局に支払われる。フラポートは4年間で3億3,000万ユーロ，最終的に14億ユーロを空港近代化に投資する(26)。

また，ギリシャ最大港湾のピレウス港や同国北部の主要なテッサロニキ港の民営化に関しては，中国海運大手の中国遠洋運輸集団（コスコ・グループ）などが売却先として浮上(27)。合わせて，ギリシャのガス輸送システム運営会社DESFA（ガス公社DEPAの傘下企業）の民営化に関しては，アゼルバイジャン国営石油会社（SOCAR）が株式取得に乗り出す。SOCARはギリシャ最大の石油精製企業ヘレニック・ペトロリアムなどからDESFA株66％を4億ユーロで取得する方針だという(28)。

当初，チプラス首相は専門ファンドの新設に猛反発した模様だが，ドイツのメルケル首相の前に屈した格好だ。ドイツで最も人気がある保守派の重鎮，ショイブレ財務相が手強い強硬派で，ギリシャのユーロ圏離脱にあくまでも固執した。

そのために，メルケル首相は対応に随分と苦慮したようだ。しかし，ショイブレ財務相はメルケル首相にとって欠かせない政治家。ショイブレ氏がメルケル政権を支える一面を持つ(29)。結果，ユーロ圏内でドイツが孤立する構図も浮かび上がっている(30)。

ただ，債権団は口約束では満足せず，財政改革法の採決という法制化をギリシャ当局に求めた。チプラス首相は法制化に応じ，財政法案はギリシャ議会で可決，ユーロ圏はギリシャ支援実施に動き出した。真摯な交渉姿勢に転じたことでチプラス首相に対する債権団からの風当たりも緩和されていった。ギリシャ経済は債権団の管理下に置かれることになる。

チプラス首相は法案可決を目指して，周到に根回し。銀行休業の長期化を人質に法案可決の説得工作を展開した。首尾良く法案は可決，法制化され，世界には安堵感が広がった。返す刀でチプラス首相は内閣改造を断行。財政改革法案の採決で反対票を投じた造反閣僚を更迭(31)，裏切り者の粛清を徹底した。

市場では投資家の不安心理が大きく後退，再度，リスクオンからリスクオフ

へと投資モードが再度チェンジした。日本では円安・株高という，いわゆるアベトレードが再来，日経平均は2万円の大台を再び回復した。

ただ，資本規制の混乱の中，株式取引が停止されていたギリシャのアテネ証券取引所は2015年8月初旬，5週間ぶりに再開されたけれども，ギリシャ経済の先行き不透明感を嫌気した売りが膨らみ，株価は大幅に下落した。下落幅は過去30年間で最大だという(32)。特に，銀行株が売り込まれている。株価回復には大胆な経済対策と構造改革とが不可欠である。

EUは820億ユーロ超の金融支援を予定していたが，本格支援の前に，71億6,000万ユーロのつなぎ資金を緊急融資した。金融支援のうち，上限655億ユーロがESMからの融資になる。数回に分けて実行される。融資資金は債務返済，銀行，利払いなどに振り向けられる(33)。

加えて，ECBは対ギリシャELAの枠を9億ユーロ分，2度にわたって増額して対応している。ギリシャ金融機関の資金繰り支援がその狙いである(34)。現在，ELAの上限は897億ユーロとなっている（従来は910億ユーロ）。預金流出の速度が減速して，金融機関の資金繰りは改善しているようだ(35)。

また，ギリシャ政府は延滞扱いになっていた債務20億ユーロをIMFに返済している。あわせて，ECBが保有するギリシャ国債を償還，元本と利息分42億ユーロを支払っている(36)。

そして，2015年8月11日，債権団とギリシャ政府が新たな金融支援の条件について大筋合意し，その後，ユーロ圏財務相会合で正式合意に達した(37)。ギリシャの基礎的財政収支を2016年までに黒字化すること，基礎的財政収支の対GDP比を2018年までに3.5％にまで改善することで一致したという。

2015年10月までに260億ユーロ（このうち2015年8月20日までに130億ユーロ）が支援される。金融機関の資本増強に100億ユーロが充当される(38)。

同時に，ギリシャの金融機関が抱える不良債権の処理方法，ギリシャ国有資産（500億ユーロ規模）の民営化加速のための政府ファンド（民営化基金）創設などについても話し合われたという。今後，債務再編や金利減免，返済期限の延長といった債務負担の軽減策についても協議されることだろう。

これらを受けて，2012年以降，ギリシャに1,418億ユーロを融資してきたESMは，2015年8月20日に開催された理事会で，ギリシャに対する最大860億ユーロの金融支援を承認。初回分として130億ユーロがギリシャに融資された。また，ギリシャ金融機関の資本増強向けとしては100億ユーロが支援される。ギリシャ政府はECBが保有する32億ユーロの国債を償還している(39)。2015年11月までに30億ユーロ分が追加融資された(40)。

一方，ギリシャ自身は年金改革の具体像を提示すると同時に，硬直的な労働市場の改革や規制緩和を果敢に断行しなければならない。経済力を強化しないと，債務は返済できない。

実務者協議で大筋合意されたことを受けて，ギリシャの株式市場で幅広い銘柄が買い戻された。中でも銀行株が値上がりした。3年物国債の利回りも低下し，全体として市場が正常化に向かって動き出した。

ところが，チプラス劇場はここで終わらない。

チプラス首相が辞表をパブロプロス大統領に提出，総選挙の実施を要請した。総選挙は2015年9月20日に実施された。チプラス首相には緊縮策について有権者にあらためて信を問うことに加え，造反議員を与党から永久追放して，政権基盤を強化する狙いがあるという(41)。

一方，造反した強硬派の25議員はSYRIZAを離党し，新党・国民連合 (Popular Unity) を結成。チプラス首相に解任された元エネルギー相であったラファザニス氏が党首となった。造反議員はチプラス首相と徹底対決する姿勢を鮮明にしている。新党はギリシャ議会で第3位の勢力となる。また，総選挙を回避したいパブロプロス大統領は，保守系政党の最大野党・NDに組閣を要請した(42)。

総選挙は予定どおりに実施された。定数300議席に対する選挙結果は，急進左派連合が145議席（得票率35％），独立ギリシャ人が10議席，新民主主義党が75議席，全ギリシャ社会主義運動が17議席，ポタミが11議席，中道同盟が9議席，黄金の夜明けが18議席，共産党が15議席であった(43)。

急進左派連合は独立ギリシャ人と連立を組み，過半数の議席を確保した。投

票率は 56.5 ％と過去最低であったけれども，チプラス首相は再び勝利し，安定政権への糸口をつかんだ。ただ，造反議員が現れれば，過半数を維持できなくなる。

　三度目の正直。IMF による支援は 3 回目を数える。ギリシャは真剣に財政再建に取り組むのか。2015 年 7 月 20 日からは公約どおり，VAT の税率が早速引き上げられている。年金給付の抑制や農家への増税（現行の農家所得税率は 13 ％）(44) も逐次，実施されていく予定だ。退職年齢の引き上げや脱税対策の強化といった財政構造改革にもメスが入る。税金滞納額は 721 億ユーロに達している。財政構造改革をもってギリシャ大手 4 行の資本増強への道を開く(45)。

　政権が安定しないと，課題の解決は困難だ。チプラス政権には二枚舌も大盤振る舞いも許されない。制約条件下で政権を維持できるかどうか。綱渡りから安定へとどのように舵を切るのか。チプラス政権は正念場を迎えている。

3．ギリシャ危機は繰り返されるか

　リーマン・ショックの傷が癒える間もなく，世界はギリシャ危機を発端とするユーロ危機に見舞われる。共通通貨ユーロに対する信任が極度に低下した。共通通貨の採用は誤りだったのか。地球上初の壮大な経済実験は成功するのか。世界は常に EU を期待と不安の眼で観察してきた。

　そもそも EU の前身である欧州共同体（EC）では政治的な思惑が先行していた。その目的は先の大戦の敗戦国ドイツと戦勝国フランスの軍事的対立を回避することにあった。そのうえでソ連邦と対峙することにあった。

　冷戦が終結に向かうと，求心力を一層強化しようとする。その延長線上にユーロ導入がある。そこでは経済的合理性よりも経済的利便性が先行した。利便性を優先したことで，経済的な矛盾が噴出する。この矛盾を EU は政治的な対話を駆使して乗り越えてきた。ただ，ユーロ採用国がドイツの経済力に期待を寄せる一方で，ドイツの政治的な突出を望まない。少なくともドイツ自身が自粛する。ここに政治的なねじれを解消できない原因がある。気候風土の影響で国民性や民族性も多様である。

ユーロを採用するためには，一定の条件をクリアする必要がある。それは年間の財政赤字を対 GDP 比で 3 ％以下に押さえ込むことである。と同時に，累積赤字も 60 ％以下の水準を維持しなければならない。景気浮揚策としての財政出動は制約され，金融政策は通貨の番人・ECB に一任される。

　だが，現実には景気対策を優先するあまり，財政赤字がどうしても拡大する。この赤字を埋めるべく，当該政府は対外債務を膨らませてしまう。この債務問題は当該 1 国にとどまらず，ユーロ採用国全体の問題として処理しなければならない。ここに共通通貨の大きな問題点が潜む。

　2009 年，ギリシャの過大な政府債務が発覚した。これが南欧諸国全体に波及，欧州債務危機へと事態は発展していく。この混乱を教訓にユーロ圏はセーフティーネットの構築を急いだ。ギリシャ危機は再発したが，今回，その危機をギリシャ 1 国に封じ込めることに成功した。事実，南欧諸国の長期金利は比較的落ち着いて推移した。構築されたセーフティーネットが有効に機能したからである。ユーロ圏は打たれ強くなったと診断できよう。

　ユーロ圏内の経済格差は依然として解消されないものの，ギリシャ危機はあくまでもギリシャ特有の危機であって，ユーロ危機ではない。外国為替取引の 4 割，外貨準備金の 4 分の 1 をユーロが占める[46]。これがユーロの国際的地位だ。イタリアのレンツィ首相が指摘したように[47]，共通通貨ユーロは機能し，ユーロ圏諸国にとって不可欠な存在として昇華した。欧州の壮大な実験は成功である。

　リーマン・ショック，政府債務問題，ギリシャ危機を欧州世界とユーロ圏は政治的決断で克服してきた。その意思決定には相当の時間とコストを費やしたけれども，常に次のステップへと踏み込んできた。

　ギリシャと同様に公的債務に苦しんだ南欧諸国では，徐々にではあるけれども，構造改革が進展している。国民が背を向けていた労働市場の規制緩和にも取り組み，スペインの実質経済成長率は 1.0 ％と景気回復への期待が高まってきた[48]。

　ポルトガルの経済成長率も 2014 年の 0.9 ％から 2015 年には 1.6 ％に加速した。

失業率については，12.1％，若年層（15-24歳）のそれは31.0％に低下してきている(49)。

イタリアでは郵政公社を代表として公営企業の民営化がスケジュールに上がっている。郵政公社は2015年10月に株式を上場，政府保有株の40％が市場に放出され，最大で40億ユーロを調達した。郵政公社の民営化を契機に国営鉄道の民営化など，公営企業民営化に弾みをつけたい。

もちろん，失業率は2015年6月でスペインは22.5％，イタリア12.7％と高水準にとどまっている。ユーロ安や原油安が景気回復の追い風としての役目を果たしてはいるが，イタリアの公的債務残高は2兆2,000億ユーロに達する。南欧諸国やユーロ圏の壮大な経済実験はこれからも継続する。

2015年に入ってからもユーロ圏19カ国経済は緩やかながらも拡大していた。同年1-3月期のユーロ圏GDP実質成長率はユーロ安や原油安を追い風に，対前期比で0.4％増，続く4-6月期でも同じく0.3％増，年率換算で1.3％増である。ECBが2015年9月初頭に提示したユーロ圏の経済成長率は2015年1.5％，2016年1.9％，2017年1.8％という見通しになっている(50)。

ユーロ圏経済を支える要因の1つとして，ユーロ安の恩恵は特筆に値する。ユーロの名目実効レートは13年ぶりの低水準を記録したという(51)。

ユーロ圏の消費者物価についても，2015年8月の上昇率は対前年同月比で0.2％と4カ月連続で前年の水準を上回って推移している。エネルギー価格指数は低下したものの，それ以外の物価は幅広く上昇，デフレ懸念は後退している(52)。ECBの物価上昇率見通しは2015年0.1％，2016年1.1％，2017年1.7％である。

むろん，今後も折に触れ，ユーロ圏ではさまざまな問題が発生するだろう。ECBのドラギ総裁は新興国の景気減速に懸念を表明したうえで，景気認識と物価見通しを下方修正。2015年3月から，いわゆる量的金融緩和を開始したが，追加緩和策も実施した(53)。

問題の1つひとつに対してユーロ圏各国が政治的に，そして経済対策で解決できるかどうか。ユーロ圏は経済的な問題を常に政治的に解決してきた。ただ

し，問題の解決や緩和には必ず金融支援という名の現金が必要となる。ユーロ圏の前進には，多額のコストを伴うことを忘れてはなるまい(54)。

借金の常習犯・ギリシャの懸念は債務問題だけにとどまらない。失業者が街角に溢れる一方，有能な人材が流出している。祖国を見限ったギリシャの頭脳はドイツや英国を目指す。ギリシャには独自の産業革命が要請されるのである。そうでないと，頭脳の流出は止まらない。歴史的資産に安住することはもはや許されない。資本の流出と相まって，ギリシャからは必要な資源が逃げ出している。真の問題はここにある。

ギリシャ危機の最中，中国やロシアがギリシャに触手を伸ばし，欧米諸国が警戒感を深めたと報じられることがあった。しかし，この懸念は杞憂である。

経済制裁を科されたロシアにギリシャ危機を救えるだけの資金はない。これまでロシアはギリシャに天然ガスを輸出してきた。2013年実績で26億立方メートルの天然ガスがギリシャに供給されている(55)。ここにトルコ経由で天然ガスをギリシャまで供給するトルコストリーム構想が浮上。トルコや南欧諸国に年間630億立方メートルの天然ガスが輸出される国際プロジェクトだ(56)。

しかしながら，この金食いプロジェクトはやがては縮小されていくだろう。確かにトルコはドイツに次ぐロシア産天然ガスの輸入国（2013年実績で267億立方メートル）である。だが，ロシアにとっての上得意はやはりドイツだ。

2013年実績で410億立方メートルの天然ガスがロシアからドイツに向かっている。ドイツの購買力にギリシャは足元にも及ばない。ドイツへはより大量のロシア産天然ガスが輸出されることだろう。しかし，経済停滞に苦悩するギリシャの需要は伸びない。ロシアは逆にギリシャを避けるだろう。ロシアはギリシャの救世主にはなれないのである。

中国はギリシャ国有資産の買い手としてはその存在感を増していくかもしれない。だが，中国が信奉する不動産神話は世界各地で散見できる。中国人投資家は日本でも不動産を買いあさっている。

ギリシャは北大西洋条約機構（NATO）加盟国である。ギリシャのクレタ島にはNATOの軍事基地が鎮座する(57)。地中海は軍事的にNATOの海だ。た

とえ中露両国が地中海で合同軍事演習を断行しても，この事実は変わらない。

ロシアのプーチン大統領は軍事的拠点を上海協力機構（SCO）に求めるようになるだろう。経済制裁が解除されたイランをSCOに取り込めば，プーチン戦略の第一弾は完結する。ロシアがNATOと向き合う基盤として，プーチン大統領はSCOを利用するだろう。SCOはいずれ軍事機構に格上げされる。中露両国の眼中にギリシャはない。視線は常に欧米全体に向けられている。

ギリシャ危機はとりあえず収束した。それでは，次の危機国はどの国か。それはベネズエラである。

ベネズエラに流入するオイルマネー（原油輸出収入）は原油価格が半値になって以来，360億ドルも吹き飛んだ。原油生産量は2006年の日量330万バレルを超える水準から，足元では同270万バレルにまで激減している。加えて，現在のマドゥーロ政権誕生後，貧困層は7％も増加。物価上昇率も100％を突破し，インフレ率世界首位を記録している(58)。

ベネズエラでは汚職が蔓延し，さまざまな組織運営は麻痺状態にある。ベネズエラのデフォルト宣言で再び世界の市場は荒れるのか。それとも，ベネズエラのデフォルトは中国リスクよりも軽視されるのか。蓋を開けてみないと誰にもわからない。

--------------------------------- 註 ---------------------------------

（1）『日本経済新聞』2015年7月10日号。ギリシャ公的債務の総額は3,127億ユーロで，その内訳は次のとおりとなっている。欧州金融安定基金（EFSF）42％，ユーロ圏2国間融資17％（ドイツ29％，フランス22％，イタリア19％，スペイン13％），国際通貨基金（IMF）6％，欧州中央銀行（ECB）9％，その他26％（『日本経済新聞』2015年7月12日号）。

（2）『日本経済新聞』2015年7月6日号。

（3）緊急流動性支援（ELA：Emergency Liquidity Assistance）とはユーロ圏各国の中央銀行が資金繰りに窮した市中銀行（経営不安で格付けが引き下げられた銀行）に緊急融資する手段のこと。ただし，緊急融資の規模が大きくなれば，欧州中央銀行（ECB）の承認が必要となる。それゆえに，市中銀行の最後の砦と位置づけられる。ギリシャ向けELAの上限枠は900億ユーロだった（『日本経済新聞』2015年7月7日号）。

（4）債務の8割を占めるギリシャ公的債務の内訳は次のとおり。国債（民間保有）12％，国債（欧

州中央銀行［ECB］保有）9％，短期国債5％，欧州連合（EU）の融資42％，国際通貨基金［IMF］の融資7％，2国間融資17％，その他8％（『日本経済新聞』2015年7月1日号）。
(5) 『日本経済新聞』2015年8月2日号。
(6) 『日本経済新聞』2015年7月6日号。
(7) 『日本経済新聞』2015年7月11日号。
(8) 『日本経済新聞』2016年4月23日号。
(9) 『日本経済新聞』2015年8月14日号。
(10) 『日本経済新聞』2015年11月28日号。
(11) 『日本経済新聞』2015年7月7日号。
(12) 『ロイターニュース』2015年9月1日号。
(13) 『日本経済新聞』2015年7月10日号。
(14) 『日本経済新聞』2015年7月30日号。
(15) 『日本経済新聞』2015年7月8日号。
(16) 『日本経済新聞』2015年7月29日号。
(17) 『日本経済新聞』2015年7月3日号。
(18) 『日本経済新聞』2015年7月4日号。
(19) 欧州安定メカニズム（ESM：European Stability Mechanism）とは欧州債務危機対応策としてユーロ圏が2012年に設立した金融危機対応策・金融安全網のこと。この常設機関の本部はルクセンブルク。市場で債券を発行して資金を調達，債務危機に直面したユーロ加盟国を支援する仕組み。最大で5,000億ユーロの融資能力を有する。経営危機に陥った銀行の資本増強にも対応する（『日本経済新聞』2015年7月9日号，2015年7月14日号）。
(20) 『日本経済新聞』2015年7月12日号。
(21) 『日本経済新聞』2015年7月16日号。
(22) 『日本経済新聞』2015年11月1日号。
(23) 『日本経済新聞』2015年11月24日号。
(24) 『日本経済新聞』2015年7月14日号。
(25) 『日本経済新聞』2015年7月24日号。
(26) 『ハーバービジネス』2015年8月26日号。
(27) 『日本経済新聞』2015年8月19日号。
(28) 『ロイターニュース』2015年8月26日号。
(29) *Financial Times*, July 22, 2015.
(30) *Financial Times*, August 10, 2015.
(31) 『日本経済新聞』2015年7月18日号。
(32) 『日本経済新聞』2015年8月4日号。
(33) *Financial Times*, July 14, 2015.
(34) 『日本経済新聞』2015年7月17日号，2015年7月18日号，2015年7月23日号。

(35) 『日本経済新聞』2015年8月21日号。
(36) 『日本経済新聞』2015年7月22日号。
(37) 『日本経済新聞』2015年8月12日号。
(38) 『日本経済新聞』2015年8月16日号。
(39) 『日本経済新聞』2015年8月21日号。
(40) 『日本経済新聞』2015年8月20日号。
(41) 『日本経済新聞』2015年8月21日号, 2015年8月22日号。
(42) 『ロイターニュース』2015年8月21日号。
(43) 『日本経済新聞』2015年9月22日号。
(44) *Financial Times*, July 22, 2015.
(45) 『日本経済新聞』2015年10月17日号。
(46) 『日本経済新聞』2015年7月19日号。
(47) 『日本経済新聞』2015年8月5日号。
(48) 『日本経済新聞』2015年8月27日号。
(49) 『ロイターニュース』2015年8月31日号。
(50) 『日本経済新聞』2015年9月4日号。
(51) 『日本経済新聞』2015年8月15日号。
(52) 『日本経済新聞』2015年9月1日号。
(53) 『日本経済新聞』2015年9月4日号。
(54) *Financial Times*, August 19, 2015.
(55) *Oil & Gas Journal*, June 1, 2015, p.88.
(56) *Oil & Gas Journal*, June 1, 2015, pp.86-91.
(57) 『日本経済新聞』2015年7月9日号。
(58) *Financial Times*, August 10, 2015.

(中津孝司)

IV　ドイツ経済はなぜ強いのか

1．はじめに

　第二次世界大戦後，ドイツは東西に分断されたが，分断後に誕生した西ドイツの経済は驚異的な復興を遂げた。1970年代には日本とともに世界経済の牽引役と期待された。しかし，第二次石油ショック以降，西ドイツ経済は低迷を続け，ドイツ病という言葉まで生まれた。80年代からはハイテク分野での競争力の欠如，高い労働コストに短い労働時間，長い年次休暇，高い失業率など，ドイツ経済や社会が持つ構造的な問題が指摘されるようになった。

　1989年にベルリンの壁が崩壊すると，予想をはるかに上回るスピードで東西ドイツの統一が実現した。ドイツ経済は旧東ドイツの復興需要に支えられ，好況期を迎える。しかし復興需要景気は長くは続かず，90年代初めから再びドイツ経済は低迷し，欧州の病人とまでいわれるようになった。さらに2000年代になると失業者が一時的に500万人を超え，悲観的な見通しがドイツ社会全体を支配するようになった。しかし，一連の労働市場改革を成し遂げたドイツは，リーマン・ブラザーズの破綻による金融危機で，厳しい景気後退に陥るものの，いち早く経済を回復させ，近年，ドイツ経済の強さが際立つようになった。世界は再びドイツ経済の競争力に強い関心を持つようになった。

　本章では，ドイツ経済復活の秘密を探るため，大戦後のドイツの歴史を振り返りつつドイツ経済や社会の特質について考察した後，21世紀における労使関係の変容や労働市場の規制緩和をふり返りながら，ドイツ経済復活の要因を探るとともに，現状とこれからを展望する。

2. 戦後の歴史

A. 戦後復興

　1949年ドイツ連邦共和国（西ドイツ）が誕生した。初代首相のアデナウアー（Konrad Adenauer）政権は，中道右派政党であるキリスト教民主同盟(1)（CDU）とキリスト教社会同盟（CSU）に中道政党である自由民主党（FDP）が加わった連立政権であった。アデナウアー政権は1963年に，同じくCDUとCSUにFDPによる連立エアハルト（Ludig Erhard）政権に移行したが，3年後の1966年エアハルト政権は，同じくCDUとCSUの連立によるキージンガー（Kurt Georg Kiesinger）政権に移行し，同政権は1969まで存続した。西ドイツ政治の特徴として，西ドイツ誕生後20年間にわたりCDUとCSUという保守政党に自由主義経済を標榜するFDPが加わった中道右派の連立政権が続いたことが挙げられる(2)。

　この時期，西ドイツ経済は著しい経済発展を遂げた。50年代の実質GDP成長率は年率平均で8％にも達し，10年間で経済規模は倍増した。西ドイツは，60年代初めすでに米国に次ぐ世界第二の経済大国の地位を築いた。60年代になると成長率は4％台半ばへと低下したが，西ドイツ経済は好調を維持した。

B. 社会民主党政権

　69年，20年続いた保守中道政権は，ブラント（Willy Brandt）を首班とする社会民主党（SPD）とFDPの連立政権に移行した。初の中道左派政権の誕生である。74年にブラントが辞任すると，同じくSPDのシュミット（Helmut Schmidt）がFDPとの連立政権を82年まで引き継いだ。

　社会民主党政権下の70年代，先進国経済は2度にわたる石油ショックにより深刻な打撃をこうむった。西ドイツ経済も75年に戦後初のマイナス成長を記録し，また第二次石油ショックの後遺症が残る82年にも再びマイナス成長を記録した。80年代前半，西ドイツ経済は低迷し，ドイツ病という言葉まで

生まれた。

　雇用環境については，戦後の混乱期に失業者は100万人を超えていたが，経済発展に伴い失業者は急速に減少し，60年代には失業率が1％を下回る超人手不足社会となった。しかしマイナス成長を記録した75年，失業者数は再び100万人を超え，失業率も4.7％に達した。その後，失業者が100万人を切ったのは，78〜80年の3年間のみであり，80年代以降は失業者が常に200万人を超える大量失業社会に突入していった。

　西ドイツ経済の失速は貿易収支の落ち込みにも表れている。西ドイツ経済は貿易外収支の赤字を貿易収支の黒字が補う構造となっていたが，1980年になると貿易収支の黒字が急減し，貿易外収支の赤字を補いきれず経常収支は赤字に転落した。しかし貿易収支の黒字はその後再び増加に転じ，82年には78年の水準を回復した。貿易収支の落ち込みは事後的にみれば第二次石油ショックによる一時的なものであったが，当時は西ドイツ経済の国際競争力低下による構造的な問題ととらえる論調が支配的であった。これは貿易収支が，対米，対日の貿易収支において赤字を計上しており，その主要な要因が，コンピュータやエレトロニクス製品に代表される先端技術製品の輸入超過にあったからである。

　1981年，企業の対売上高純利益率（税引き後）は自動車産業で1.9％，電気・電子産業2.0％，機械産業1.4％と戦後最低を記録した。また，企業倒産も1万1,000件に達し，戦後最悪となった。

　西ドイツ経済の低迷は，すでに述べた技術革新の低迷に加え，品質優位性の低下，熟練工，技術者不足，高い人件費と短い労働時間（日数）などにあるとされた。

　先端技術の立ち遅れについては，半導体技術およびコンピュータ技術で西ドイツ企業が完全に立ち遅れたことに象徴される。また品質優位性の低下については，当時欧州市場を席巻しはじめた日本製自動車やエレクトロニクス製品との競合で，ドイツ製品の品質面の優位性が相対的に低下したことが挙げられる。

大量失業時代を迎えた西ドイツ社会であったが，一方で熟練工や大卒技術者の不足も指摘された。また，西ドイツ経済の国際競争力を低下させる主な要因として，世界最高水準の労働コストが指摘されていた。西ドイツの労働コストの高さは社会保障・福利厚生費（健康保険，老齢年金，失業保険）の直接賃金に対する比率の高さにある。1979年のデータによれば，製造業の時間あたり賃金の70％が社会費用（社会保障費の企業負担分（健康保険，老齢年金，失業保険他）＋ボーナス他＋有給休暇，祝祭日＋病欠・労災時企業負担分＋企業年金の企業負担分＋利益参加＋住宅援助費）として支出されている。ちなみに当時の日本の社会費用が時間当たり賃金に占める割合は21％となっている。西ドイツの労働コストの高さは，直接賃金の高さに加え，社会費用負担の高さ，すなわち充実した社会保障を支えるための費用負担が労働コストに反映されていたためといえる。

C. コール政権

82年には，シュミット政権に代わりCDU/CSU, FDPによる中道右派政権が，コール（Hekmut Kohl）の首班の下，誕生する。コールは，施政方針演説で転換（Wende），危機（Krise），中道の連立（Koalition der Mitte）の3つをスローガンとして掲げた。転換とは，ブラント，シュミット政権時代の社会民主主義的政策からの「転換」との意味であり，決して経済自由主義的な改革を目指したわけではなかった。戦後西ドイツ政府が推進した「社会的市場経済」（Soziale Marktwirtschaft）の根底にある，秩序的要素を再び活性化させることを目指したのである。その意味で，コール政権の経済政策は米国のレーガン政権や英国のサッチャー政権による新自由主義経済政策とは一線を画すものであった。

コール政権は結局98年まで16年間続き，戦後最長の政権となった。この間，90年には東西ドイツの統一が実現し，コールは統一ドイツの初代首相に就任した。

第二次石油ショックの残る82年，経済成長率はすでに述べたようにマイナスとなったが，83年以降，経済はプラス成長に転換し，87年までは2％〜

3％のゆるやかな成長を実現し，失業率は5％後半から7％前半で推移した。また88年と89年には世界的な景気回復も手伝って成長率はそれぞれ3.7％と3.6％に上昇した。しかし，失業率は6.3％，5.6％と高止まりの状態であった。

D. 1990年ドイツ統一

世界的景気回復の中，1990年10月に東西ドイツは統一した。89年11月に「ベルリンの壁」が崩壊してからわずか8カ月後の90年7月に通貨・経済・社会同盟が発足し，通貨統一が実現した。さらに同年9月には国家統一条約が発効し，それに基づいて翌月，国家統一が実現した。ベルリンの壁崩壊から国家統一までわずか一年足らずであった。統一ドイツは，面積35万7,000平方キロメートル，7,940万人（1990年当時）を有する新旧16の州からなる西欧最大の連邦国家となった。

統一に際して最も大きな問題は，東ドイツマルクと西ドイツマルクの交換比率であった。東ドイツマルクの西ドイツマルクに対する交換比率は1990年初頭，実勢で7対1であったとされるが，西ドイツ政府は交換比率を原則1対1とすると公約した。それは賃金平準化とセットとなっていた。そこには東地域の社会を安定させ，西への大量移住を抑制したい西ドイツ政府の政治的判断が働いていた。

しかし1対1の交換比率では東ドイツマルクが過大評価され，東ドイツ企業の競争力が低下するとともに，旧債務が国民経済にとって大きな負担となることが懸念された。

最終的に個人保有の現金・預金については，15歳以上60歳未満に対して1人当たり4,000東ドイツマルクまで，15歳未満については2,000東ドイツマルクまで，60歳以上は6,000東ドイツマルクまで，それぞれ1対1で，それ以上は2対1で交換することになった。さらに債権債務は2対1，物価，賃金，年金は1対1と決まった。

急速に実現した国家統一に，連邦政府も東地域の国民も，当初きわめて楽観的な見通しを持っていた。1980年代後半から，西ドイツおよび統一ドイツの

経済は好況が続いていたからである。

しかし，しだいに明らかになったことは，旧東ドイツの経済，とりわけ製造業の深刻な不振であった。不振の原因として，第一に製品品質や技術水準の低さが挙げられる。第二に政治的な思惑によって採用された通貨交換比率によって東地域では400％を超す平価の切り上げとなり，低い品質に輸出価格の急激な上昇が加わり，東地域の製品競争力は急速に低下し，西欧諸国だけでなく，旧ソ連や東欧地域への輸出も壊滅状態となった。さらに賃金コストの急速な上昇が追い打ちをかけた。また東地域の消費者ですら東の製品よりも，旧西ドイツや西欧諸国の製品を買い求めたため，東地域の経済は実質的に崩壊した。

東西統一直後には，東地域に復興需要が生まれ，91年のGDP成長率は5.1％と高い伸びを示した。復興需要は旧西ドイツ側からの供給ではまかなえなかったため，西欧諸国からの輸入が急増した。統一ドイツの貿易収支は黒字幅が減少し，ドイツマルクの対ドルレートは低下した。物価は上昇し，消費者物価は第二次石油ショック後の1983年以来の高い上昇率となった。

統一直後，高い経済成長を遂げたドイツ経済ではあるが，成長率は92年に1.9％へと低下し，93年になると経済は完全に失速し，成長率はマイナス1.0％となり，統一不況へと突入した。東での建設ブームは続いたが，設備投資や工業生産は減少した。企業倒産が増加し失業率も増加した。94年から経済は回復に転ずるが，失業率の改善はみられなかった。

高失業率の最大の要因はドイツ統一にあるとされる。東ドイツの生産設備や生産効率は西側と比べてきわめて低く，国際競争力を持ち得なかった。東側の産業構造を転換し労働力の再配置を促進するため，莫大な資金が西側から投入されたが，これらには予想以上の困難が伴った。また，東側の賃金水準の急速な上昇が，東側地域への投資を減退させることにもつながった。こうして東ドイツ地域に大量の失業者が生まれたのである。

国際収支の面からは，経常収支は82年から90年の間黒字を継続したが，91年には赤字に転じた。ドイツ統一後の90年代は，経常収支の赤字が恒常化した。経常収支の赤字は，90年代前半は輸入増による貿易黒字の縮小，90年代

後半は，旅行をはじめとするサービス収支の赤字が要因として挙げられる。

統一前の 1988 年に史上最高の黒字を記録していた西ドイツの貿易収支は 90 年になると縮小した。輸出は前年を上回っているが，輸入の伸びがそれ以上であったからである。東側の経済再建のためほかの欧州諸国から資本財の輸入が急増し，91 年には輸出が減少したが輸入の増加は続き，貿易収支の黒字幅は 80 年代前半の水準にまで落ち込んだ。92 年秋からの欧州通貨制度（EMS）通貨危機の際には，対 EU 通貨に対しマルク高となり，翌年になると輸出量は減少した。輸入はマルク高のため通常増加するところだが，景気後退のため輸入も大幅な減少となった。

95 年を境にマルクの為替レートは低下に転じ，ユーロ参加前年の 98 年は，統一前の 89 年とほぼ同じ水準となった。90 年代後半，輸出の対前年度伸び率は平均 8.8 ％と堅調であった。70 年代は 10.8 ％，80 年代前半は 8.9 ％であったから非常に高い水準であったことがわかる。その結果，貿易収支は改善に向かい，90 年代後半は 80 年代後半の貿易黒字の水準にまで回復している。

しかし，90 年，12.6 ％であった西ドイツの世界貿易に占めるシェアは，90 年代後半のシェアでは 10 ％を切り，国際競争力は西ドイツ時代よりも低下している。

この時期，ドイツ国内の大量失業やドイツからの資本流出とともに，輸出シェアの低下が問題視された。生産コストの上昇や税負担の過重などドイツの立地条件の悪化をめぐる「立地論争」（Standortdebatte）が政・労・使の間で始まった。ドイツ商工会議所が 93 年 96 年 99 年と 3 回にわたり実施した調査によると，向こう 3 年間に海外への生産拠点移転を計画している企業は製造業で，それぞれ 30 ％，28 ％，21 ％に達しており，その主な理由はドイツ国内の労働コストの高さにあるとされた。このように 90 年代後半は，第二次大戦後，西ドイツが標榜してきた「社会的市場経済」による「福祉国家モデル」に対し，維持コストの高さや硬直性といった観点から批判が噴出した時期であった。

E. シュレーダー政権

　1998年秋，コール政権下での大量失業問題を争点に総選挙が実施され，選挙の結果，シュレーダー（Gerhart Schroder）を首班とするSPDと同盟90/緑の党（Bundis90/Die Grunen）による連立政権が成立した。さっそく新政権下の98年12月コール政権時代に中断されたままになっていた「雇用のための同盟」（Bündnis für Arbeit）の会談がシュレーダー首相主導のもと，使用者団体と労働組合の指導者を招いて開催された。この会合では，懸案の失業問題に積極的に取り組んでいく姿勢が示され，若年失業者，長期失業者対策，労働時間の柔軟化，労働協約の運用問題，低資格労働者の雇用・訓練，社会保険の改正などに政労使として取り組むことが確認された。

　席上，使用者連盟（BDA）会長は，「雇用のための同盟」の一環として，賃金協約交渉において政府の関与のもとに賃金水準の基本線を労使間で設定する制度を，オランダのモデルにならって制定することを提案した。その際，生産性の向上は，大量失業時にはそれを賃上げに反映させるのではなく，投資と雇用の確保に回し，さらに賃金水準の基本線が設定されても，部門，地域，企業のそれぞれの状況に応じて弾力的に運用される枠を与えるべきと主張した。同会長の提言は，従来のドイツの賃金交渉の協約自治の伝統からは異例ともいえるが，「雇用のための同盟」に参加した2大有力労組（IGメタルと鉱山・化学・エネルギー労組）会長の対応は反対と賛成に2つに分かれた。2000年1月に開催された「雇用のための同盟」第5回会談では，シュレーダー首相の主導で共同声明が出され，その中で，首相は景気回復と労働市場改善に積極的な展望を示す一方，使用者連盟と労働総同盟が2000年度の賃金協約交渉において，雇用創出を目指した有効期限の長い賃金協約と，生産性の上昇に依拠した賃上げ幅を推奨した。

　その後行われた労使の賃金協約交渉はこの声明を土台とし，まず，強硬派のIGメタルに代わり柔軟派である鉱山・化学・エネルギー労組が先行して交渉を妥結させ，その後各業界はこれに従い，控えめな賃上げ幅と約2年の長い有効期限の賃金協約を締結した。

IV ドイツ経済はなぜ強いのか

　2000年半ばからは景気の回復とともに労働市場にも本格的な改善がみられ，400万人近くで推移していた失業者数は，2000年の年平均で388万人となり1995年以来の低水準となった。このような動向を踏まえ，シュレーダー首相は2002年の連邦議会選挙前までに失業者数を350万人にするとの公約に自信を深め，6大経済研究所も景気の漸進的な回復とともに雇用環境も改善し，2002年の年平均失業者数は350万人を割るとの予測を出した。

　しかし，2001年の半ばになると米国のIT（情報技術）バブルが崩壊し世界的な景気の減速傾向が現れ，ドイツ経済も低迷し始めた。さらに9月には米同時多発テロが起こり，米国経済は本格的に減速し，世界経済の不透明感が顕著となった。ここからドイツ経済ははっきりと減速をはじめ，失業者数は再び増加に転じ，2002年1月には400万人の大台を突破した。

　さらに2002年2月には，公共職業安定所の職業紹介の実績が水増しされていたことが発覚した。従来から連邦雇用庁の所管する失業関連給付とほかの社会的給付の二重構造や職業紹介の非効率性に対して厳しい批判があったため，この不祥事は連邦雇用庁長官の更迭と同庁の制度改革に発展した。同庁の改革案は2段階に分かれ，第1段階では，連邦雇用庁の組織改革と民間の職業紹介事業の規制緩和を進め，職業紹介事業への競争原理が導入されることとなった。第2段階の改革は，ハルツ（Pater Hartz）フォルクスワーゲン（VW）人事担当取締役を委員長とする諮問委員会に改革案の策定がゆだねられ，公共職業紹介の組織構造と活動内容の抜本的な改革が検討された。連邦議会選挙を1カ月後に控えた2002年8月，ハルツ氏を委員長とする政府諮問委員会は労働市場改革案を最終的に答申した。この答申は単に公共職業安定所の組織と活動内容の改革にとどまらず，大幅な労働市場の改革案も含んでいた。ハルツ案は，ドイツの労働市場の低迷の原因を，失業者の多くが失業手当などの支給に甘んじ，みずから努力して労働市場に参入しないことにあると見做した。したがって失業者を労働市場に参入させるためには，ある程度の制裁措置を講ずるとともに，労働市場に参入しようとする失業者に対しては積極的な助成も約束し，2005年末までに失業者数を400万人から200万人に半減するという提案を

行った。

　大量失業の改善が進まず、野党 CDU/CSU から労働政策の破綻を激しく非難されていたシュレーダー政権は、連邦議会選挙で苦戦が予想される中、第1次政権の労働市場政策の区切りとしてハルツ案を採用し、ドイツ労働市場の抜本的な改革に乗り出すことになった。

　一方、2000 年代からは貿易収支の黒字幅が増加に転じ、10 年あまり続いた経常収支の赤字も 2001 年より黒字に転換した。この時期、国際収支の面からはドイツ経済の回復傾向が認められたが、国内の雇用情勢に大きな改善はみられなかった。

F. 第二次シュレーダー政権

　2002 年 9 月、連邦議会選挙が行われ、歴史的な大接戦の末、シュレーダー首相率いる社会民主党と緑の党の連立政権が辛くも僅差で勝利し、シュレーダー首相の続投が決まった。第二次シュレーダー内閣は政権の最優先課題として失業対策に取り組むことになる。11 月には連邦議会でハルツ委員会答申による実施法案の第 1 と第 2 法案が可決された。法案の概要は以下の通りであった。

　第 1 法
1. ドイツ全土の 181 の自治体レベルの公共職業安定所のジョブセンターへの改編。
2. 職業紹介の迅速化と失業手当支給条件の厳格化。
3. 職安に人的サービス機関 (PSA) を設置し、PSA は失業者を派遣労働者として派遣し職業仲介を行う。派遣労働者の賃金は派遣先企業の労働者の同一賃金と同一を原則とする。
4. 高齢者賃金保障：55 歳以上の失業者が就労した新職賃金に対する賃金保障。

第2法案

1. 橋渡し金（Bruckengeld）：55歳以上の失業者が，職安からの職業紹介を辞した場合，従来の失業手当の半額を渡し金として支給。
2. 私企業（Ich-AG）：失業者が起業家として自営業を営む場合，最高3年間起業のための補助金を職安から支給。
3. ミニジョブ（Mini-Jobs）：個人世帯に提供されるサービス業務は，月額500ユーロまでの範囲で社会保険料免除。

失業手当て支給の厳格化，職業紹介制度の効率化，失業者の労働市場への送り出し支援などを含むハルツⅠとⅡ法案の成立後も，労働市場は低迷を続け，失業者は470万に達した。そのためシュレーダー政権はハルツ法案を超えて労働市場改革を推進する必要に迫られた。そこで，労働組合の抵抗の強い解約告知保護法（解雇法）の見直しや失業関連給付の統合，失業手当受給期間の短縮をも含む社会・労働市場改革を積極的に推進する必要に迫られた。ただし首相はまず労働組合の合意を得ることを目指し，労使代表を招き1年ぶりに「雇用のための同盟」を開催した。しかし解約告知保護法や失業手当の見直しなどについての労使間の主張の隔たりは大きく，結局何の成果を得ることなく会談は終了した。この結果，「雇用のための同盟」の役割は終わったとの認識が労使双方から示された。ここに至り首相は2003年3月の施政方針演説で，労使に諮らずに改革案を独自に打ち出すことになった。施政方針演説の中で表明された社会・労働市場改革の概要は以下の通りであった。

1. 解約告知保護法改正
2. 失業関連給付の見直し
3. 手工業法の改正
4. 職業訓練
5. 投資計画

その後，解約告知保護法改正と失業関連給付の見直しを含む労働市場改革法

が「アジェンダ2010」として,9月に連邦議会を通過した。さらに10月には税制改革,地方自治体財政改革,タバコ税増税,連邦雇用庁改革(ハルツⅢ法),失業手当Ⅱと新たな社会扶助(ハルツⅣ法)などの重要法案が連邦議会を通過した。これらは低迷するドイツ経済と労働市場の活性化に資する重要な改革法案であった。この一連の法案に対し,労働組合は一貫して反対したが,ドイツで最も影響力の強い産業別労働組合IGメタル内部の権力闘争により,労働組合自体の威信が大きく低下し,一連の改革法案への労働組合の影響力はきわめて薄かった。

　すでに見てきたように1998年秋に発足した社会民主党とみどりの党による連立政権は,深刻な経済停滞と大量の失業者を抱えた労働市場の状況を打開すべく,経済成長と雇用の促進を目指し,さまざまな改革法案を議会で可決してきた。法人,所得税の改革や起業促進法が実施され,2004年1月からは解約告知保護法改正も緩和した。さらに経済成長の停滞や失業率の高止まりの最大の原因は,高額な社会保険料,不十分な賃金抑制や賃金項目の細分化,そして労働市場の規制緩和が十分でないことにあるとし,労働市場改革の核心として①連邦雇用局の改革,②失業保険制度改革,③労働供給を高める改革,の3つの分野から構成されるハルツ法案を連邦議会で可決した。

　②失業保険制度改革では,従来の失業給付,失業扶助,社会扶助(日本の生活保護)の見直しが行われ,この見直しによって給付の圧縮と受給請求権の厳格化が実施された。これは失業者に労働への動機づけ行うことを目指した方策であった。改革前,失業した場合,被保険者は,失業前の所得の60％に相当する失業給付を,被保険者の年齢と雇用期間に応じて最大32カ月受給できた。また,失業給付終了以降は,失業前所得の53％が失業扶助として無期限で受給できた。

　この制度は,ハルツ第Ⅳ法により,大幅に見直され,失業給付は失業給付Ⅰとして,最大受給期間が12カ月(55歳以上に関しては18カ月)に制限された。また,この期間以降は,失業給付Ⅱを受給することになり,受給金額は失業前の収入とは切り離され,社会扶助と同額,西独地域で345ユーロ,東独地域で

331ユーロを受給することとなった。

　労働市場改革法案は可決されたが，失業者はその後も減少せず，2004年の年平均失業者数は438万人，失業率は11.7％と過去最悪を記録した。失業者数の増加には，失業給付制度の改正により社会扶助受給者のうち，就業可能な者を新たに失業者として認定したという制度上の要因もあるが，国民にとっては痛みを伴う改革の成果が目に見えないため苛立ちや不満は大きかった。このような状況の中で連邦議会は解散(3)され，2006年に実施されるはずの連邦議会選挙が，05年9月に実施された。雇用情勢は一向に改善されず，2005年の失業者数が一時500万人を超える過去最悪の雇用情勢の中での選挙戦であった。

　事前の予想では，労働市場のさらなる規制緩和を要求する野党CDU/CSUに対しSPDは圧倒的に劣勢とされた。しかし，事前調査で4割程度の得票が見込まれていたCDU/CSUの得票率は35.2％にとどまり，2002年の前回選挙を3％以上下回った。結局，退潮が予想されていたSPDの議席を3議席上回ったにすぎなかった。事前の予想を大きく覆すことになった結果を，労働組合は，「CDU/CSUが計画した労働協約自治への介入，解約告知保護法の緩和や企業別労働条件決定の拡大などの労働市場の更なる規制緩和に有権者は明白な拒否を示した」と評価した。

　第二次シュレーダー政権は大胆な労働市場改革を断行したが，改革の成果は現れず，国民から不興を買った。一方で，この時期，貿易黒字は増加が続き，経常収支の黒字幅はGDP比6％の水準にまで達し，ドイツ経済の強さが再び際立つようになっていた。

G. メルケル政権

　選挙の結果を受け，11月にCDU/CSUとSPDとの大連立政権が発足し，CDUのメルケル（Angela Merkel）が首相に就任した。シュレーダー首相は，改革の成果を得ることなく首相の座から降りることとなった。労働市場改革はこの段階で一段落し，メルケル政権はその後改革の成果とともにさまざまな負

の側面にも直面することになった。

　いっこうに改善しなかった雇用環境は、政権交代後の 2006 年から徐々に改善に向かった。2005 年に過去最悪を記録した失業者数は、2006 年になると明らかな減少傾向を示した。2006 年の経済成長率は 3.9 ％と高い伸びを示すとともに、同年の年平均失業者数は 449 万人、平均失業率は 12 ％へと減少した。この傾向は 07 年も続き、経済成長率 3.4 ％、年平均失業者数 376 万人、平均失業率 10.1 ％と大きな改善を示した。改善はさらに 2008 年の前半まで続いた。08 年半ばより金融危機の影響により経済は減速をはじめ、08 年の年平均成長率は 0.8 ％と低調であったが、失業者数は年平均で 326 万、年平均失業率は 8.7 ％へと改善した。

　就業者数は減少したが、失業者に占める長期失業者（失業期間 1 年以上）の割合は相変わらず高く 06 年 6 月では 3 人一人強の 37 ％を占めていた。ここには職業資格を持たない低学歴労働者の就職が非常に困難であるという問題が存在する。低学歴層は失業手当以下の賃金の仕事にしか就けないことが多く、低賃金の仕事に従事するよりも、手厚い社会保障給付に依存するという傾向が強い。就労意欲を失ってしまった失業者を労働市場に再び呼び戻し、低学歴層の雇用を拡大するために「ミニジョブ」、「1 ユーロジョブ」といった制度が、労働市場改革を機に実施された。これらは低賃金労働をより魅力的にするための方策であった。

　「ミニジョブ」制度は 2003 年 4 月に導入された。これは報酬が 400 ユーロ未満の低賃金労働をいう。これに従事する労働者は、税、社会保険の負担が免除され、月額 400 ユーロまでの賃金を満額受け取ることができる。一方、ミニジョブ労働者を雇用する使用者は、30 ％の定率社会保険料を払う。

　「ミディジョブ」とは、月額 400～800 ユーロの低賃金労働であり、労働者の社会保険負担は報酬に応じて段階的に増え、800 ユーロに達した段階で通常の社会保険料が課せられるものである。安定した本業を持たずにミニジョブにもっぱら従事する労働者は、労働市場改革を機に増加し、06 年 4 月には 498 万に達した。これは、前年比 25 万強の増であった。

「1ユーロジョブ」は，失業給付Ⅱ受給者の就労意欲を減退させないため，公共の利益に見合う補足的な就業機会を提供することを目的として，05年1月に導入された。労働者は失業給付Ⅱに基づく給付金に加え，1時間あたり1～2ユーロの手当てを受け取る。1ユーロジョブは週30時間までに制限され，社会保険加入義務はなく，労働法や労働協約も適用されない。06年の5月には29万人が1ユーロジョブに従事し，失業者統計から外れた。

H. リーマン・ショックとその後のドイツ経済

06年，07年，経済は順調に成長し労働市場も順調に回復に向かったが，アメリカ発の金融危機の影響により，08年半ばよりドイツ経済はマイナスに転じ，景気は後退局面に入った。特に自動車産業は大きく失速し，自動車各社は相次いで減産と人員削減計画を発表した。ドイツでは全労働者の6人に1人が直接的・間接的に自動車産業に雇用されており，自動車産業の失速がドイツ経済に与える影響は絶大であった。レイオフや人員削減の影響を真っ先に受けたのは有期・派遣労働者であった。自動車産業が属する金属産業部門では好調な業績が数年続いていたが，経営側は正規雇用を増やさず派遣労働者を増やすことで雇用拡大をはかってきた。「アジェンダ2010」の社会改革の一環として，シュレーダー政権は派遣労働に1年を超える契約を認めた。それ以来，派遣労働者数は増加していた。派遣労働者数は07年には61万強に達し，03年比で2倍となった(4)。

金融危機に際し，自動車各社はまず有期・派遣労働者の派遣契約更新を止め，次に残業時間の短縮による労働時間の短縮，さらに正規労働者の週労働時間の削減の措置を講じた。こうした段階的措置は中核的な正規労働力を保護する措置として機能した。

さらに大幅な需要の落ち込みへの対応として，操業短縮制度を活用する企業が急増した。この制度は1969年に創設されたもので，企業が経済的要因などで「操業短縮」を行って雇用を確保する場合，連邦雇用庁への申請によって，「操業短縮」による賃金減少分の60％（扶養義務のある子供がいる場合は67％）

が補填されるものである。操業短縮手当の支給要件は通常以下の4つである。①事業所内で操業短縮についての合意がある，②経済的理由などによるやむを得ない操業短縮であり，それを回避するためのあらゆる措置を講じた，③従業員の3分の1の労働者に10％以上の給与減少がある，④事前に操業短縮を行う旨を連邦雇用庁に申請する。

連邦政府はこの制度をさらに使いやすくするため，手当の支給要件を一部緩和したほか，従業員の雇用を維持するため，使用者側の社会保険料負担を半減する方針も示した。

操業短縮手当てを受給する労働者数は09年になると急増し，4月と5月には150万人強が受給した。受給者は09年末には80万人にまで減少したが，連邦政府は，この制度を結局12年末まで延長した。

金融危機の影響により，09年の国内総生産（GDP）はマイナス5.6％と激しい落ち込みを示すとともに，失業者も再び増加に転じ09年の平均失業者数は341万人と前年比15万人増加，さらに失業率は9.1％と前年比0.4％の増加となった。

金融危機の影響は08年秋に行われた金属産業の賃上げ交渉にも及んだ。ドイツ最強の産業別労働組合であるIGメタルは組合員360万人を対象に過去16年間で最高となる8％の賃上げ要求を掲げたが，最終的にそれを大幅に下回る4.2％で妥結した。金属産業では企業業績が，2004年から2007年にかけて220％も上昇したにもかかわらず，実質賃金の伸びは2％に過ぎなかった。08年の要求はそれまで賃金抑制に耐えてきた労働者の期待に応えるものであった。しかし金融危機による自動車産業の業績が大きく落ち込む中，最終的に労働者側が譲歩し，4.2％の賃上げで合意に至った。

こうした中で，ドイツ経済は09年6月から緩やかな回復に転じ，10年になると明らかな回復基調に入った。ユーロ安が進む中で，輸出も増加し景気が順調に回復するとともに，雇用環境も改善した。10年のGDP成長率は3.9％，年平均失業者数は324万人，年平均失業率8.6％と早くも危機前の水準に回復した。金融危機以降，EU諸国の平均失業率が10％前後に高止まりする中で，

ドイツ経済と労働市場の素早い回復は大いに注目された。2011年のGDP成長率は3.7％，年平均失業者数は298万人，年平均失業率7.9％となり，失業者数は18年ぶりに300万人を割った。12年，13年，14年のGDP成長率はそれぞれ0.6％，0.4％，1.6％となったが，失業者数は300万人以下で推移し，現状は横ばいである。

3. ドイツの資本主義はどのように変わったか

　ここまで西ドイツとドイツ統一後の政治経済の推移を概観したが，西ドイツや統一ドイツの経済政策は，保守中道政権に主導された初期の時代から社民党主導の中道左派政権に至るまで，英米流の経済自由主義とは明らかに異なった道を歩んできた。しかし2000年代に入ってシュレーダー首相によって断行された社会労働市場改革は，ドイツ資本主義を特徴づける「社会的市場経済」に少なからぬ変容をもたらしたものと思われる。ここではドイツの資本主義を特徴づける制度や思想について概観するとともに，それらの制度や思想が21世紀に入ってどのように変わったのか，または変わっていないのかを考察したい。

A. 社会的市場経済

　高い労働コストを負担しながら充実した社会保障体制を築き上げてきた西ドイツの経済は社会的市場経済という言葉に象徴される。社会的市場経済とは「社会的安全と経済的自由の結合」と定義される。したがってこの考え方は経済的な側面だけでなく，自由や社会的公正をも重視し，キリスト教的兄弟愛と自己責任を重視する個人によって特徴づけられる。社会的市場経済は以下の3つの要素に集約することができる。

　①個人の自由をめざす自由主義の原理，
　②社会的連帯の原理，
　③個人主義と社会的連帯とを調整する制度上の規則

個人の自由と経済的自由は社会正義と連帯の保障された社会において成立する。社会的市場経済は市場と社会のバランスを目指す，経済，社会，政治プログラムである。

　また社会的市場経済は，多くの人々に受け入れられる経済秩序をめざし，すべての構成員の基本的生活権を保障し，国民が戦後の経済再興という共通任務に集中することを目指した。したがって，これはきわめて道徳的な概念であるともいえる。

　社会的市場経済はアデナウアー内閣の経済相であったエアハルトによって導入された。破壊尽くされた国土と政治的社会的混乱の中で，国民の生活を保障し，新たな国家と経済をつくり上げることは喫緊の課題であったが，新たなドイツをどのようにつくり上げるかについての話し合いは，社会主義政治勢力と自由主義，資本主義の政治勢力とのあいだで合意を得ることは難しかった。社会的市場経済はその妥協策として登場したのであった。これが戦後西ドイツの経済政策を一貫して貫く重要な柱となった。保守中道政権により導入された社会的市場経済は，ブラントやシュミットの社民党政権ではさらなる社会民主的な政策が付加され，労働者サイドの権利を強固にする形で継続した。その後誕生したコール政権では，社会的市場経済があまりに社会民主主義的な政策に偏ったとみなされ，そこからの「転換」が目指された。しかし，決して社会的リスクを個人に帰するような政策を採用することはなかった。コール政権の「転換」とは，社会的市場経済から英米流の新自由主義的経済政策への転換を意味するものではなかった。

　労働者への手厚い保護は世界最高水準の労働コストとして70年代以降，ドイツ経済の足かせとなっているように見えるが，歴代の政権は社会的市場経済の基本路線を踏襲した。さらにドイツ統一の際にも，社会的市場経済は統一ドイツの社会経済政策として採用された。以下では社会的市場経済を特徴づけるドイツ企業の共同決定法と労使交渉制度について焦点を当てるとともに，2000年代に入ってからの変化について概観する。

B. ドイツにおける共同決定法（Mitbestimmungsgesetz）

　西ドイツのコーポレートガバナンスは二元性に特徴がある。業務執行機関である取締役会（Vorstand）は企業を代表し，経営業務を執行しているが，企業の最高統治機関は監査役会（Aufsichtsrat）である。1976年の共同決定法（Mitbestimmung）によれば，労働者代表が監査役会に参画し，それを通して，取締役の選任，経営業務への意見表明，経営計画の承認などのきわめて強い権限を持っている。

　この制度の源は19世紀に遡る。1891年，ビスマルク政権は台頭する労働運動に対抗するため，社会保障制度を整備するとともに労働者委員会（Arbeiterausschus）の設置を法制化した。実際に設置が義務づけられたのはバイエルン州とベルリンだけであったが，第一次世界大戦中の1916年になって，50人以上の従業員を雇用する企業は，労働者委員会および職員委員会の設置を全国一律に義務づけられた。これにより，労働者には労働条件について経営者と協議する権利が与えられた。1918年のワイマール憲法において，「賃金および労働条件の決定と，生産能力の統合経済的展開に関して，経営者と同等の立場で協議する」ことが規定され，この精神は1920年の事業所協議会法によって具体化された。この法律では，20人以上を雇用する企業において事業所協議会の設立が義務づけられ，労働者は協議会を通して人事，労務，経済問題について協議，共同決定する権限を与えられた。しかしこの制度は，ヒットラー政権時代に廃止された。

　第二次世界大戦後，連合国軍政府は事業所決定法を復活し，まず石炭・鉄鋼産業で共同決定法を制定した。石炭・鉄鋼産業に適用される共同決定法は1952年にモンタン共同決定法として可決された。共同決定の定義は，「従業員またはその代表者が，企業内の意思形成および意思決定の過程を構成し，これに実質的内容を与える活動に制度的に参加すること」とされる。広義の共同決定は2つの要素よりなる。1つは協力で，これは経営側が従業員に対して特定の措置を実施する以前に，報告，意見聴取，協議の機会を与えることを示す。もう1つは，狭い意味での共同決定で，従業員の同意を得てはじめて，経営側

が特定の措置を実施できることを意味する。

　モンタン共同決定法は，1,000人以上を雇用する石炭・鉄鋼企業に適用される。この法律が適用される企業の監査役会は，原則，株主代表4人，労働者代表4人，公的機関の代表3人である。

　1976年にはモンタン共同法が適用されない企業でしかも労働者を2,000人以上を雇用する企業に適用される共同決定法が成立した。この共同決定法で定められた監査役員の数は，労働者数2,000人から1万人の企業で12人（株主代表6人，従業員代表4人，労働組合代表2名），1万人から2万人で16人，2万人以上で20人であり，株主代表と労働者代表はそれぞれ同数である。

　また2004年の3分の1関与法は，500人から2,000人の労働者を雇用する企業に適用され，この適用企業では，監査役会の3分の1を労働者代表が占める。

　共同決定制度には，さらに事業所レベルでの経営協議会（Betriebsrat）による共同決定がある。これは従業員5人以上を雇用するすべての企業に適用され，大きな影響力を有している。事業所レベルの共同決定は，1952年に発効した経営組織法に基づいている。1972年に制定された新経営組織法はさらに広い行動決定を労働者側に保障した。また2001年には経営組織法が改正され，選挙手続きの簡素化と経営協議会委員の参加権の拡大が認められた。この法律の基本精神は，労使が協力して事業所の繁栄をはかり，企業競争力の強化と長期的存続をはかることにある。経営協議会は団体交渉の場ではないため，ストライキなどの実力行使は禁止されている。経営協議会は事業所内の労働組合員とは無関係に，管理職を除く全従業員によって選出された代表者によって構成される。しかし，実際には協議会の委員には産業別労働組合員が選出されることが多く，労働組合の影響力は強い。

　1990年代，ドイツ統一，旧ソ連の崩壊，新興国の台頭，EU統合の深化とそれに伴うグローバル化の進展など，ドイツ企業を取り巻く環境は大きく変化した。企業を取り巻く大きな環境変化は，生産の再編，工場移転，労働者の解雇

を発生させ，労使間の利害対立を生んでいる。経営者は資本側からの圧力により利潤を追求する一方，長期的な存続や成長力，さらに雇用の安定にも意を用いなければならない。このような環境変化を踏まえ使用者団体や学識経験者などは，監査役会の改革案で，労働者による企業経営への影響力を抑制すべきとの意見を出している。使用者団体は，監査役会での労働者代表数を3分の1へ削減しても，労働者の利益は保護されるという理由で，労使同数で監査役会を構成する合理性はないと主張している。一方，労働組合は監査役会の質を改善する必要性については認識しているが，労働者の影響力を企業経営から排除する動きに対しては，反対する姿勢を明確にしている。ただし，労働者代表監査役員に対しても，グローバル化に対応した高いレベルの専門知識と豊かな国際性が求められており，ドイツ労働総同盟（GDB）のハンス・ベックラー財団（Hans-Bockler-Stiftung）と労働組合は監査役会の労働者代表に専門知識を教授するための研修会を開催している。

　経営側は共同決定制度を批判しているが，調査によれば，ドイツ企業の取締役と監査役の多数は，労働者の経営参加を全面的に拒否する姿勢は示していない。労働者との協力により企業の経営リスクが低下し，企業競争力が高まるからである。経営者の多くは労働者の経営参加は実績を上げており，存続すべきものと考えている。米国の金融危機はドイツ経済にも深刻な影響をあたえたが，ドイツ企業の業績回復は比較的速かった。これは労働組合側監査役が，経営者に長期的な成長と技術革新を重視させるため，経済危機の影響を軽減できたためといわれている。

　ドイツ政府は企業経営に関する法律を制定し，ドイツのコーポレート・ガバナンス（企業統治）の改革を法律面で促しているが，監査役会の規模・構成や労働者代表の権限に関する見直しは行っていない。「ドイツ企業における共同決定制度現代化委員会」は，労働者の経営参加を認める76年共同決定法は，ドイツの企業や経済構造を弱め，企業の国際競争力の改善を拒むとの理由で，抜本的に改善すべきという根拠は存在しない，と指摘している。従業員参加制度を持たない米国などは，経営協議会の存在がドイツの投資環境や企業立地条

件の足かせとなっているとして，経営協議会の権限拡大に反対している。しかし，経営協議会の存在によって，近年のドイツでは構造改革などの困難な経営案件が労使の協調のもとに実施されており，経営協議会の存在がドイツ企業の国際競争力を高めているという見解も少なくない。

C. ドイツの労使交渉制度

　ドイツの労使交渉制度は，企業の外部の労働組合と使用者団体の間の交渉と，企業内部の経営協議会（Betriebsrat）と使用者との交渉という二元性に特徴がある。ドイツの大企業における労使間の交渉は，主に産業部門で地域別に経営者団体と産業別労働組合が締結する労働協約（Tarifvertrag）によって，基本条件が規定される。さらに，各企業において，経営側と従業員を代表する経営協議会が経営協約（Betriebsvereinbarung）を締結し，それによって各企業の条件に見合った方法で実施が具体化される。

　賃金，労働時間，有給休暇などの労働条件の交渉は，まず産業別の労働組合によって行われる。労働組合は加入したい労働者だけが組合員となるオープンショップ制であるが，団体交渉は労働協約として，一定地域または全国の当該産業の企業に適用される企業横断的有効性を持つ。したがって西ドイツでは同一産業，同一地域の企業は，大企業・中小企業を問わず，団体協約に定められた労働条件を順守しなければならなかった。また，このような統一的な労働条件の交渉や決定のもとでは，賃金の企業規模別格差は理論的には存在しないはずであった。この二元的労使交渉は，戦後ドイツの安定した労働関係の形成に大きく貢献してきた。しかし，高度成長期が過ぎると，産業別労働協約の硬直性が指摘されるようになった。特に1990年にドイツが統一されると，東側の深刻な経済停滞や経済のグローバル化，EUの深化に伴う国際競争の激化などによって，産業一律の労働協約の硬直性が批判されるようになり，使用者側は労働組合に対して産業別労働協約の弾力化を強く要求するようになった。また，使用者側は産業別労働協約の束縛を避けるため，産業別労働協約を維持することの困難な中小企業を中心に使用者団体から離脱する動きも目立つように

なった。これは旧東ドイツの企業が民営化された際に，協約に入るメリットがない，協約賃金を払う能力がないなどの理由ではじまった。しかしこの傾向は1990年代後半から2000年代にかけ旧東ドイツに限らずドイツ全土に拡大した。使用者団体からの離脱は，産業別労働協約を履行しなくてもよいことを意味する。協約にまったく拘束を受けない企業は，2000年までに旧西ドイツ地区で半数強，旧東ドイツ地区では4分の3近くに達した。その結果，産業別協約が適用される労働者は1998年旧西ドイツ地域で78％あったものが2013年には60％に，旧東ドイツ地域では同時期に63％であったものが47％にまで低下している。労働協約の産業別適用率をみると，公務，教育，金融，エネルギー，郵便，化学，鉱業，自動車などで適用率が高い一方，IT，小売り，ホテル・レストラン，卸などサービス産業での適用率は低い。

　他方，企業が産業別労働協約から離脱することを防止しつつ，企業の存続と雇用を確保するために用いられるのが「開放条項」である。これは企業の自由度を認めながら，企業を協約の監視下に置こうとする「協約」の開放（Offnung）である。協定の定めた労働時間や労働条件などの大きな枠組みを前提として，具体的な運用については企業ごとに自由な企業内協定を結ぶことを，協約の中で認める方法である。

　1990年代より経営に行きづまった企業が企業内で産業別労働協約を下回る水準で企業内協定を結ぶようになった。通常，労働協約法（Tarifvertragsgesetz）では産業別協約を個別企業に適用する際，協約水準を上回る条件の適用は認めても，協約水準を下回る適用は認められなかった。しかし同法には，一定の条件下において一時的に協約を下回る条件の適用を企業側に認める，いわゆる開放条項（Offnungsklausel）が盛り込まれていた。1990年代半ば，増加する失業者を背景に，企業側は雇用保障と引き換えに開放条項の適用を多用するようになった。当初，開放条項の適用は厳格な条件でのみ認められたが，時とともに条件は緩和され，破産の危機などの深刻な条件のみならず競争力の向上といった条件においてすら認められるようになった。この開放条項で労働者側の譲歩は主に，労働時間の延長，労働時間短縮および柔軟な労働時間調整，協約賃金

への引き上げ延期，協約水準を上回る特別企業給与の削減，協約ボーナスの削減，協約基本給の削減などである。一方，企業側は一定期間雇用削減を行わないことや，立地の確保や新たな投資案件の提示などを行った。

ドイツの安定した労使関係は，2000年代に入り産業のサービス化や企業の使用者団体からの離脱によって産業別協約の適用を受けない労働者が増加する一方，産業別労働協約適用企業においても「開放条項」により産業別協約を下回る条件を個別企業に適用するケースが目立つようになった。その結果，協約賃金と雇用者の実質賃金との乖離が次第に拡大した。2000年代に入ると，雇用環境の一層の悪化により労働組合が雇用を優先した賃上げ交渉を行うようになり，協約賃金の上昇自体が小幅なものとなったが，雇用者の実質賃金はそれを下回る状況が続いた。2000年から03年までの実質賃金はまったく横ばい，さらに04年から09までの6年間に至っては実質賃金の伸びはマイナスであった。

労働市場の規制緩和により雇用や労働時間の柔軟化が進み，低賃金労働者の数も増大した。デュイスブルク・エッセン大学労働資格研究所が2012年に発表した調査によれば10年の低賃金労働者は792万人に達し，全労働者の23％を占めていることがわかった。これは2000年の663万人と比較して2割増となっている。しかも時給6ユーロ未満で働く労働者は250万人に達し，うち80万人はフルタイム労働であった。労働市場改革後のドイツでは労働協約の空洞化が進む中，雇用拡大の陰で非正規雇用と極端な低賃金労働が増加した。

非正規雇用の増大：有期労働者の数も増加した。労働・職業研究所（IAB）によると1996年に130万人であった有期労働者は，2012年270万人に達し，就業者全体の9.5％を占めた。特に，新規採用者に占める有期雇用者の割合は44％にも達している。さらに期間満了後に無期雇用への転換を果たす労働者の割合も4割弱にとどまっている。賃金でも，有期学卒者は無期学卒者の賃金よりも20％近く低いとの調査結果がある。

派遣労働者の数も増大した。2003年に派遣期間の上限を撤廃した結果，派遣労働者数は倍増した。しかし派遣労働者を利用している企業は全企業の3％

と低い。派遣労働者の4分の3は男性が占めており，派遣期間は短期間のものが多い。08年下半期に期限を迎えた雇用関係のうち，約半数が3カ月以下のものであった。

ドイツの労働市場改革は，失業者を200万人余り減少させるという目覚ましい成果をあげる一方で，多くの非正規雇用や低賃金労働を生んだ。その結果，所得格差は拡大した。経済協力開発機構（OECD）の2008年調査結果は，ドイツでは2000年以降，ほかのどのOECD諸国よりも所得格差と貧困が急速に拡大した，と指摘している。またハンス・ベックラー財団経済社会研究所（WSI）は，2000年代に入り相対的貧困率が上昇したことを指摘している。貧困の定義は，所得中央値の60％未満の可処分所得しかない者とされているが，2005年には14.7％であった貧困率が，2011年には15.1％に上昇した。とりわけ15の大都市圏では大半の都市で貧困率が全国平均を上回る19.6％に達しており，東部のライプツイッヒ（25％），ドレスデン（20％），ルール地方のドルトムント（24.2％）やデュイスブルク（23.5％）でとりわけ貧困率が高い。

D. 最低賃金の導入

ドイツでは，すでに見たように労使が主に産業別に賃金交渉を行い，そこで決定された協約賃金を拡張適用することで，未組織労働者に波及する仕組みを取ってきた。そのためヨーロッパ諸国ではめずらしく法定最低賃金制度のない国であった。政府はこの「労使自治」による賃金決定を尊重してきたが，労働協約適用率が低下し，さらに低賃金労働者が増大するという深刻な問題が発生し，従来の労働協約方式では格差の拡大に歯止めがかけられないことが明らかとなってきた。そのためSPDや労働組合からは法定最低賃金の導入が早くから強く要求されていた。メルケル首相は，11年11月のCDU党大会で法定最低賃金の導入について党の承認を得ていたが，当時の連立相手であるFDPの了承が得られず導入は見送られた。しかし13年の連邦議会選挙でFDPが惨敗し，その後，CDU/CSUとSPDの大連立政権が成立したことから，やっと法定最低賃金を導入することが決まった。法定最低賃金は時間当たり8.5ユー

ロでスタートすることになったが，これはフランスの9.53ユーロ，オランダの9.11ユーロ，ベルギーの9.10ユーロと比べて低い水準での導入となった。法定最低賃金は15年1月1日より実施されており，これにより370万人の賃金が引き上げられた見込みである。

4. ドイツ経済の現状

　第二次大戦後，公正で公平な社会を目指したドイツは，統一により経済的に破綻した旧東ドイツを併合し，多くの経済的，財政的な負担を強いられてきた。さらに90年代以降，急速に進行したグローバリゼーションの波の中で，ドイツ企業は新たな経済環境に対応せざるを得ず，社会的市場経済を維持することに多くの困難を伴うこととなった。その象徴が，90年代以降急増した協約賃金制度の空洞化であり大量失業者への対応策としてのハルツ法案であった。

　2000年から13年までの協約賃金（実質値）の平均伸び率は年率0.7％と低水準であるが，2004年から2008年の5年間の伸び率は実質ゼロであった。90年代から続く大量失業を背景に，労働組合の組織率や威信は低下し，組合は雇用の確保を優先し賃上げを抑制せざるを得なかったからである。また雇用者の実質賃金は，この間減少している。労働協約における開放条項適用の増大や協約からの離脱が相次いだ結果，協約賃金と実質賃金の乖離は拡大し，さらに低賃金労働が急増した。こうした中で労働分配率[5]は低下し，ジニ係数[6]は上昇した。平等であったドイツ社会も21世紀に入り格差が明らかに拡大した。

　一方，ドイツ統一から25年を経た現在でも，東西の地域間格差は未だ大きい。東側地域の1人当たりGDPは，バイエルン州やバーデン・ビュルテンベルク州といった有力企業の立地する南部二州[7]の6割の水準にとどまっている。またバイエルン州，バーデン・ビュルテンベルク州では失業率が4％を割り，ほぼ完全雇用もしくは人手不足状況にあるのに対し，東側地域の諸州では未だ10％を超える失業率の州が多い。さらに失業に関しては，重厚長大産業からの構造転換に苦しむノルトライン・ウエストファーレン州をはじめとする

北部の各州でも深刻な状況が続いている。

　21世紀に入り労働者の実質賃金が減少した国は，EU加盟国の中でドイツだけである。賃金の下落と低位で推移するユーロの為替レートのおかげで，ドイツ製品の競争力は90年代後半から急速に回復した。輸出を牽引するのは自動車産業であり，自動車輸出が輸出額全体の2割を占める。ドイツの輸出依存度[8]は，90年代にはGDP比20％前後で推移したが，2000年に入ると急速に上昇し，13年においては40％に達している。また2000年からの13年間に輸出は実質値で90％増加したが，その間の個人消費の伸びは9％にすぎなかった。その結果，ドイツ経済には繁栄する輸出部門と低迷する国内部門という二重構造が築かれ，製造業において高賃金で安定した雇用が保障される一方，労働集約的なサービス産業においては，良質で安定した雇用が十分に創出されないという問題を抱えている。

　貿易黒字や経常黒字はGDP比で6％を超える膨大な額に達しており，深刻な対外不均衡を生んでいる。輸出主導によるドイツの経済成長が90年代後半以降の賃上げ抑制によってもたらされたことは，多くが認めるところであるが，賃金の抑制により国内では所得格差が拡大し，それが国内消費の低迷，ひいては相対的に低い輸入の伸びにつながり，巨額の対外不均衡を生む要因となっている。

5. おわりに

　1990年代以降，深刻な雇用問題を克服するため，労働組合は賃上げ幅を抑制し，政府は大幅な労働市場の規制緩和を実施した。その結果，一時500万人を超えた失業者数は300万人を割る水準にまで減少した。また，この間に労働コストの調整が進み，ドイツ経済は輸出主導で目覚ましい改善を見せた。その一方で，国内では非正規雇用や低賃金労働が増加し，低所得層の増大とともに所得格差の拡大が進行した。

　こうした中で13年9月に行われた連邦議会選挙ではメルケル首相率いるCDU/CSUが圧勝する一方，さらなる規制緩和を主張した第二次メルケル政権

の連立相手FDPが惨敗し議席を失った。第三次メルケル政権は再びCDU/CSUとSPDとの大連立政権となった。連立協議において，SPDは労働市場のいきすぎた規制緩和の見直しを強く求めており，貧困層の拡大や格差拡大という問題を前に，ドイツ社会は再び公正で平等な社会を求めて新たな道を模索することが予想される。14年7月には，伝統的な協約システムの機能を回復させるため「協約自治強化法」が連邦議会で可決され15年1月より施行された。また，同時期に法定最低賃金法も導入された。これらはドイツ労働市場の新たな動きを象徴しているように思われる。

――――――――――――――――――― 註 ―――――――――――――――――――

(1) キリスト教社会同盟（CSU）は，バイエルン州のみで活動するキリスト教民主同盟（CDU）の姉妹政党である。
(2) ただしFDPはアデナウアー政権の一次期とキージンガー政権には加わっていない。
(3) ドイツでは，連邦首相の指名選挙を3回行っても首相が決まらない場合，議会は解散される。また，連邦首相の信任決議案が否決された場合にも，首相の助言により連邦大統領が議会を解散する。シュレーダー首相の信任決議案が否決されたことにより連邦議会は解散した。これは戦後3回目のことであった。
(4) ただし派遣労働者の全雇用者に占める割合は2％程度と決して高くない。
(5) 労働分配率は，人件費÷付加価値額で求められる。ドイツの労働分配率は統一直後から下落する傾向にあり，統一直後の68％から07年には61％，13年には64％となっている。
(6) ジニ係数は所得や資産の分配を示す際に用いられる指標で0と1の間の数値で示される。0に近いほど平等，1に近いほど不平等となる。WSIによればドイツでは2000年以降ジニ係数が3.5ポイント上昇し，08年に0.3に達した。
(7) バイエルン州およびバーデン・ビュルテンベルク州のある南部には，BMW，ジーメンス，メルセデス・ベンツ，ボッシュといったドイツ経済を牽引する大企業が立地している。ドイツでは東西間の経済格差に加え，南北間の格差も問題となっている。重厚長大産業の中心地であったルール工業地帯のデュイスブルグやドルトムントでは，産業構造の変化により今も多くの失業者を抱えている。
(8) ここでの輸出依存度は，輸出額÷GDPで求めている。

参考文献

IAB reports (2014) *Curing the Sick Man : The German Labour market on the Way to Good Health?*

OECD (2014) *"Better Policies" Series Germany.*

WSI Diskussionspapier (2014) *Wages, Collective Bargaining and Economic Development in Germany.*

戸原四郎他編著 (2003) 『ドイツ経済』有斐閣。

都倉裕二「シュレーダー政権の課題」『海外労働時報』2002年11月号。

陳 浩「産業別労働協約の分散化に伴うドイツ型労使交渉の変容」『立命館国際研究』, 2010年10月。

陳 浩「ドイツのコーポレート・ガバナンスの変容と監査役会改革の課題」『立命館国際研究』, 2011年10月。

吉森賢 (1982) 『西ドイツ企業の発想と行動』ダイヤモンド社。

参考資料

IAB (Germany Federal Employment Agency)

DSTATIS (Statistisches Bundesamt)

EUROSTAT

労働政策研究・研修機構『海外労働情報』, 1999年～2015年。

(雨宮康樹)

V ロシア経済混迷の真相

1. プーチン大統領の訪日は実現するか

　新興国経済変調の乱気流がグローバル経済全体の懸念材料となる中，世界の投資家は身構え，一斉にリスクオフ（危機回避）へと大転換している。投資家の気迷いが市場に反映，株価などが乱高下し，冷静さを取り戻せないでいる。

　米連邦準備理事会（FRB）が利上げに踏み切った。米国経済のみにスポットを照射すれば，好調であることからゼロ金利解除は的確な診断である。雇用者数が着実に増加し，失業率は下落傾向が維持されている。エネルギー安で新車が飛ぶように売れる。住宅販売も好調だ。

　FRBも含めて，世界の中央銀行は通貨の番人であると同時に，その主要な役割は雇用と物価の安定にある。労働市場と物価動向に眼を光らせ，マクロ経済を安定に導く。米国のFRBであれば，米国の雇用情勢と物価を注視することを主眼とする。

　しかしながら，米ドルは今もって世界の基軸通貨。米国の外交は精彩を欠くが，グローバル経済は米ドルを中心に回る。米ドルなくして世界の経済は成り立たない。それだけにFRBは金融政策を調整する際，グローバル経済全般を見渡す必要がある。新興国経済に傷がある現在，FRBはゼロ金利解除を躊躇せざるをえなかった。

　それでも利上げを決断しなければならない。市場は追加利上げの時期に注目するが，重要な問題は金利引き上げ幅であることを忘れてはなるまい。市場は0.25％の引き上げ幅を想定しているが，利幅は0.1％，あるいは0.15％の金利引き上げにとどめてはどうか。時間をかけて金利を引き上げていけば，市場は徐々に落ち着きを取り戻すだろう。これこそが市場との対話にほかならない。

　エネルギー消費国にとって資源安は朗報であるが，生産国にとっては大打撃

となる。

　リーマン・ショック（金融危機）の衝撃を緩和すべく，中国当局は大規模財政出動で対応した。インフラ整備を中心とする公共投資が，いわゆる有効需要を創出。資源から完成品に至るすべてが中国市場に吸い寄せられた。その結果，世界の資源国は潤い，金融危機の傷跡は癒えていった。

　だが，公共投資主導の政策効果が一巡すれば，やがては行きづまる。成長のエンジン役が消費へと円滑にシフトすれば問題はないが，いかんせん中国製品は劣悪。中国の消費者自身が国産を信用しない。中産階級は外国へと繰り出し，ショッピングに明け暮れる。これでは中国産商品・サービスの競争力は強化されない。

　中国に残されたのは巨大市場のみ。中国経済は踊り場にあると診断しても間違いはない。つまり現状維持が長期にわたって継続するということに尽きる。もはや中国経済に成長は期待できなくなった。

　世界の企業家，事業家はグローバル経済の次の担い手を探す必要がある。中国経済との関係が希薄な国家群。ここにグローバル経済成長のヒントがある。まずは中国経済との決別を決断することが肝要。中国特需が欠落した今，資源国が次の成長国家群を見つけ出すまで，資源安局面は続く。資源国は産業構造の多角化・高度化を推し進めないと，水面下に沈んだ状況が続く。

　ロシアも例外ではない。ロシアの経済を専門とする，自称・研究者，エコノミストはロシアが世界屈指の資源大国であることを強調しつつも，産業構造の高度化を推進すると同時に，国営企業主導型の生産構造にメスを入れ，構造改革に取り組まない限り，ロシアの経済力は強化されないと説いてきた。ソ連邦時代から連綿と続く解説である。

　確かにロシアの市場は欧米のスーパーブランド商品で溢れている。ロシアの消費者も中国と同様，国産商品を好まない。ロシアに有力なブランドが存在しないからにほかならない。国産の品質が劣悪であることを誰よりも承知しているからだ。のちに詳述する経済制裁の最中でも，国産製品・サービスへの代替は遅々として進まない。

競合製品と切磋琢磨し，試行錯誤を繰り返しながら，地道に競争力を磨き上げる――ものづくりのイロハだ。しかし，ロシアも中国もこうした努力を怠る。だから経済力が根本から鍛え上げられない。消費者に受け入れられる商品を市場に投入するまでには，途方もない努力を積み上げ，時間を費やす必要がある。この過程なくして成功はありえない。にもかかわらず，ロシアや中国では努力の累積が軽視されてきた。

どうやら公務員試験に通じる科挙制度を導入した中国と同じく，ロシアでもホワイトカラー志向が強く，ブルーカラーを蔑視する風潮が残存するようだ。ロシア市民の半数が公務員と年金生活者。これでは活力ある経済社会は創出されえない。

日本の中小企業の現場を見ればわかる。額に汗し，油にまみれる現場から世界で通用する技術や製品が生み出されていく。これを蔑視する国や国民の繁栄はない。

要するに，ロシアや中国，それに新興国経済の低迷は，景気循環的な要因であることを否定できないものの，それ以上に構造的，あるいは国民性的な問題なのである。根底から再建しないと，同じ過ちを繰り返すばかりだ。勘違いや思い込みを叩き直す必要がある。

物事の本質を理解できない国――この一角をロシアが占めるということをまずは知る必要がある。日本の常識では理解できない要素をロシアは有していることを承知しておく必要がある。これを前提として，日本とロシアに横たわる領土問題について観察してみよう。

そもそもロシア当局は日露間に領土問題は存在しないと決めつける。先の大戦で日本がポツダム宣言を受諾し，天皇陛下が玉音放送を通じて1945年8月15日，日本国民にその受諾を表明したが，公式に調印するのは同年の9月2日のことである。玉音放送はあくまでも停戦，あるいは休戦宣言であって，終戦宣言ではない。北方四島は戦勝国ロシアの戦利品である。ロシア側のおおよその主張だ。

むろん，日本は反論する。日ソ中立条約をロシアが一方的に破棄，日本固有

の領土に土足で侵入し略奪した。

　しかし，領土については海千山千のロシア。ウクライナのクリミア半島を武力で略奪したロシアである。日本の常識は通用しない。ロシアの要人が北方領土の土を踏むごとに日本政府はロシアを非難するが，実効支配するロシアにとって北方領土はもはや国内。政府要人はロシア国内を自由に移動できる。

　日本政府，ロシア政府双方の主張は嚙み合わず，永遠に平行線をたどる。この間隙を突いて，ロシアは着々と既成事実を積み上げてきた。

　プーチン大統領が北方四島に足を踏み入れた事実はないが，メドベージェフ首相は大統領時代から再三，北方領土に赴いている。

　2010年11月，メドベージェフ大統領がロシア首脳で初めて北方領土の土を踏んだ。国後島を訪問し，日本政府の神経を逆なでした。2012年7月にも首相として北方領土に出向いている。その後はロシア政府要人の北方領土訪問はほぼなかった。

　ところが，ロシアがクリミア半島を編入した2014年3月以降，ロシアの挑発が頻発する。2014年9月にはセルゲイ・イワノフ大統領府長官が択捉島を訪問。この月には択捉島で新空港が完成している。

　プーチン大統領にとって，メドベージェフ首相がサンクトペテルブルク市庁勤務時代の親友，ロシア石油最大手の国営石油会社ロスネフチのセチン社長がスパイ時代の腹心の友であるのに対して，シロビキ（強硬派）の一派であるイワノフ大統領府長官はプーチン大統領の右腕的存在である。

　イワノフ大統領府長官は民主主義を拡散する米国は危険だ，米国流の民主主義が開発途上国を不安定にしていると持論を展開。その事例としてイラク，リビア，シリア，ウクライナの国名を挙げている。大統領選挙を前倒しで実施し，構造改革を強力に推進せよと説くクドリン元財務相の考えをイワノフ大統領府長官は一蹴，意味はないと切り捨てた。そのうえでロシアは危機的状況にはないと決めつけている(1)。

　日本の国会で安保法制法案が審議され，世論が不安定化している時期を見計らって，2015年7月，スクボルツォワ保健相が色丹島を訪問(2)。同年8月に

はトルトネフ大統領全権代表（副首相）が択捉島を，その直後，引き続いて22日にメドベージェフ首相が同島を訪問した(3)。さらに，同年9月1日，トカチョフ農相が択捉島に，9月7日にはソコロフ運輸相が国後島と択捉島に足を踏み入れている。

これらを受けて，予定されていた岸田文雄外相の訪露は先送りとなった。ロシア側が戦後70年という節目を意識していることは明らかである。

先送りになったものの，岸田外相は2015年9月下旬，モスクワを訪問した(4)。ロシアのラブロフ外相と会談し，領土問題の交渉を早期に再開するよう要請した。プーチン大統領の訪日日程についても話し合われたが，ロシア側が領土問題解決に積極的な姿勢を示すことはなかった。クレムリンは平和条約の締結と領土問題とを切り離したい。このロシアの原則を岸田外相に突き付けた格好だ。

異例なことに，岸田外相の訪露には日本の民間企業幹部が同行した。ロシア側が強く求めていたという。ロシアには真剣に領土問題解決に踏み込む意思はない。むしろ日本企業の対露投資を希望しているだけなのである。領土問題に対するロシア側の姿勢が軟化する可能性は低い。

2015年7月下旬には北方領土を含む千島列島の開発計画が打ち出され，軍事力強化を進める方針も同時に表明されている。

2016年から10年間で700億ルーブル（1,400億円，このうちモスクワの拠出は280億ルーブル）が投下され，開発を加速するという。交通，通信，医療，住宅など各種インフラの整備が進められる。

ロシア極東政策を統括するトルトネフ副首相やガルシカ極東発展相は，先進発展区域という極東経済特区（極東新型特区）を新設する構想を明言している(5)。そこでは税制面の優遇措置が講じられ，行政手続きも簡素化される。漁業や観光業の振興も想定されている(6)。

クレムリン（ロシア大統領府）は北方領土の軍事拠点化も推進したい。ショイグ国防相は北方領土に駐留する部隊を増強してきたと明言(7)。北方領土はにわかに戦略的要衝となってきている。軍事大国ロシアにとって冬場に凍結しな

い軍港を確保することは至上命令。不凍港の確保は戦術上，最重要である。
　また，北方領土の軍事拠点化で中国海軍の動向を牽制したい。米国のオバマ大統領が米アラスカ州を訪問中，中国海軍の軍艦がアラスカ州沖，ベーリング海で活動，アリューシャン列島を通過し，米国の領海（海岸線から12カイリ）に侵入した経緯がある(8)。
　クレムリンは北回りで中国海軍が太平洋展開する動きを阻止，シーレーン（海上輸送路）を死守したい。そのためには北方領土を包括するロシア極東地域の軍事力強化が不可欠だ。
　日露外交関係者はロシア側の挑発的な行動について，今後の北方領土交渉をにらみ，（ロシアが）優位な立場を確保する狙いが（ロシア側に）あると分析しているという。日本から最大限の経済協力を引き出す駆け引きの側面が大きいとする見方もあるという(9)。
　だが，これらは誤った分析，お粗末な分析力である。クレムリンの真の狙いは日本国内の安保法制議論に揺さぶりをかけ，横槍を入れることにある。ロシアは核超大国であるけれども，周辺国の軍事力強化に敏感だ。軍事力強化を目指す動きだとクレムリンが安倍晋三政権を牽制しているに過ぎない。ロシアの常套手段である。
　日本政府は今もって幻想を捨てることができない。日露両国の貿易・投資を積み上げれば，それが直線的に北方領土問題の解決や平和条約締結の糸口をつかめると日本政府は信じ込んでいるようだが，そうは問屋が卸さない。クリミア半島を争奪するロシアが北方領土を返還するはずはないだろう。領土に対する執着心は独裁国家のほうが格段に強い。
　1956年の日ソ共同宣言で平和条約が締結された後に，日本へ引き渡すと明記された色丹島と歯舞群島はともかくも，国後島と択捉島は永久に返還されない。実効支配する国の立場は強い。日本は受け身に徹せざるを得ない。この際重要なのは経済関係の強化と首脳同士の信頼醸成との同時進行である。国後島と択捉島は返還されないが，色丹島と歯舞群島は日本に返還される。
　日本政府はクレムリンの真意をつかみきれていないけれども，2016年中に

はプーチン大統領訪日が実現する。消去法ではあるが，欧米諸国に見限られた今，ロシアはアジア地域，ことに日本やインドに活路を求めざるを得ない。そのカードを握るのはロシアでなく日本である。欧米諸国による経済制裁が解除されない以上，匹敵する経済力と技術力を備え持つのは地球上で日本1国だけである。

2015年9月3日に北京で挙行された軍事パレードを見学したプーチン大統領は，その足で極東ウラジオストクに飛び，ロシア政府主催の経済フォーラムでスピーチした。東方重視路線をあらためて強調しつつ，投資誘致を陣頭指揮している。

そこでは総額4兆7,000億ルーブル（8兆3,000億円）相当の投資案件が紹介された(10)。また，ソ連邦時代には門外不出だったウラジオストク周辺の港湾を自由港として指定，外国船舶の自由な出入りを認め，関税を減免する。

極東開発のみならず，ロシア経済全体の再建に外資誘致は不可欠。にもかかわらず，経済制裁と資源安でロシア経済は金欠状態。市場から外貨が消滅する，ロシア限定の金融危機に見舞われている。マイナス成長は必至の状況となっている以上，日本やアジア諸国に泣きつくのは当然だ。

2015年9月末，国連総会出席の機会を利用して，安倍晋三首相とプーチン大統領がニューヨークで会談した。その首脳会談の内容にはまったく新鮮味はないが，会談最後の10分間は首脳だけで会話を交わしたと伝わってきている。

日露間領土問題の進展には首脳間の密談，密約が必要である。関係者や報道陣が同席する中では建て前が先行して，本音を語れない。密談でおそらくはプーチン大統領の訪日日程について話し合ったと推察できる。安倍首相はプーチン訪日に向けて，建設的で静かな雰囲気の中で進めていきたいとプーチン大統領に語っている(11)。これは北方領土にロシア側要人が足を踏み入れないよう釘を刺したものと解釈できる。

プーチン大統領の訪日はラブロフ外相の訪日後に実現するが，欧州連合（EU）の金融制裁が解除されない限り，プーチン大統領は東京には飛ばず，安倍首相の郷里・山口に直行する。東京に降り立つのはロシアの企業家だけであ

る。経済外交や事業案件は東京で進む。他方，首脳同士の信頼醸成の場は山口。首脳会談はノーネクタイで非公式となる。

　ただ，この首脳会談で領土問題解決の糸口はつかめない。まずは首脳同士の信頼醸成。ここから解決に向けての第一歩が始まる。交渉過程を経て，色丹島と歯舞群島返還の道が開け，平和条約締結が視野に入ってくるだろう。それでも，択捉島と国後島とは日本に返還されない。ロシアは一切，譲歩しない。譲歩すると，これまで実効支配してきた事実に論理矛盾が生じる。日本側はその先，どのように対応するのか。一大決心する場面に遭遇する。

　プーチン大統領のロシアにおける業績はまず，オリガルキ（寡占資本家）を排除し，ロシア全体にクレムリンの権威向上を浸透させたことにある(12)。そして，ロシア正教のプレゼンスを強化した。さらに，ロシアを独立した地政学的パワーとして確立し，プーチン帝国へと昇華させている。

　プーチン大統領はロシア史上，過去100年間で最良の指導者であることはおそらく事実だろう。ただ，ポストプーチンが今のところは見当たらず，プーチン後，帝国は維持できない。

　プーチン大統領は強引な政治手法で議会と地方知事を弱体化させ，言論の自由や野党，それに司法の力も削いだ。しかし，これらは今後，プーチン大統領の強みではなくなり，むしろ強引な政治手法はプーチン大統領の警戒心を如実に反映している。全体として，結果的にはロシアの国力を弱めてしまう。

　確かにロシアは核超大国ではあるけれども，そもそも経済力に乏しい。ロシアの国内総生産（GDP）規模は米国の5分の1に過ぎない。産業の多角化や高度化に失敗し，そのうえ，経済成長の新しいモデルも見つけられないでいる。

　人口規模は1億4,200万人を数えるが，バングラデシュよりも規模は小さく，頭脳の流出が止まらない。

　外国を見渡すと，ロシアが信頼できる国は存在せず，モスクワが推進するユーラシア経済同盟は砂上の楼閣状態に置かれている。シベリアでは中国化が進み，中露対立再現の原因を内包する。クリミア半島略奪はプーチン大統領による新冷戦布告宣言である。ロシアの異質性が際立つばかりで，国際社会との

共存は地平線の彼方へと追いやられている。

2. 苦境深まるロシア経済

　ロシア経済がついに景気後退局面を迎えた。実質 GDP 成長率は 2015 年に入って，1－3 月期は対前年同期比で 2.2 ％減，4－6 月期は同じく 4.6 ％減，7－9 月期は同じく 4.1 ％減と 3 四半期連続でマイナス成長に沈んでいる(13)。

　ロシア中央銀行は 2015 年の経済成長率を対前年比で 3.9－4.4 ％減，2016 年 0.5－1.0 ％とマイナス成長を見込む(14)。一方，国際通貨基金（IMF）は 2015 年の成長率を 3.8 ％減，2016 年 0.2 ％増と予測している(15)。また，経済協力開発機構（OECD）は 2015 年について 4.0 ％減と見通していた。資源安の悪影響は否定できないものの，ロシアに限っては身から出たさびの要因が大きい。

　ロシアでは国際競争力を兼ね備えた民間企業が乏しい。それゆえに学習が必要だ。外資系企業から謙虚な姿勢で必要な技術や経営ノウハウを学び，ひたすら質の高い財・サービス創出に精進しなければならない。政府は投資環境の整備，改善に努め，外資系企業を積極的に誘致しなければならない。そのためには対外的な対決姿勢はご法度である。

　ところが，クレムリンは日欧米諸国との対立姿勢を強めるばかりで，輸入食品を大量廃棄，食品禁輸を強化する始末。避妊具などの輸入にも制限措置を講じる(16)。愛国心を煽り，ナショナリズムを鼓舞することに熱心だ。戦時体制を強調することで国民の求心力を高める狙いである。

　ロシアのメディアに接すると，ソ連邦時代を彷彿させる映像が満載だ。バルト 3 国に住むロシア系住民をあえて取材対象とし，その分離独立に触れる。バルト 3 国はロシアと絶縁し，今や EU と北大西洋条約機構（NATO）に加盟する。欧州の一員だ。ここを分断しようとクレムリンはメディアを操る。こうした対立的姿勢ではロシアが経済的苦境から脱出できるわけがない。

　ロシア経済の実態はすでに総崩れ状態にある。2015 年の実質平均賃金は対前年同月比で 7.2 ％，可処分所得は同じく 3.5 ％低落している(17)。ロシア家計の実質可処分所得は通貨ルーブルが急落する 2014 年末から低下し，2015 年第

2・四半期には年率換算で 4.6 ％減った。2000 年から始まるプーチン大統領による 15 年間にわたる統治時代初の実質所得の目減りである。当然，個人消費は冷え込む一方だ。

また，モスクワの物流施設や工業団地の賃貸料も低下し続けている。富裕層が好む外国旅行も減少している。不動産バブルは崩壊し，反欧米プロパガンダばかりが目立つ有様[18]。

ロシア経済が金融危機に陥っているわけだから，金融機関が直撃される。国営銀行は政府の保護下にあるが，民間銀行は経営破綻に脅える。2015 年 8 月を基準とすると，その過去 1 年半で 140 行が銀行業務ライセンスをロシア中央銀行に取り消されている[19]。例えば，ロシア銀行で第 25 位のウラルシブ。規模が大きいのでつぶせないとされるが，同行の最高経営責任者（CEO）ニコライ・ツベコフは経営危機で倒産の淵にあると吐露する[20]。

資本蓄積が投資の原資となるにもかかわらず，実態はその逆。ロシアからは資本が逃げ出す一方だ。2015 年上半期には 530 億ドルの資本が流出した。そのために輸入を増やせない。同時期の輸入は対前年同期比で 4 割も減少している。

資本流出は通貨ルーブルに対する下押し圧力となる。ルーブルは過去 12 カ月に対ドルで 44 ％も下落[21]，史上最安値圏を彷徨い続ける（1 ドル 60 ルーブル台）。原油の国際価格が低迷している（1 バレル 40 ドル台の水準が長期化）こともルーブルには重石だ。ルーブルはすでに崩壊状態にある。プーチン大統領は通貨安が輸出競争力を強化すると豪語するけれども[22]，外国人投資家がロシアを見放していることに対処できないでいる。

むろん，ロシア株は下落基調。主要株価指数 RTS は 2011 年初頭から趨勢として右肩下がりの状態が続く（RTS 指数は 2,000 近辺から 800 台へと下落）。投資家は通貨と株式の双方を売り急いでいる。RTS やルーブルは原油価格の動向とリンクして動くことから原油安局面ではどうしても下押し圧力が作用してしまう。

通貨安は輸入インフレを誘発する。消費者物価上昇率は 15.6 ％（2015 年 10

月）と高止まり。物価上昇局面では政策金利を引き上げて，インフレを抑制する必要があるが，景気冷え込みリスクが金利引き上げを容認しない。インフレと景気後退とが同時進行するスタグフレーションへと突入した。

ロシア中央銀行（エリビラ・ナビウリナ総裁）は通貨防衛目的で2015年12月に政策金利を10.5％から17.0％へと大幅に引き上げたが(23)，その後は段階的に引き下げてきている（現在は11.0％）。通貨防衛，インフレ退治，景気浮揚を一度に実現することは金融政策だけでは不可能である。通貨と金融の安定を図るべく，ロシア中央銀行はインフレターゲットを設定し，変動為替相場制に移行したが，当初の目的は達成できていない。ルーブル防衛のため，為替介入に踏み切る公算が大きくなった(24)。

ここで財政出動が求められるが，資源安が財政政策に縛りをかける。国家歳入の4割を石油関連収入が占有することから原油安局面では政府歳入は一向に増えない。財政収支の均衡点（財政赤字と黒字の分岐点）は1バレル82ドル程度。年間500億ドルの税収不足に直面している(25)。さらに加えて，シリアへの軍事介入で戦費はかさむ一方で，地上部隊派遣ともなれば，軍事費で財政を圧迫することは間違いがない。ソ連邦時代，アフガニスタン侵攻で経済的に疲弊し，国家崩壊の導火線となった。

当然，歳入不足で政府は大盤振舞いできない。外貨準備金を切り崩す以外，ロシア政府が手当てできる方策は尽きてきた。外貨準備金は2013年末の5,000億ドルから3,600億ドルに減少している(26)。このペースで税収不足が続くと，2，3年後には底をついてしまう。2018年に予定される大統領選挙と重なる。

経済の先行き不透明感が先行して，固定資産投資も停滞。資金調達コストの上昇も相まって，固定資産投資は12カ月連続で減少し続け，2015年6月には7％減を記録した。工業生産は2015年4-6月期に5％減となっている(27)。工業生産の落ち込みを見れば，輸入代替策が軌道に乗っておらず，その効果も短命であることがわかる。

小売売上高も6カ月連続で減少，2015年6月は対前年同月比で9.4％減となった。個人消費も点火しない。2015年上半期の新車販売台数は対前年同期

比で4割減。同年1－7月期でも35％も減少している。2014年の新車市場規模は249万台であったが，2015年の市場規模は縮小する。消費の停滞は明らかだ。

　当然，日本の自動車企業も苦戦を強いられている。トヨタ自動車は多目的スポーツ車（SUV）のロシア現地生産を2015年6月末で打ち切り，日本からの輸出に切り替えた(28)。トヨタ自動車の2015年上半期のロシア販売は対前年同期比で3割減を記録，販売環境が一変したことを物語る。ウラジオストクでの生産契約が終了を迎え，生産拠点はサンクトペテルブルクに絞られた。

　サンクトペテルブルクやトリヤッチなどロシアの4カ所で生産する日産自動車も生産調整を余儀なくされている。2015年4－6月期の販売実績は対前年同期比で12.6％減とまったく振るわない。フランスのプジョーシトロエングループ（PSA）と合弁工場（年間生産能力は4万台）をモスクワ近郊のカルーガ州に構える三菱自動車も生産稼働率を7割に引き下げている。

　米国のゼネラル・モーターズ（GM）はサンクトペテルブルクの工場を2015年内に閉鎖する。ドイツのフォルクスワーゲン（VW）も生産調整に踏み切っている。外資系の金融機関やエネルギー大手も含めて，外資系企業の多くがロシア事業を断念し，撤退し始めた。事業環境が改善されない限り，ロシア脱出を決断せざるを得ない客観的状況が定着してしまった(29)。

　高金利で資金繰りに行きづまり，自動車ディーラーの経営が悪化，倒産する企業も相次いでいるという。

　インフレと景気後退が同時に進むスタグフレーションのリスクがロシア当局を追いつめる。市場経済とはいえ，ロシア経済は中国と同様に国家主導型である。国営企業が産業の基幹部門を占有し，民間企業が育たない。構造的な問題を直視せず，資源価格が上昇に転じるのを待つばかり。

　しかし，資源価格が上昇に転じるのは近未来ではありえない。例えば，原油価格が1バレル100ドルの水準に戻ることは絶望的な情勢なのである。原油価格の低空飛行や中国の人民元切り下げにどこまで耐えることができるか。

　ロシアは隣国の中国から人民元建て融資へと傾き，ロシア企業による人民元

借入の扉が開かれた(30)。また，2016年には人民元建ての国債を発行（最低10億ドル規模）するとロシア中央銀行が言明。合わせて，モスクワ取引所で人民元建て国債の取引を開始する計画も明らかにされている(31)。

　欧米市場で資金を調達できないロシアはついに中国依存を鮮明にしている。しかし，ロシアが頼る中国の経済も青息吐息，命脈は尽きた。

　中国はロシア最大の貿易相手国である（ロシア貿易全体の11.4％）が，2015年上半期実績で中露両国の貿易総額は306億ドルと対前年同期比で28.7％も減少している(32)。ロシアは自国産の天然ガスを中国に輸出したいのだが，中国の経済低迷でロシア産天然ガスの必要性は低下。これが中国の対露価格交渉力を強め，双方は今もって天然ガス価格で合意できていない。

　加えて，中国主導のアジアインフラ投資銀行（AIIB）を基盤とするインフラ整備計画の推進で，ロシアのインフラ整備出遅れが際立ってきた。名誉挽回とばかりに，ロシア国営鉄道（総裁ウラジミル・ヤクーニン）が新規の鉄道建設計画を打ち上げた(33)。モスクワからカザフスタンを経由して，中国領内に入り，北京に至る構想である。その建設距離はロシア国内で2,083キロメートル，カザフスタン国内で1,717キロメートル，中国国内3,969キロメートルとなっている。

　ロシア経済浮揚策の選択肢は少ない。

　例えば，経済力の強化を目指すべく極東地域の主要都市ウラジオストクにカジノを開設して，日本，韓国，中国といった周辺国から外国人観光客が流入することを期待しているようだが(34)，どの程度の経済効果を見込めるだろうか。経済効果はスポットではなく，面上に波及していかないと意味はない。

　原油安とルーブル安で財政収支は赤字を余儀なくされる。景気浮揚のために財政を出動するには外貨準備金を取り崩す以外に方策は尽きた。実質可処分所得の増加転換やプラス成長への浮上は当分の間，見込めない。こうした中，予算制約を念頭に置いたインフラ整備や軍産複合体を活用した，国家主導の国力強化など，政策手段は制限される。

　いずれにせよ，ウクライナをめぐる地政学的緊張が緩和されない限り，そし

て，欧米主導の経済制裁が解除されない限り，ロシア経済がプラス成長へと回帰することは望めない。ロシア経済の低迷は自業自得。ロシアがみずから招いた経済破綻なのである。

しかし，主要7カ国（G7）が2015年2月に確認された，いわゆるミンスク合意を順守するようにロシアに要請したものの，モスクワが応じる気配はない(35)。ましてやクリミア半島をウクライナに返還する気など毛頭ない。業を煮やしたワシントンがウクライナに武器・兵器を直接供与。緊張は高まる一方だ。ロシアの潜在成長率はゼロ成長だとロシア市民は覚悟せねばならない。

3. 迷走するウクライナ情勢

危機的な情勢が続くウクライナ。ウクライナはポーランド，ドイツ，ソ連邦に侵略され，戦闘を繰り返す悲劇的な歴史に包まれる。再度，このウクライナが悲劇を味わうことになる。

眼前に横たわるウクライナ危機の発端は私腹を肥やし，巨万の富を独占したヤヌコビッチ大統領（当時）が大統領官邸から夜逃げした茶番にある。ヤヌコビッチ政権を引き継いだ人物がポロシェンコ大統領（大統領に正式就任したのは2014年6月）。ウクライナ経済の再建に向けて歩み始めたそのとき，プーチン政権がクリミア半島を略奪，無謀にもロシアに強行編入した。2014年3月のことである。

モスクワは既成事実を着々と積み上げる一方で，クリミア半島の要塞化・軍事拠点化を推進。核兵器を搭載できる長距離爆撃機ツポレフ（TU）22M3の大隊が配備される方針を明らかにしている(36)。米国が進めるミサイル防衛（MD）システムにあくまでも対抗する姿勢を鮮明にした格好だ。

第二次世界大戦と冷戦が終結した国際社会において，国境線の書き換えはご法度。激怒した欧州と米国はロシアに経済制裁を科した。ロシアの暴挙に驚愕したキエフ政権はEUと連合協定に調印し，関係強化に踏み出す。ポロシェンコ大統領は2020年までにEU加盟を申請する方針を明らかにする。

他方，ロシア系住民が多いウクライナ東部地域では戦闘が多発し，ここにロ

シアから武装勢力が流れ込んだ。ウクライナ軍と親露派武装勢力とが角を突き合わせ、幾度となく停戦合意がなされたものの、順守されることはなかった。

ロシアはクリミア半島に至る陸上のロジスティックスを確保すべく、ウクライナ東部地域に執着する。バルト3国に居住するロシア系住民とウクライナ東部のロシア系住民を保護するという詭弁で欧州に圧力をかけ続けている。バルト3国で領空侵犯を繰り返すと同時に、船舶の拿捕や情報局員の拘束といった手口まで援用。軍事介入寸前の域にまで達している。

情勢が好転しないことに鑑みて、EUはロシアに対する経済制裁を2016年7月末に延長した。ロシアがいかに執念深いかは一目瞭然だ。その反面、既述のとおり、ロシア経済は苦境に立たされている。

尽きることのない戦闘でウクライナ経済は疲弊、財政は破綻寸前にある。東部に集中する炭鉱をキエフ政府は喪失し、鉄鋼業が悪化の一途をたどる。東部喪失でサプライチェーンが寸断された。ドンバスなど重工業地帯の欠落で20％の経済力を失った[37]。

2014年の実質経済成長率マイナス6.8％に引き続き、2015年もマイナス12％に落ち込んだ[38]。2015年1-4月期の小売売上高は76％減、同年1-3月期の工業生産は20％減と悲惨な数字が並ぶ。ただ、2015年7-9月期の経済成長率は対前期比でプラス転換、2016年には2％程度のプラス成長を確保できると予測されている[39]。

通貨フリブナの対ドル相場は低空飛行を続け、輸入インフレ圧力は払拭されていない。物価上昇率は2015年春の60％をピークに低下してきたものの、それでも年率43.3％という高水準にある[40]。

ロシアとの関係悪化で当然、対露貿易は縮小する。ウクライナの対露輸出は輸出総額の15％以下にまで低下した。その一方で、対EU、対中国輸出が増えている。対EU輸出は全体の30％を突破する勢いで伸びている[41]。EUとは2016年1月から自由貿易協定（FTA）が発効した。これにより対EU貿易が急増することが予想される。

当然、経済的自立は困難で国際社会からの金融支援に頼る。これがウクライ

ナの対外債務累積を誘発する。ウクライナの対外債務は 2015 年 6 月 1 日時点で 435 億ドルに積み上がった。その一方で，外貨準備金は 126 億ドルにとどまる（2015 年 8 月現在）(42)。金融支援が必要な経済情勢で債務を返済できるはずもなく，減免措置が不可欠となる。

2015 年 8 月末，欧米民間債権者団とウクライナ政府が元本の 2 割削減と，2019 年以降（2019-2027 年）への返済期限繰り延べで合意した(43)。欧米民間債権者団が 193 億ドルの債権を保有することから，ウクライナ政府の債務は 38 億ドル分，155 億ドルに圧縮されることになる。これでウクライナがデフォルト（債務不履行）に陥る懸念は払拭された。

他方，IMF は 2015 年 3 月に今後 4 年間で 400 億ドルをウクライナに供与する計画をまとめている。まずは IMF が 175 億ドル，欧米諸国が 75 億ドルを融資することになった。

これは朗報である。しかしながら，一難去ってまた一難。ウクライナで右翼勢力がポロシェンコ政権に反旗を翻し，民族政党の急進党が連立政権を離脱した。急進党はウクライナ東部地域の自治権拡大に猛反発，軍事衝突の危険性が一気に高まった。ポロシェンコ大統領の支持率は急速に低下，大統領就任以降，最低レベルを記録している。

ロシアのクリミア半島強奪とウクライナ東部地域への露骨な軍事介入を契機に，ロシアと米国，それに NATO は全面対決に身構える様相を呈してきた。国益のみを徹底的に追求するロシアの存在が冷戦時代を彷彿させるが，事態はより複雑化している。軍事力を外交の一部と位置づけるモスクワが，欧州の勢力地図を塗り替えようと画策していることは明白である(44)。

ロシアはクリミア半島編入と対ウクライナ軍事介入に加えて，ベラルーシでは空軍基地を設置しようと目論む。ロシアの飛び地カリーニングラードには核弾頭の搭載可能な短距離ミサイル・イスカンデルが配備された。大陸間弾道ミサイル（ICBM）も 40 基追加配備される(45)。北アフリカ・中東から大量流入する難民問題に直面する欧州に，揺さぶりをかける戦略だ。ロシアはすでにポーランドやバルト 3 国に侵攻する準備を整えた。

幸い，欧州大陸ではロシア東部から黒海に至るベルト地帯を睨む最前線地域，すなわちエストニア・ラトビア・リトアニアのバルト3国，ポーランド，ルーマニア，ブルガリアはすでにNATO加盟を果たしている。バルト海と黒海の警備を強化することに寄与する。カリーニングラード包囲網も構築できた。NATOはこうした最前線を拠点とする，ロシア抑制機能を有効に活用できる(46)。

　NATOは軍事的最前線で軍事演習を実施する一方，部隊の派遣や戦車など武器・兵器の配備で軍事力の強化に乗り出した。最前線地域にはNATO部隊が継続駐留する。合わせて，2016年には5,000人規模の緊急即応部隊（NRRF）が本格投入される。ポーランドとリトアニアに拠点が配置されるという。

　米国のアシュトン・カーター国防長官は欧州の米軍を強化することでロシアに圧力をかけると表明，6万5,000人の増員に踏み切る。また，時計の針を戻しているとプーチン大統領を非難，欧州大陸の安全保障強化を力説した(47)。

　NATOに加盟していないフィンランドも緊急部隊を準備している。リトアニアは5年間期限で徴兵制を復活させている。

　NATOは今後，ウクライナやジョージア（旧グルジア）を自陣営に取り込むことができるか。ウクライナ危機が長期化すれば，欧州全体に危険が拡散する可能性は高くなる。NATOの存在価値は急上昇してきた(48)。

　共産党が支配する暗黒時代から脱却できて四半世紀。中東欧地域を再び，ロシア化する事態は回避せねばならない。ロシアの亡霊を完全払拭し，欧州産業の新たな成長地域へと昇華させていかねばならないのである。

　かつてソ連邦の支配下に置かれていた中東欧諸国は東西統一25周年を迎えたドイツの経済に支えられながら，いわゆる中進国の罠を回避，イノベーション・クリエイティブ産業への大転換を遂げつつある。東ドイツ地域を含めて，ドイツ企業が熱心に取り組んできた投資と技術移転を軸に，ダイナミックな経済発展を実現している。

　例えば，エストニアではスカイプが生み出され，チェコではネットセキュリティー企業が創出されている。ポーランドではゲームソフトが世に送り出された。

ポーランドは2014年に民主化25年，NATO加盟15年，EU加盟10年の節目を迎えた。中東欧諸国の中でも政治，経済の両面で優等生としての地位を築き上げてきた。政治面では政府機能が安定，経済面でも内需主導で着実に歩み続けている。国営企業の民営化を推し進めた結果，財政赤字を縮小することに成功している。

輸出のEU依存度は高く（80％），殊に対ドイツ輸出は全体の25％を占有する(49)。総輸出額は1989年の年間100億ドルから2013年には2,000億ドルと飛躍的に伸びた。貿易の拡大も貢献して，GDPはリーマン・ショック後の2008年末から18％も拡張している。完成品や部品の生産拠点としての機能も併せ持ち，外国直接投資（FDI）の増加がGDPの規模拡大に一役買っている。

R&D（研究・開発）の対GDP比は0.9％とEU15カ国の半分の水準にとどまっているけれども，教育に対する投資意欲は旺盛で，イノベーションも進展している。知識・資本集約型経済への移行過程にあると診断できる(50)。

ポーランドはEU域内で発言力を強めることに成功したが，首都ワルシャワとカリーニングラードとの距離はわずか250キロメートルしかない。東隣にはウクライナが広がる。それだけにポーランドの地政学的重要性は高い。

ただ，失業率は10％（若年層の失業率は25％弱）とまだまだ高く，経済成長率はプラスで推移しているものの，年率で3％程度に甘んじている(51)。人口構造の高齢化に起因する労働力不足の懸念も指摘されている。

その半面，実質所得は堅調に増加し，賃金が上昇しているが，それにもかかわらず，生産性の向上で単位労働コストは低下傾向にある。軍事力強化の経済基盤は徐々に整ってきた。

ユーロスタットの2012年統計によると，科学技術系大学の卒業生はワルシャワで70万人，ブダペストで35万人，プラハで20万人が雇用されているという。リトアニアでは1,000人当たり23人の科学技術系が創出され，EU最多だという。それでもGDPに対するR&D投資は2013年実績で1.2％とEU平均の2％，ドイツやオーストリアの2.8％におよんでいない(52)。

バルト3国からブルガリアに至る新しい欧州諸国は技術革新を成長のエンジ

ンに仕立て上げようと躍起になっている(53)。そのためには成長の芽を資金や人的ネットワークを駆使したサポート体制で育成していく必要がある。ロシアにこの芽を摘ませてはなるまい。欧州世界は政治的・軍事的解決でロシアの脅威から中東欧諸国を守り抜く必要がある。

4. ロシアが泣きつく中国の惨状

　中露間の相互貿易が思うように増えないものの，通貨安がロシア産農産物の対中輸出を押し上げている模様だ。数値で検証してみよう。2015年上半期の貿易統計でロシアの対中貿易は 23.5 ％減である一方で，農産品については金額ベースで 33 ％増，数量ベースで 80 ％増を記録している。豚肉から野菜に至るまでさまざまな品目の輸出が増加した。

　国営，民間を問わず，中国系の企業が続々とロシアに投資し，その結果として，農産品の輸入が増えている。ただ，中国系企業の対露進出がロシア国内，特に極東地域で警戒されるようになっていることも特記しておきたい。ロシアの主権を脅かすリスクまで指摘する見解まで飛び出している(54)。

　欧米諸国から相手にされなくなり，行き場を失ったロシアは中国との関係強化に動いた。だが，この行動が吉と出るか，凶と出るか。中国経済の減速が指摘されるようになって久しい。

　『日本経済新聞』は 2015 年 9 月中旬（2015 年 9 月 17-19 日号），「中国―きしむ新常態―」という連載記事を組み，減速感が強まる中国経済について分析した。その連載記事は中国経済の苦悩を巧みに描写している。

　「新常態（ニューノーマル）」とはかつての 2 桁成長は望めないこと，長期にわたって低成長に甘んじなくてはいけない経済状況を示す。事実，2015 年に入って，GDP 成長率は 7 ％，現実には 7 ％未満にとどまっている。アジア開発銀行（ADB）は 2015 年の GDP 成長率予想を 7.2 ％から 6.8 ％に，2016 年については 7.0 ％から 6.7 ％にそれぞれ下方修正していた。投資や輸出が振るわないと判断したからだという(55)。

　中国は大規模な財政出動による固定資産投資主導で高度経済成長を享受して

きたが，その結果，設備の過剰が深刻な状態となった。資産バブルも副作用として顕在化した。当然，企業は投資を絞り込み，減産に動く。その一方で，中国では人件費が鰻登り。相次ぐ賃金アップ要求が企業の体力を削いだ。企業は人員を削減，雇用が拡大する余地は消滅した。かくして中国の成長モデルは完全に行きづまったのである。世にいう中進国の罠から抜け出せない。

投資主導から消費・内需主導へ。中国景気浮揚の合言葉となっている。しかし，この目標を達成するには経済の構造改革が不可欠。ただ，これには痛みを伴う。既得権益を死守しようと，抵抗勢力が躍起となる。この大きな壁を打ち砕くには，強力な突破力が必要だ。共産党指導部の権力を維持しながら，この大事業を成就できるか。

中国ではすでに資産バブルが破裂する局面を迎えている。不動産価格が急落すると同時に，株価も急降下。金融危機は回避できているが，企業の倒産・淘汰が社会不安を誘発している。業績不振で赤字企業が多発，銀行大手から石油大手に至るまであらゆる業種の業績低迷が株価の下押し圧力として作用する。

混乱する中国を見限った外資系企業は事業の縮小や撤退に動いている。日本からの対中直接投資額は 2015 年 1－8 月期に対前年同期比で 28.8％減少している。米国からの投資も 19.6％減少した[56]。

生活必需品や日常の食費といった消費は堅調に推移するかもしれない。だが，その程度の消費では経済規模の拡張に貢献しない。住宅や耐久消費財の需要が旺盛でないと，経済成長に直結しない。ところが，中国の国際旅行収支は赤字。その赤字額は 2014 年実績で 1,079 億ドルに達する。これは消費とともに，富が外国に流出していることを意味する。中国企業は消費者のニーズに適切に応答できていない。致命的な欠陥がここにある。

人民元安誘導による輸出振興策も有効でない。劣悪な中国製品は外国市場，特に日本のような成熟市場では見向きもされない。通貨交換性を欠く人民元の国際化は夢のまた夢。はかない夢物語に過ぎない。

修正するには国営企業の民営化が必須課題。しかし，中国では金融部門と基幹産業を国営企業が牛耳っている。これが民間企業を圧迫し，消費に点火でき

ない。当局もまた国営企業同士の再編，いわゆる官製再編ばかりに熱心で，民営化が進展するどころか，逆に国営企業の肥大化が温存されている。

そうなると，中国の当局と市場を見捨てて，民間企業は中国から流出していくだろう。彼らは外国での生き残りの道を選択する。

共産党執行部は企業の国際競争力強化の意味と方法を理解していない。対国営企業コントロールを強化しても国際競争力は育たない。そもそも国営企業からは創造的な事業発信は不可能なのである。これは古今東西の国営企業による経験で自明である。中国だけが例外的存在となれるはずはない。

要するに，中国の経済刺激策はきわめて限定的だということだ。追加金融緩和と通貨安といった，マネーをベースとする手段しか残されていない。通貨当局は人民元切り下げを断行し，輸出競争力を強化しようと躍起だ。加えて，利下げを繰り返すと同時に，預金準備率（市中銀行から中央銀行が強制的に預かる資金の比率）も引き下げ続けている。また，銀行金利の自由化する施策も打ち出している。金融商品からマネーを金融機関が吸収するためである。これらすべてがマネーをベースとする刺激策であることはいうまでもない(57)。

いずれにせよ，旧来の投資主導型経済モデルが崩壊したことは誰の眼にも明らかであろう。公共投資の積み上げによる経済発展は持続可能でない。債務総額は2007年の7兆ドルから2014年半ばには28兆ドルに膨張している(58)。万策は尽きた。

そうなると，中国の資源エネルギー需要は鈍る。中国のエネルギー消費量は全世界の4分の1を占有する。需要が低迷したときの影響は大きい。

論より証拠。対中輸出で稼いできた資源国のブラジルやオーストラリアからの輸入は激減している。ロシアも中国にパイプラインで原油を輸出し，加えて，天然ガスも供給しようと策を練っている。しかし，中国経済の低迷が続く限り，資源エネルギー需要は伸びない。資源エネルギー貿易は停滞する。資源エネルギーの輸出で外貨を稼ぐ国の経済に暗雲が垂れ込めている。ロシアも例外でない。

2014年，中国の1次エネルギー需要は対前年比で2.6％増にとどまった。

1998年以来の低い伸びだという(59)。石炭消費の伸び率はわずか0.1％に過ぎない。石油消費の対前年比伸び率も2012年4.9％，2013年4.3％，2014年3.3％と推移，伸び率は鈍化していることがわかる。2015年5月の原油輸入量は日量550万バレルで，対前年同月比10.9％減を記録した。

天然ガス消費に関しても，2014年で対前年比8.6％増にとどまっている。ロシアから天然ガスが輸入されることになれば，中国の液化天然ガス（LNG）輸入は激減する。もってアジア市場でLNGは飽和状態となり，LNG価格は下落せざるを得ない。

中国経済低迷の長期化はロシアにとっても重い足枷となる。

ロシア経済も中国経済も今，同方向，すなわち国家資本主義に突き進んでいる。経済で行きづまると，ナショナリズムを鼓舞し，国威発揚に走る。軍事パレードで国力を誇示し，領土拡張を目論む。強権国家の常套手段だ。挙句の果てに孤立していく。

米国の軍事費が年間6,000億ドル（2014年）であるのに対して，中国の場合は2,000億ドルにとどまっている(60)。ただ，中国はその2,000億ドルを自国とその周辺地域に集中投下している。南シナ海の軍事拠点化も含めて，周辺国の脅威となっていることは周知のとおりである。軍拡競争に明け暮れ，ソ連邦と同じ運命をたどるのか。

中露両国経済の低迷や減速は長期化する。中国は変動為替相場制への移行と輸出促進を念頭に置き，人民元切り下げを余儀なくされた。市場は中国経済が極度に悪化していると認識して，株式売却で応答した。

中露両国の経済悪化は新興国，資源国，ひいては世界経済全体に貿易の激減や成長の押し下げといった悪影響を及ぼしている(61)。新興国からの資金流出は2015年8月中旬を起点として過去13カ月で1兆ドルに達する。リーマン・ショック時の2倍の規模だ。新興国では外貨準備金が5,000億ドルも取り崩されている(62)。

2015年9月下旬，国連総会出席を有効利用して，習近平国家主席は米国訪問ツアーを繰り広げた。そして，その総仕上げとしてオバマ大統領との首脳会

談に臨んだ。習主席は米中首脳会談を重要視し，米中両国がいずれも大国であり，対等な関係にあることを内外に強調したかった。

一方，ワシントンにとって習主席は招かれざる客。首脳会談には消極的だった。米中首脳会談の印象を弱め，薄めるべく，あらゆる手段が駆使された。ホワイトハウスは米中首脳会談の直前にローマ法王との首脳会談をセッティング，人権問題をクローズアップした。これは北京に対する警告にほかならない。メディアは習主席ではなく，ローマ法王を逐次取り上げ，結果として習主席の扱いは限定された。

幸運なことに，経済界はドイツのVWスキャンダルに集中。中国企業の話題はトップ記事としては掲載されなかった。

むろん，米中首脳会談で両国関係改善の糸口はつかめず，逆に対立構図が浮き彫りにされた。米中首脳会談の意義は雲散霧消した。中国は今や，さまざまな意味で国際社会のお荷物と化した。中国は巨大な発展途上国に過ぎないという事実があらためて内外に示されたことになる。

北京はIMFが人民元を特別引き出し権（SDR）の通貨バスケットに採用したことで有頂天になっているけれども，気の毒なことに，中国経済は長期低迷期に突入した。人民元に完全交換性が付与され，変動為替制度が導入されれば，人民元に猛烈な下落圧力がかかる。ヘッジファンドが売り仕掛けてくることは素人でも予想できる。シルクロード構想を大義名分として中国指導部は新興国に人民元貿易を強制するようになるだろう。そのような新興国は下落する一方の人民元をつかまされる憂き目に遭う。

当然，中国の通貨当局は人民元防衛のために，人民元買い・米ドル売り介入を余儀なくされることになる。今のところ，外貨準備金は潤沢だが，いったん，取り崩されることになると歯止めはなくなる。外貨準備金の目減りと経済低迷は比例的に進行，中国経済は断末魔の状況に追い込まれてしまう。一刻も早く，中国と縁を切ることが国家生存の道である。

いかなる国も果敢に脱ロシア，脱中国を成し遂げないと，悪循環から抜け出せない。その鍵は最先端技術力を磨き上げ，技術立国化を図ることにある。技

術力が内需を刺激し，軍事力を強化する早道となる。この意味で日本が世界各国のモデルとなる。中国やロシアの発展モデルは機能しない。

やがては世界中がロシアと中国の限界を認識するだろう。両国の地平線上には米国との正面衝突が待ち構えている。ロシアと中国はこれまでよりも接近するだろう。だが，それはしょせん，弱者連合に過ぎない。

5. 中央アジア争奪戦

カスピ海周辺地域の覇権をめぐって英国とロシアは激しいつばぜり合いを続けた。19世紀のグレートゲームである。このゲームが舞台を中央アジアに変えて再来している。クレムリンは北京と関係強化を図ることで窮地を脱すると同時に，孤立を回避しようとしている。その視線上には米国牽制がある。

中露協調の受け皿は1996年に創設された上海協力機構（SCO）。中央ユーラシアを包括するSCO創設当初の目的は国境紛争の解決にあったが，現在は米国を主軸とするNATOに対抗するための装置へと変質してきた。軍事同盟に格上げされる色彩も濃厚となってきた。中国，ロシア，カザフスタン，ウズベキスタン，タジキスタン，キルギスが加盟しているが，ここにきてインドとパキスタンもSCOに新規加盟を果たしている[63]。

SCOに制裁解除後のイランを巻き込み，ユーラシアから米国を排除することに成功すれば，中露両国の戦略は完結する。

もちろん，SCOは中露協調の場であると同時に，対立の舞台でもある。ロシアはソ連邦をともに形成した中央アジア諸国に呼びかけて，ユーラシア経済同盟（EEU）を構築する。EEU加盟国はロシア，ベラルーシ，カザフスタン，アルメニア，キルギスである。

一方，中国は主導する国際金融機関AIIBを背景に，シルクロード経済圏の創出に狙いを定める。新中華帝国への道は奏功するか。シルクロード経済圏ではアフガニスタン，アルメニア，アゼルバイジャン，ジョージア（旧グルジア），インド，イラン，カザフスタン，キルギス，タジキスタン，トルコ，トルクメニスタン，ウズベキスタンが該当する。中国の野望は明確だが，詳細は

不透明なままである(64)。

　中国との貿易総額は2015年5月までの過去1年間実績でロシア834億ドル，カザフスタン195億ドル，トルクメニスタン106億ドル，キルギス51億ドル，ウズベキスタン42億ドル，タジキスタン23億ドルと資源国との貿易額が多い。中央アジア5カ国はロシアとの貿易総額も多いけれども，リーマン・ショック後，中国との貿易額がロシアを上回っている(65)。

　新疆ウイグル自治区と隣接し，21世紀版シルクロードの表玄関となる中央アジアと中国の貿易総額は2000年の18億ドルから2013年には500億ドルに急増した。ミャンマーから中国向けに建設された石油・天然ガスパイプラインはマラッカ海峡を迂回するルートとなる。今後，中国はどのようなインフラ建設を煮詰めていくのか。経済効果はどの程度なのか。ただ，中国の中国による中国のためのインフラ建設であることだけは確かである。

　いずれにせよ，ユーラシア経済同盟とシルクロード経済圏創出の共通項は中央アジア地域の組み入れにある。

　中央アジア地域は資源の宝庫だ。ナザルバエフ大統領が四半世紀，統治してきたカザフスタンには膨大な原油が埋蔵される。その代表格がカスピ海海底に眠る巨大なカシャガン油田。ここでは生産物分与協定（PSA）に基づいて開発と生産が進む。

　カザフスタンの国営石油会社カズムナイガス（KMG）が25.2％，英蘭系国際石油資本（メジャー）のロイヤル・ダッチ・シェルが16.8％，フランス石油最大手のトタルが16.8％，イタリア炭化水素公社（ENI）が16.8％，米系メジャーのエクソンモービルが16.8％，国際石油資源帝石（インペックス）が7.6％をそれぞれ出資する。

　総額500億ドル規模のプロジェクトであるが，原油生産が本格化されるのは2016年以降である。当初，日量35万バレルの産油量が見込まれているが，初期目標は同150万バレルである(66)。

　カザフスタンはウラン生産世界首位としてでも周知されている。その人口は1,700万人であるが，ロシア系が5分の1を占める。ロシア系保護を口実にモ

スクワが軍事介入するウクライナ・シナリオが当面の脅威となっている。

　77 歳の老人カリモフ大統領が頂点に立つウズベキスタンではイスラム過激派が流入する危険性が高まっている。現実化すれば，アフガニスタン化は必至の情勢となる。後継者が不透明なのも政治的なリスクである。つまり国情は不安定だということだ。

　中央アジア経済にはロシア経済の悪化が直撃する。ルーブル下落の悪影響が忍び寄り，カザフスタンは通貨切り下げに追い込まれた。EEU に逆風が吹く。

　カフカス（コーカサス）地方の一角を占めるアゼルバイジャンでも通貨マナトに下落圧力がかかり，アゼルバイジャン中央銀行はペッグ制から変動相場制への移行を余儀なくされた(67)。アゼルバイジャンはカザフスタンと同様に産油国。原油安とルーブル下落の連鎖がアゼルバイジャンにも波及した格好だ。

　ウズベキスタンからは人口の 10 分の 1 に相当する 200 万人におよぶ出稼ぎ労働者がロシアで働く。外国出稼ぎ労働者による送金額は 2014 年にドル建てで 43 ％も減少した。ロシアからの送金はウズベキスタンで 60 億ドル以上に達する。ロシアからの送金はタジキスタンも 40 億ドル，ウクライナ 30 億ドル，キルギス 20 億ドルである(68)。

　他方，中央アジア諸国は中国にパイプラインで原油と天然ガスを輸出，外貨を稼ぐ。見返りとして，品質は劣悪だが，安価な中国の財やサービスを輸入する。中央アジア諸国はロシアとの関係が深いが，中国との貿易・経済関係も強い。

　中露両国は中央アジア地域の覇権をめぐって，主導権争いを繰り広げているのである。ここに米国が姿を現す。日本も食い込もうと躍起だ。2015 年 10 月中旬，安倍晋三首相はモンゴルと中央アジア 5 カ国を歴訪，首相みずからがトップ経済外交を繰り広げた。中央アジア地域を標的とする 21 世紀のグレートゲームは 19 世紀よりも熾烈かもしれない。それだけに，中央アジアの地政学的な価値は低下しないのである。

6. ガスプロムとロスネフチの苦闘

　資源エネルギーの国際価格が低迷すると，関連企業の収益が圧迫されるのは至極当然の現象である。関連企業は身構え，人員削減や投資縮小に着手せざるを得ない。国際価格が反転するまで，収益悪化は継続する。

　原油や天然ガスの国際市場価格はさまざまな要因によって変動する。まずは各国の在庫状況。それに需給バランス。そして地政学的リスク。需要が旺盛で在庫が減少し，ここに地政学的な状況が悪化すれば，価格は確実に急騰する。その反対の現象が顕在化すれば，価格は急落する。

　2015年夏，国際原油価格は1バレル40ドル割れ寸前にまで急降下，過去1年で半値以下の水準に沈んだ(69)。ヘッジファンドを代表とする投機筋（投機マネー）も絡み，原油の売り圧力は強まるばかりだ。

　供給サイドでは，米国の「シェール革命」で原油生産量が急増したことに加えて（2015年8月の米産油量は日量935万バレル，対前年同月比で9%増），石油輸出国機構（OPEC）が減産を拒否している（2015年7月実績は日量3,150万バレル）。過剰供給分は日量200万バレルに達した。イランが国際市場に本格復帰すれば，OPECの産油量は日量3,300万バレルに達する可能性が浮上する(70)。

　米国油田地帯の生産性が改善（生産コストが低下），1油井の平均産油量が伸びていることから，原油価格が下落しても産油量が高止まりする(71)。

　2015年9月のゼロ金利解除は見送られたものの，FRBによる利上げがドル高を演出する。金利を伴わないコモディティー（商品）の価格には下押し圧力が作用する。原油安で資源国の通貨が下落し，資源輸出の採算性が改善するために減産へと舵が切れていない。例えば，ロシアの場合，対ドルでルーブル相場が下落し，アジア向けの原油輸出を増やしている。

　需要サイドでは，中国経済の減速が新興国に波及，資源エネルギー需要が盛り上がらない。中国では原油の在庫が積み上がっている。中国はスポット市場で大量の原油を仕入れて，原油備蓄を積み増している。その半面，石油製品の輸出を増やしている(72)。

日本などの消費国にとって資源エネルギー価格の下落はプラス効果が大きいが，世界全体で眺めると，その恩恵，経済効果は限定的なのである。にもかかわらず，原油価格の低迷は長期化する見通しが優勢となっている。産油量の調整役（スイングプロデューサー）が存在しない今日，市場が原油価格を決定する，基本的な原理が機能するようになった。

原油価格は当面，1バレル40-50ドル近辺の水準で推移すると思われる。米ウォール街では原油新秩序なる言葉が流行するようになった(73)。米国が産油国として台頭，新興国経済停滞の余波で原油需要が低迷した結果，原油市場に地殻変動が生じていることを意味する。

一方，原油生産レベルの損益分岐点は中東の陸上で1バレル30ドル，大陸棚で同45ドル，深海で同60ドル弱，ロシアの陸上で同60ドル近辺，陸上油田の世界平均で同60ドル，超深海で同60ドル，北米のシェールオイルで同60ドル近辺，カナダのオイルサンドで同75ドル程度とされる(74)。つまり国際原油価格が60ドル近辺で推移しないと，大半の油田が採算割れになる。油価1バレル60ドル以下では稼ぐ油田が急減する構図となっている。

現状では中東の産油国しか利益を計上できない。事実，世界の主要な石油大手が投資を絞り込む中で，中東産油国のみが投資を増やしているに過ぎない(75)。

言うまでもなく，ロシアは世界屈指の資源国。日量1,000万バレルを超える産油量を誇る産油国でもある。天然ガス埋蔵量に関しては世界首位だ。資源エネルギー価格が上昇気流に乗る局面ではロシアに潤沢なマネーが流入するが，いったん，逆噴射に転換すると，経済全体に悪影響が波及していく。

ロシアでは輸出収入の3分の2，政府歳入の2分の1を石油と天然ガス輸出が占める。中東産油国ほどではないが，ロシアの石油・天然ガス産業依存度は高い。それゆえに，原油や天然ガスの価格低迷はロシアの輸出部門と政府部門の双方を同時に痛みつける。

ロシアを代表するエネルギー企業はガスプロムとロスネフチ。国営天然ガス独占体のガスプロムと国営石油最大手のロスネフチがロシアの石油・天然ガス

部門を牛耳る。ガスプロムにとってもロスネフチにとっても主要な輸出市場は欧州。ロシアの国内市場では景気後退で需要は弱く，両社の財務実績に貢献しない。ガスプロムはもっぱら輸出で稼ぐ。アジア市場を開拓しつつあるが，本格的な切り込みは今後の課題となっている。

　ガスプロムの 2015 年天然ガス生産量は 4,140 億立方メートル（2014 年実績は 4,440 億立方メートル）と，ソ連邦崩壊以降で最低水準を更新[76]，2015 年上半期の天然ガス生産量は対前年同期比で 12.9 ％減を記録した。輸出量については同じく 8 ％減少した。

　ロシアの対欧州天然ガス輸出量は 2013 年実績で 1,786 億立方メートルだが，このうち長期契約による輸出量は 1,660 億立方メートルである。欧州諸国の中でもドイツ，トルコ，イタリア，英国，ポーランドへの輸出量が多い[77]。ドイツとロシアの緊密な関係を背景に，ロシアはドイツを特別扱いしているようだ。ドイツのエネルギー大手 BASF はガスプロムと資産スワップ（交換）を通じて，ロシアの上流部門（西シベリアの天然ガス田）への進出を断念していない[78]。

　天然ガス価格が低下していることから，2015 年売上高は 1,060 億ドルと対前年比で 27 ％減に落ち込む。欧州市場での売上高は 2015 年上半期に対前年同期比で 6.2 ％減少している。

　2014 年実績でロシア政府歳入の 9 ％をガスプロムが占めていた。ガスプロムの低迷は直線的にロシアの国庫を圧迫する。

　ロシア国内でもガスプロムの市場占有率は低下している。従来，85 ％を突破していたが，独立系のノバテックが市場占有率を伸ばした結果，現在のシェアは 66 ％程度に低下しているという。ロシアが対立するウクライナでのシェアは 2014 年の 74 ％から 2015 年上半期には 37 ％に激減している。

　ノバテックについても，順風満帆というわけではなく，やはり金融制裁の影響で資金繰りが悪化，資金調達に奔走しているようだ。ノバテックが進めるロシア北部・ヤマル半島のヤマル LNG 生産基地。ここにはノバテックが 6 割出資するほか，フランス石油最大手トタルも 2 割，中国石油天然ガス（CNPC）

も2割を出資する。ドル資金が確保できず、日本の金融機関に融資を打診している模様である(79)。

日本の金融機関からの融資が実現すれば、年産が1,650万トンであることから、対日LNG輸出の道が開けるとする見解がある。しかしながら、アジア地域でLNG供給が過剰である現状に鑑みれば、調達先の多様化には有益なものの、日本経済にとって効果があるかどうかは不透明である。

財務実績の悪化は投資計画に修正を迫る。

2014年末、ロシア当局は黒海海底にパイプラインを敷設して、トルコ経由で中東欧諸国に天然ガスを供給するプロジェクト「トルコストリーム」を発表した。年間天然ガス供給量は630億立方メートルで、建設コストはロシア・トルコ区間で114億ユーロに達する(80)。ガスプロムにこの巨費を負担できる余裕はないだろう。2019年に供給が開始される計画であったが、遅延する公算が大きくなった。

従来、シリア情勢をめぐってはトルコとロシアとは対極的な外交的立場にある。エルドアン大統領が反アサド政権の急先鋒であるのに対して、プーチン大統領はアサド政権を擁護。反アサド勢力を標的とする空爆を断行している。ロシア、トルコ両国の関係悪化は決定的な状況となっている(81)。

対中国ルートについても計画の見直しが目立つ。

2014年5月、ガスプロムとCNPCは「シベリアの力」と命名された天然ガスパイプラインを建設し、事業規模550億ドル相当のプロジェクトを推進する契約に調印した。想定される貿易額は4,000億ドルに達し、ガスプロム史上最大の契約だと内外に吹聴された(82)。

当初の対中天然ガス輸出計画では2018年から30年間、東シベリアから年間最大で380億立方メートルの天然ガスが、西シベリアからは同じく300億立方メートルがそれぞれパイプラインで中国に輸出される予定だった。

ところが、ここで誤算が生じる。契約当時の天然ガス輸出価格は1,000立方メートル当たり350ドルであったが、それが175ドルに下落している。この価格水準では事業の損益分岐点を下回る可能性が高い。採算度外視で強行に建設

事業を進めるか，それとも一時凍結するか。ロシア政府が支援して強引に建設を進め，パイプラインが完成しても，ガスプロムは輸出利益を確保できないリスクを背負っている。

しかも中国の天然ガス需要が低下していることもあって，建設を急ぐ理由が失われている。また，輸出価格の交渉でも中露両国が折り合わない状況が続いている。建設事業計画が凍結される可能性さえ浮上する。

LNG の輸出拡大で名誉を挽回したいガスプロムだが，欧米諸国による対露金融制裁が原因で事業環境は極度に悪化している。開発・生産事業の延期や凍結が相次いでも不思議ではない。

欧州諸国が脱ロシア戦略を急いでいることもガスプロムにとっては足枷となる。欧州では天然ガスの在庫が 520 億立方メートルまで積み上がっている(83)。EU はエネルギー同盟を念頭に相互に融通する統一エネルギー政策を打ち出そうとしている。ガスプロムに対しては EU が一丸となって交渉する姿勢を鮮明にするようになった。

カスピ海産の天然ガスや原油を調達する壮大な計画も進む。

アゼルバイジャン産の天然ガス（シャフ・デニズ 2 天然ガス田）を欧州に供給するアナトリア横断天然ガスプロジェクト（TANAP）。トルコは 2015 年 3 月 17 日，TANAP の着工式を挙行した。その事業総額は 100 億ドル，天然ガスの輸送能力は年間 160 億立方メートルである。最終的に（2026 年）送ガス能力は年間 310 億立方メートルに拡充される。産出される天然ガスは 2018 年にはトルコに供給され，2020 年にはアドリア海横断パイプライン（TAP）に接続，欧州に供給される予定だ。トルクメニスタン産の天然ガスも含めて輸出される道も残されている(84)。

ロスネフチが置かれた事業環境もガスプロムとなんら変わらない。原油の生産ベースでロスネフチの産油量はロシア全体の 42 ％を占有する。第 2 位のルークオイル（19 ％）を大きく引き離す。

なぜか。ロスネフチはロシア国内の石油企業ユーコスや英露合弁石油企業 TNK-BP など大型買収を繰り返した。その結果，産油量や原油埋蔵量が積み

上がり，世界屈指の石油企業に躍り出た。

　タイヤ業界のプラダと評価されるタイヤ世界第5位のピレリ。ピレリの持ち株会社がカムフィンである。ロスネフチは2014年，カムフィンの株式5割を取得，ピレリの実質的な筆頭株主となった。ロスネフチとピレリはロシアで合成ゴムの生産やタイヤ販売の提携で合意，ナホトカで合成ゴムを生産する(85)。

　ロスネフチはさらに，天然ガス部門や電力部門への進出も図り，名実ともにロシア・エネルギー産業の雄としての地位を確立した。ロスネフチの頂点にはかつてクレムリンで権勢を誇った，プーチン大統領の盟友イーゴリ・セチンが鎮座する。

　しかしながら，ガスプロムと同様に，原油安や金融制裁が重くのしかかる。この重石がロスネフチの収益を圧迫する。

　ロスネフチは2015年の財務業績見通しについて，原油価格を1バレル60ドル，ルーブル相場を1ドル50ルーブルと想定していた。それによると，2015年のドル建て売上高は対前年比で39％減，同じく純利益は63％減となる。資本支出は対前年比で30％削減され，事業投資計画の先送りや中止を余儀なくされる(86)。

　しかし，この見通しが甘いことは誰の眼から見ても明らかだ。想定していた原油価格やルーブル相場よりも現実にはきわめて芳しくない状況にある。ロスネフチは今後20年間で石油・天然ガスの生産量を倍増する計画を打ち出しているが，見通しは不透明な情勢となっている。

　加えて，無理な企業買収を重ねた結果，多額の債務を抱えてしまった。2013年に買収したTNK-BPの買収総額は550億ドル(87)。その返済期限が迫る。ドル建ての債務なので，ルーブル払いは通用しない。金融制裁で欧米ではドルを調達できない。輸出収入しか頼れないのだが，その輸出収入ですら先細りする。

　困り果てたロスネフチはロシア政府に泣きついた。国家福祉基金（NWF，750億ドル）からロスネフチが手がける5つのプロジェクトに資金（43億ドル）を振り向けるように要請した。ところが，ロシア政府側の回答に虚を突かれ

る。要請した5つのプロジェクトのうち，ロシア政府が許可したプロジェクトはズベズダ造船所の案件のみであったからである(88)。

　資金支援要請が却下されたことを受けて，セチン社長はNWFからの支出に頼らない方針を言明。ロシア政府と距離を置く姿勢を強めている。資金繰りに行きづまるロスネフチは当面，新規事業を凍結しなければならない事態となっている。

　これに呼応するかのように，プーチン大統領が公の席上でセチン社長を批判。両者にすきま風が吹く様相を呈している。プーチン・セチン蜜月に終止符が打たれたのか。この間隙を突いて，メドベージェフ首相がプーチン大統領に擦り寄っているようである。クレムリンの権力構造が変化しつつあることを物語る。この点はきわめて重要だ。

　金融制裁以降，ロシア産石油はトレーダー（資源商社）を通じて，バルト海や黒海から輸出される場面が増えている。その主要な輸出トレーダーがオランダのトラフィギュラ（1993年にスイスで創設）。ロスネフチはトラフィギュラを媒介とする原油輸出を増やしている。2014年実績はわずか100万バレル程度であったにもかかわらず，2015年4月には900万バレル，5億ドル相当がトラフィギュラ経由で輸出された(89)。

　トラフィギュラが資金の前払いや短期融資で便宜を図ることは，資金難に陥るロスネフチにとっては渡りに船。トラフィギュラとしても有利な条件を引き出せる。

　当然，トラフィギュラの業績は好調だ。日量300万バレルの原油・石油製品を貿易し，最高益を計上する(90)。2014年10月-2015年3月期の純利益は対前年同期比4割増の6億5,000万ドルに膨らんでいる(91)。

　欧米の石油メジャーやロスネフチやペトロブラス（ブラジル）といった資源国の大手石油企業が原油安で業績不振に喘ぎ，青息吐息状態であることを横目に，資源商社の高笑いが続く皮肉な構図となっている。

　ロシア石油第3位のガスプロムネフチ（ガスプロムの石油部門子会社）も例外ではない。苦肉の策か。ガスプロムネフチは人民元建てで中国に原油を輸出す

るようになっている。ちなみにロスネフチも人民元建ての信用供与を受けているという。ガスプロムネフチは2015年1-3月期に160万トンの原油を輸出したが，そのうち37.2％が東シベリア太平洋石油パイプライン（ESPO）を利用したESPO原油であった[92]。

ESPO原油は品質の高い軽質油で，日本をはじめ中国，韓国など東アジア諸国に輸出されている。2015年9月積みのESPO原油輸出量は対前月比8％増の日量53万バレルである。中国向けの輸出が増えている模様だ[93]。その結果，2015年9月については，ロシアの中国向け原油輸出量はサウジアラビアを逆転したようだ。ESPO原油の輸出量が増えたからにほかならない。日本のロシア産原油輸入量も2015年4-9月期，5,000万バレルに迫り，対前年同期比で17％増を記録した。ESPO原油の価格は指標とされるドバイ原油に対するプレミアム（上乗せ幅）が付与されて変動する[94]。

中国の対露融資が激増している反動で，ロシアは中国にとって原油供給国首位となっている。2010年以来，ロシアの対中原油輸出量は倍増した。2015年5月実績では日量93万バレル，対前月比で21％増を記録している。逆に，中国のサウジアラビアからの原油輸入は43％減少（日量72万2,000バレル），ロシア，アンゴラに次ぐ第3位に低下した[95]。

石油輸出国機構（OPEC）加盟産油国が一向に原油生産量を縮小させない中，ロシアも産油量を積み上げている。ロシアの産油量はすでにソ連邦崩壊以降で最高水準に達し，日本や中国への原油輸出拡大に余念がない[96]。

しかしながら，ロシアのエネルギー関連企業が苦境に陥っていることは明らかであろう。そこに中国が助け船を出す形だ。この脆弱な関係がいつまで続くのか。経済制裁が解除されるまでか。資源価格が上昇に転じるまでか。藁をもつかむロシアと経済減速に苦悩する中国。しょせんは弱小連合にほかならない。

註

(1) *Financial Times*, June 22, 2015.
(2) 『日本経済新聞』2015年7月19日号。
(3) 『日本経済新聞』2015年8月23日号。
(4) 『日本経済新聞』2015年9月23日号。
(5) 『日本経済新聞』2015年6月20日号。
(6) 『日本経済新聞』2015年8月5日号。
(7) 『日本経済新聞』2015年8月3日号。
(8) 『日本経済新聞』2015年9月5日号。
(9) 『日本経済新聞』2015年8月12日号。
(10) 『日本経済新聞』2015年9月5日号。
(11) 『日本経済新聞』2015年9月29日号。
(12) *Financial Times*, August 18, 2015.
(13) 『日本経済新聞』2015年8月12日号。『日本経済新聞』2015年11月13日号。
(14) 『ロイターニュース』2015年9月11日号。
(15) 『日本経済新聞』2015年11月10日号。
(16) 『日本経済新聞』2015年8月15日号。
(17) 『日本経済新聞』2015年8月17日号。
(18) *Financial Times*, June 8, 2015.
(19) *Financial Times*, September 7, 2015.
(20) *Financial Times*, August 31, 2015.
(21) *Financial Times*, August 17, 2015.
(22) *Financial Times*, October 14, 2015.
(23) *Financial Times*, July 31, 2015.
(24) 『日本経済新聞』2015年11月14日号。
(25) 『ロイターニュース』2015年9月28日号。
(26) *Financial Times*, May 22, 2015.
(27) *Financial Times*, August 18, 2015.
(28) 『日本経済新聞』2015年8月19日号。
(29) *Financial Times*, October 19, 2015.
(30) *Financial Times*, May 8, 2015.
(31) 『日本経済新聞』2015年11月7日号。
(32) *Financial Times*, August 18, 2015.
(33) *Financial Times*, July 8, 2015.
(34) *Financial Times*, September 14, 2015.

(35) *Financial Times*, June 9, 2015.
(36) 『日本経済新聞』2015 年 7 月 23 日号。
(37) *Financial Times*, June 1, 2015.
(38) 『日本経済新聞』2016 年 3 月 19 日号。
(39) 『日本経済新聞』2015 年 12 月 8 日号。
(40) *Financial Times*, September 3, 2015. *Financial Times*, December 21, 2015. 『日本経済新聞』2016 年 3 月 19 日号。
(41) *Financial Times*, November 23, 2015.
(42) *Financial Times*, September 17, 2015.
(43) 『日本経済新聞』2015 年 8 月 28 日号。
(44) *Financial Times*, August 19, 2015.
(45) 『日本経済新聞』2015 年 7 月 24 日号。
(46) *Financial Times*, June 10, 2015.
(47) *Financial Times*, June 24, 2015.
(48) *Financial Times*, July 6, 2015.
(49) *Financial Times*, November 28, 2014.
(50) *Financial Times*, September 4, 2015.
(51) 『日本経済新聞』2014 年 9 月 25 日号。
(52) *Financial Times*, June 5, 2015.
(53) *Financial Times*, November 26, 2015.
(54) *Financial Times*, September 18, 2015.
(55) 『日本経済新聞』2015 年 9 月 23 日号。
(56) 『日本経済新聞』2015 年 9 月 17 日号。
(57) 『日本経済新聞』2015 年 10 月 24 日号。期間 1 年の貸し出し基準金利は 4.35 %，1 年物の定期預金の基準金利は 1.5 %。標準預金準備率は 17.5 %。
(58) *Financial Times*, August 20, 2015.
(59) 『日本経済新聞』2015 年 7 月 1 日号。
(60) *Financial Times*, June 22, 2015.
(61) *Financial Times*, June 11, 2015.
(62) *Financial Times*, August 19, 2015.
(63) *Financial Times*, July 7, 2015.
(64) *Financial Times*, October 13, 2015.
(65) *Financial Times*, October 15, 2015.
(66) *Financial Times*, June 14, 15, 2015.
(67) 『日本経済新聞』2015 年 12 月 22 日号。
(68) *Financial Times*, June 14, 15, 2015.

(69) 『日本経済新聞』2015年8月21日号。
(70) 『日本経済新聞』2015年8月25日号。
(71) 『日本経済新聞』2015年6月24日号。
(72) 『日本経済新聞』2015年9月1日号。
(73) 『日本経済新聞』2015年10月2日号。
(74) *Financial Times*, June 17, 2015.
(75) *Financial Times*, September 23, 2015.
(76) *Financial Times*, July 29, 2015. 『日本経済新聞』2015年7月30日号。
(77) *Oil & Gas Journal*, June 1, 2015, p.88.
(78) *Financial Times*, September 5, 6, 2015.
(79) 『日本経済新聞』2015年10月8日号。
(80) 『日本経済新聞』2015年8月24日号。
(81) *Financial Times*, October 13, 2015.
(82) *Financial Times*, August 11, 2015.
(83) *Financial Times*, July 10, 2014. *Financial Times*, June 17, 2014.
(84) 『日本経済新聞』2015年3月25日号。
(85) 『日本経済新聞』2015年6月30日号。
(86) *Oil & Gas Journal*, August 3, 2015, pp.66-72.
(87) *Financial Times*, August 15, 2015.
(88) *Financial Times*, August 25, 2015.
(89) *Financial Times*, May 28, 2015.
(90) *Financial Times*, June 9, 2015.
(91) 『日本経済新聞』2015年7月7日号。
(92) *Financial Times*, June 1, 2015.
(93) 『日本経済新聞』2015年8月4日号。
(94) 『日本経済新聞』2015年10月22日号。
(95) *Financial Times*, June 24, 2015.
(96) 『日本経済新聞』2015年11月28日号。

(中津孝司)

VI バルカン半島地域の特殊性

1. 大欧州地域におけるバルカン半島地域の特殊性

　21世紀以降の国際関係は，従来から継続している国民国家ならびに民族国家を国家の普遍的あり方とする前提で国際関係の秩序が築かれていた時代から変容してきている。VI章では，カルドーの喝破した「冷戦後の新しい戦争」の時代のアイデンティティをめぐる地域紛争の頻発や長期化(1)から「ポスト・冷戦期の時代の終焉」に至っている時代を背景にした大欧州世界（梅津，2006）の周辺部に相当するバルカン半島地域につき，特にバルカン半島地域諸国と西欧地域や中欧（中東欧）地域と異なる「特殊性」ついて論じていくこととする。

　まず，西欧・中東欧地域とバルカン地域の相違から筆を進めていく。

　欧州連合（EU）加盟へのタイム・ラグやバルカン地域の混乱と紛争の原因は，ボスニア・ヘルツェゴヴィナ紛争やコソヴォ紛争といった1990年代以降における直近の政治的事件や体制転換による経済的結果だけにとどまらない。そこには，民族や宗教をめぐる根深い対立の歴史が潜んでおり，さまざまな葛藤の記憶が複雑に絡み合って，地域住民の文化的帰属意識を規定しているからである。

　その1つの側面が，同じキリスト教世界でも異なっている，カトリック・プロテスタント文明圏と東方正教文明圏との間における断絶である。換言すれば，欧州のキリスト教世界それ自体が，重大な二元性をはらんでいるということである。

　現に，東方正教圏からEU加盟を果たしたのは，ギリシャとブルガリア，ルーマニアのみである。

　中東欧地域諸国は，カトリック文明圏に属し，ドイツ，オーストリアとの歴史的・文化的・経済的なつながりが深く，冷戦終焉後，「中欧」を形成してき

た（加藤，1990：205-209）。

　しかし，一方のバルカン地域諸国は，東方正教の文明圏に属し，いずれも市民社会が未発達であり，ビザンツ帝国，そして，アジアに出自を持つオスマン帝国の文化的影響が色濃く残っている。

　こうしたキリスト教文明圏内部の文明の断絶が，中東欧地域とバルカン地域の相違の背景にあって，双方の地域の教会と国家権力の結びつきの強弱の相違につながり，冷戦時代に同じ東欧地域とされていた中東欧地域とバルカン半島地域の政治的過程の相違として現れたのである（小山，2004：2-4）。

　ここに，西欧のカトリック・プロテスタント圏と欧州の東半分との断絶をみてとることができる。ここで述べる欧州の東半分の地域とは，中世以来の西欧中心史観によって隠蔽されてきたビザンツ帝国と東方正教会の支配してきた地域を指す。

　また，この両地域の断絶からは，西欧によるギリシャの別格扱いにみられる欧州アイデンティティにおける歴史観・文明観が操作されたという問題も指摘できる。

　ギリシャが欧州アイデンティティの源とされているのは，古代ギリシャの文明によるものであり，近現代ギリシャのものではない。近現代ギリシャは，1830年の独立まで，オスマン帝国の支配下にあり，さらに，それ以前も，ビザンツ帝国の支配下にあった。

　しかし，近代以降の欧州の自己認識は，古代ギリシャをみずからの過去に取り込む一方で，古代ギリシャの後継者であるビザンツ帝国の存在を異質な文明圏であるとみなして，その歴史の枠組みから排除したものである。大体が，古代ギリシャは，キリスト教文明以前の異教の世界であり，小アジアから黒海沿岸までをも含む地域であった。その大きな特徴は，多神教と民主制にあった（井上，2003：73-74）。

　こうしたギリシャを欧州アイデンティティの源と別格扱いするのは，明らかに19世紀以降の操作された歴史観であり文明観である。なお，このことは，近現代ギリシャと同じ，東地中海世界に存在したビザンツ帝国と東方正教の文

明圏にあったトルコを欧州の記憶から抹殺するものでもある（谷川，2003：8-12）。

実際，欧州アイデンティティの具現化である EU 内でのギリシャの特異性は際立っている。ギリシャは，ルネサンス，宗教改革，17 世紀の科学革命，啓蒙運動，フランス革命，産業革命等，西欧の歴史の進展に大きな影響をもたらした大変革から隔絶された。そして，ビザンツ帝国時代，オスマン帝国時代，独立時代を通じて，カトリック教会や欧州の列強の圧力を受け，ギリシャ社会の基礎をなす価値観の形成や「反西欧」的な意識が大衆レベルで醸成された。その結果，欧州国家としてのギリシャのアイデンティティは判然としなかった（Clogg, 1991=2004：7-11）。この近現代ギリシャには，バルカン地域のほかの諸国と共通の社会的問題が存在する。それゆえ，バルカン半島に位置する諸国の中で，ギリシャだけが，急激にほかの EU 既加盟諸国のような西欧型社会に転換するということ自体が困難なのである（田中，2012：29-33）。

このギリシャを欧州アイデンティティの源とする歴史観や文明観の操作が行われた歴史をひもとくと，395 年にドナウ川の支流であるサヴァ川を境界にして東西ローマ帝国が分裂したことに遡ることができる（木村・髙山，2009：93-99）。

旧西ローマ帝国領の地域では，この後，格差が比較的小さな複数の国家が大国として競うという近代欧州に向けた状況が徐々に出現し，主権国家が次第に形成されてくる。この過程で，外交空間と内政空間が峻別され，主権国家ならびに主権国家間の関係としての国際関係が発展していった。

他方，旧東ローマ領の地域であったビザンツ帝国の支配地域では，1453 年のビザンツ帝国滅亡後も，オスマン帝国による東方からの拡大と支配が続いた。15 世紀以降，バルカン地域は次々とオスマン帝国の支配下に入っていき，旧西ローマ領の地域の文明圏とは断絶が続いた。そして，世界帝国として，異なる宗教を包摂したオスマン帝国の支配の下で東方正教の文明圏は維持されていった。つまり，旧東ローマ領の地域は，単一の大帝国の支配下に置かれた時代が長く，その地域に主権国家や主権国家を前提とした国際関係が発達するこ

とはなかったのである。

ここに，近現代の国際関係の原型をつくり出した旧西ローマ領の地域と国家ならびに国際関係が未熟なまま20世紀を迎える旧東ローマ領の地域との間に明確な相違が生じてきた。

このような経緯から，地理的には欧州に位置しながら長らくアジア発祥の帝国の支配下にあったバルカン地域は，西欧・中東欧地域と異なる文明圏に属していたのである。

この文明圏の相違によって生じた異なった歴史的経緯は，欧州とその境界の東方の地域における相違をもたらした大きな理由である。また，この歴史的経緯が，欧州における支配形成の相違にも大きく影響してきたといえよう。

2．欧州における「領域的支配」と「民族的支配」

西欧・中東欧地域のカトリック・プロテスタント文明圏諸国では，近現代において，主権国家と主権国家をアクターとした国際関係を築いてきた結果，領域と国境で国家を区切るという「領域的支配」が進んできた。

これに対して，バルカン地域では，国家を領域と国境によって領域的に確定することが非常に困難であった。なぜなら，ビザンツ帝国および続くオスマン帝国による支配の下から近現代に独立したバルカン地域諸国の境界概念では，領域ではなく，民族・エスニシティ(2)による境界概念が定着していたからである。

それゆえ，オスマン帝国の衰亡で独立していったバルカン諸国は，各々の国が，歴史上，最も大きな版図を有していた時代の地理的境界を自国の領土の国境にしようとしたのである。

換言すれば，「民族的支配」が，バルカン地域の境界を形づくってきたといえよう。バルカン地域の各国が，自民族・国家の歴史上の黄金期を振り返って，過去最大の領域を自国の境界であるとすれば，必然的に，領土や国境は，重複することになる。

その結果，バルカン地域では，民族・エスニシティの過去の歴史に基づく国

境や領土をめぐる混乱や対立が生じ，時には，地域紛争の大きな原因にすらなってきたのである。

　こうした欧州における領域へのアイデンティティ形成過程の相違は，西欧・中東欧の，領域を重視する領域的支配の形成過程と南東欧・バルカン地域の民族・エスニシティを重視する民族的支配の形成過程の相違から生じてきた。この領域重視の支配と民族・エスニシティ重視の国家形成の相違は，従来から欧州を東西に分けて論じたコーンの指摘（Kohn, 1965）以来，スミス（Smith 1986）らが継受してきた東西欧州地域諸国の二分法とも合致する(3)。この結果，バルカン地域は，西欧の領域主義の波及時に，国境の線引き等で，「欧州の火薬庫」といわれるような紛争多発地帯になっていくことになる（月村，2006c：4）。

　EUの東方拡大とは，EU域内での非領域的な新しい支配の拡大であり，主権国家が国内の支配を維持しつつ，その一部の機能や分野を多数の地域機構に付託するという重層的な支配形態の拡大である。

　冷戦直後の欧州の国際関係の再構築過程では，中東欧地域もバルカン地域も含めた旧東欧地域全体が，下位地域統合の形成をステップにして，欧州―ここではEU―への参加につながるという議論が存在した。現実に，中東欧地域諸国は，この過程を踏んで，EU加盟を果たしてきた。

　しかし，バルカン地域にあっては，この動きについて，EU加盟を希望しているバルカン地域諸国の多くが自国の国家主権の確保が不十分であることなどの理由から，バルカン地域が下位地域統合を形成してEUへ統合するという過程に進む可能性には否定的な見方もある（月村，2006c：12）。

　そして，こうしたことから，バルカン地域の安定化，発展やEU加盟に対して否定的な見解も存在する（山本，2005：18-19）。

　さらに，実質的に欧州の統合であるEUに加盟できた中東欧地域の諸国といまだに加盟を実現できていない上，地域紛争も収束していないバルカン地域の諸国との差異は，やすやすとは変わらない異なる文明圏の相克であるという指摘も否定はできない。その結果，EUが加盟希望諸国のすべてを抱え込む負担を考慮して，統合のいき過ぎは繁栄した統合クラブとしてのEUの終わりとな

るという悲観的な議論も出てきている。

つまり，EUは，新規にEU加盟希望諸国を加盟させて拡大するよりも，むしろ，魅力的な連合的な地位を，トルコを含めバルカン地域諸国に与えることにとどめて，EU既加盟諸国の統合の深化に向けた内部的な改革に努力するべきであるといった議論である（Welfens, 2001：94）。

3．欧州における冷戦後の「新しい戦争」

1999年に国際政治学者のメアリー・カルドーは自著『新戦争論』の初版を上梓した。

同書の中で，カルドーは，冷戦が終焉したにもかかわらず，欧州を含む国際社会の中で，民族，宗教などが絡んだ地域紛争が頻発，長期化している紛争を「アイデンティティ」，「新しい戦争」の時代における紛争であると共通点を指摘したのである（Kaldor, 1999）。

つまり，カルドーは，エリクソン（Ericson, 1968=1982）が見出した心理学における「アイデンティティ（「自己同一性」あるいは「自己の存在証明」）という概念を国際政治学に導入することで，それまで，冷戦後の地域紛争を，民族紛争，宗教紛争などなどとして，1つずつについて分析されていた冷戦後の地域紛争を，「アイデンティティ」をめぐる紛争であると概括して説明したのである(4)。

カルドーが，『新戦争論』の初版で具体的に取り上げた事例は，ボスニア・ヘルツェゴヴィナ紛争であったが，その後の1998年から1999年に2次にわたって生じたコソヴォ紛争，そして2001年9月11日に起こった米国同時多発テロ事件についても，第2版以降も，同じ論調で論じている。

1989年に始まった東欧革命の波は，1990年代に入ると本格的にバルカン半島地域にある南東欧諸国へも波及した。現在のアルバニア共和国や紛争を経て，7つの国家に分裂した旧ユーゴスラヴィア連邦を構成していた，スロヴェニア，クロアチア，ボスニア・ヘルツェゴヴィナ，セルビア，マケドニア，モンテネグロ，コソヴォといった諸国が位置する地域である。

旧東欧地域とされていた中でも，現在，中欧（中東欧）地域とされているポーランド，ハンガリー，チェコ，スロヴァキア（旧チェコ・スロヴァキア連邦）などの諸国と比較される際，とりわけ後進的といわれてきたアルバニアや旧ユーゴスラヴィア連邦を構成していた諸国も，従来の独自性の高い社会主義体制から政治的には自由主義や民主主義，そして，経済的には資本主義市場経済体制へと1990年代以降の混乱や国家の解体といった変容が見られた過渡期を経て，体制転換が定着しつつある。

　しかし，この1990年代以降の過渡期から，このバルカン半島南西部地域の諸国にみられる1つの共通した新しい傾向が見られるようになったという側面も見逃せない。

　それは，脱・イデオロギー時代に入った同地域におけるアイデンティティの喪失から生じてきた新たなアイデンティティへの希求という傾向である。

　馬場伸也は，冷戦終焉以前から，国際政治学におけるアイデンティティの重要性を述べていた（馬場，1988；1980）が，旧東欧地域において，社会主義イデオロギーというアイデンティティの対象の1つになりえた存在が喪失した代わりに，民族・エスニシティやナショナリズムならびに宗教といった古くて新しいアイデンティティの対象が，旧東欧地域でも，とりわけ，バルカン半島南西部地域の諸国を中心に力を得てきたのである。

　なお，心理学が出自の学術用語である「アイデンティティ」という用語であるが，こうした国際関係における文脈での議論上，ここで用いる「アイデンティティ」概念は，特に断らない限り，馬場の定義や用法に準拠したものである（馬場，1980）。

　米国を頂点とする西側と旧ソ連邦を頂点とする東側との間のイデオロギー対立が国際関係を規定していた冷戦体制が崩壊して以降，世界のほかの地域でも見られた脱・イデオロギー時代における民族・エスニシティやナショナリズムならびに宗教等へのアイデンティティの復活といった傾向は，このバルカン半島南西部地域諸国においても顕著に見られるようになった。逆に，イデオロギー対立の中で「封印」されていたアイデンティティの対象が復活したという

見方も可能である。

この現象は，アルバニアでも旧ユーゴスラヴィア連邦構成諸国でも，程度の差こそあれ，体制転換の移行期と並行して出現し，現在に至っている。

この問題を時代的な背景を辿っていくと，古代，ローマ帝国が東西に分裂したことによる東西欧州の断絶まで遡ることとなる（木村・高山，2009：93-99）。

西欧では，西ローマ帝国滅亡後も，「領域」という概念，そして境界によって囲まれた「国境」という概念によって「領域国家」という形態を基本として成立してきた西欧諸国と異なり，東欧は，東ローマ帝国滅亡後も，ビザンツ帝国，そしてオスマン帝国の領土となった。

こうして，西欧諸国のような「領域国家」の経験がないまま，第一次世界大戦で敗戦国となりつつ崩壊したオスマン帝国から独立した多くの国々が小規模な東欧諸国，そして，同時期に，オスマン帝国の領土から離れたものの，事実上，旧ソヴィエト連邦に組み込まれていった小規模な黒海・コーカサス（カフカス）諸国では，安定した国民国家として存在していた西欧諸国とは異なり，「領域」ではなく「民族」を基準にした「民族国家」として国家を形成することを標榜した。

しかし，東欧の諸民族が目指した国家建設上，「民族」を基準にする場合，時代によって，同じ地域にさまざまな民族が居住してきたため，複数の民族にとって，主張する自国の「領土」に重複が生じてきてしまう。

中には，自民族が最も広範囲に居住していた時代の領土を文字のない考古学的時代にまで遡って主張するといった事例も生じてきた。

多くの東欧の諸民族の国家同士の近現代の戦争は，こういった背景があって生じたものが非常に多い（月村，2006c）。

また，黒海・コーカサス地域については，オスマン帝国の領土から，事実上，ソヴィエト連邦の一部を構成することになったため，1991年のソヴィエト連邦解体後，やはり，西欧諸国のような「領域国家」の経験もなく，「民族」という概念さえ，十分に形成されていなかった諸国間で，ソヴィエト連邦時代の上からの圧力がなくなって独立して以降，領土紛争が頻発するようになって

きている。

2014年に起きたウクライナ危機，そしてその延長線上で生じたウクライナ紛争でも，地域紛争が生じた基本的な構造は同じである（中津，2015：122-160；2014：30-33）。

欧州は，東西南北のうち，東方については，地理的にユーラシア大陸が続いているため，「どこまでが欧州か」という命題は古くから議論の的とされており，現時点まで，決定的な定義がなされていないのが実情である(5)。

それゆえ，西欧から東欧，そしてロシアや黒海・コーカサス地域へと東に進むにつれて，国家のあり方に相違点が大きくなっていくにもかかわらず，「自民族の国は欧州の一国である」という認識を欧州の東方に位置する国家の国民は有するということに繋がっている。

このことは，21世紀に入ってもユーラシア大陸の西方で地域紛争が頻発している背景と大きく関係しているともいえる。

以上を前提として，まず，本Ⅵ章では，第一次世界大戦中から崩壊がはじまり，敗戦とともに崩壊したオスマン帝国から独立していった南東欧・バルカン半島地域の諸国が，西欧あるいは中欧とどのように異なるのかについて考察する上で，まず，バルカン半島地域諸国がオスマン帝国の領土であったオスマン帝国とトルコ共和国の近現代史から述べていくこととする（唐澤，2015：50-54；鈴木，2000）。

また，現在，トルコは，中東・イスラーム圏の要として，経済的にも安全保障上も重要な位置を占めている国家である。

この観点から，オスマン帝国時代を概括した上で，現在のトルコの内政と外交についても，若干，言及したい。

4. バルカン半島における特異なナショナリズム

まず，「民族・エスニシティ」概念とナショナリズム論の分析枠組みを用いて，バルカン半島地域のナショナリズムの特異性の中での「コソヴォ人」のナショナリズムという視点からの検討を行ってみよう。

まず，反オスマン帝国蜂起によるバルカン半島地域諸国のナショナリズム，国家の建国は，ハプスブルク帝国支配下の東欧諸民族よりも早かったが，農村社会であったバルカン半島地域諸国のナショナリズムは，国民国家を目指したナショナリズムの運動ではなかった。
　それは，国家，産業革命，市民革命，均質的市民などを持たないものであった。新国家建国後，政治指導者は，農村社会からの近代化と国民統合への必要上，19世紀にナショナリズムの概念が，バルカン半島地域に入ってからも，ネイションを急速につくりあげていかねばならなかった。
　それゆえ，建国当初のバルカン半島地域の諸国では，ナショナリズムは，共通の宗教・言語を手段として，そして，過去の栄光の歴史を基礎としたイデオロギーとして利用された。このような歴史的起点を持ったバルカン半島のナショナリズムは，1990年代以降の旧ユーゴスラヴィア連邦紛争で，再生・増幅されたといえるであろう（柴，2009：279-288）。
　こうした背景が，コソヴォに居住していたアルバニア系市民のナショナリズムを昂揚させる上で重要であった点は，見過ごせない（天羽，1988；Kaplan 1993=1996：60-86）。なぜなら，こうした背景ゆえに，バルカン半島地域における冷戦終焉後の一連の民族問題・民族紛争において目的と手段との逆転がみられたからである。
　当初，国家を指導する立場にあるエリート層の思惑は，一般市民を動員する手段や道具として，「民族・エスニシティ」概念およびそれに基づくナショナリズムの言説を用いて，一般市民に紛争を煽動しようというものであった。つまり国家指導者層にとっては，紛争を鼓舞して紛争の結果として得られるなんらかの利益を獲得することが真の目的であった。そして，その目的を成就させるために，あくまで手段として，民族・エスニシティ問題やナショナリズムの言説を広めていった。
　そして，それらの言説に昂揚させられた一般市民が，純粋に，その言説に操られ，ナショナリズムが引き起こされたのであった。国家指導者層にとっては，紛争を引き起こすための手段であったが，一般市民層も国家指導者層の言

Ⅵ バルカン半島地域の特殊性

説にしたがって、そのコントロールの下で動いていたのである。

したがって、一連の紛争当初は、「民族主義的政治指導者」であったセルビアのミロシェヴィッチ、クロアチアのトゥジマン、ボスニア・ヘルツェゴヴィナのイゼトベゴヴィッチ等は「民族・エスニシティ」概念を一般市民の動員に用いることに成功したといえる。この段階までは、「民族・エスニシティ」概念を手段・道具として用いられた点で、「近代主義」の流れに属する目的合理性のある「構造・手段主義的アプローチ」群により説明可能であると考えられる。これは、また、「上からのナショナリズム」を目指した国家指導者の政策であったともいえよう（月村, 2009；2006b）。

しかし紛争の途中から、煽動していた国家指導者層の思惑やコントロールが利かなくなり、昂揚した一般市民のナショナリズムの独走が止められず、「民族・エスニシティ紛争」の段階にまで突入してしまうような展開となった。コソヴォを中心としたバルカン半島地域のアルバニア人のナショナリズムが、このような動向により昂揚されて以降、ナショナリズムは、「近代主義」的なものから「歴史主義」的傾向への転換が起きたのではないかと考えざるをえない。

その結果、なんらかの利益が得られるかどうかが問題ではなくなり、行動する主体も国家指導者層から一般市民層へと移行し、当初の手段と目的が逆転して、泥沼化する段階にまで至ったのである。

この段階で、「コソヴォ人」によるコソヴォ独立問題の事例は、「歴史主義」の流れに属し、「心理・生物主義的アプローチ」群に分類される「ナショナリズム論」によるアプローチでしか説明できなくなったと指摘できる。少なくとも、軍事的要因や経済的要因にだけ目を向けるのでは不十分である。

つまり、利益と矛盾する紛争の継続が、一般市民の中からの「民族・エスニシティ」概念としてのナショナリズム意識を自発的に発揮し、ナショナリズム意識を満足させることが、紛争の主要な目的となり、紛争が手段に先んずるという「近代主義」の論理とは逆方向の論理による紛争に転換していったのである。

すなわち，この段階で，ナショナリズム意識の担い手が転換したといえよう。ナショナリズム意識は，指導者層が一般市民を煽動する道具としての「上からのナショナリズム」から，一般市民自身を担い手とする「下からのナショナリズム」へと転換したのである（金森，2010：39-58）。

　したがって，バルカン半島地域におけるアルバニア人問題に関係して発生したコソヴォ独立については，多々，論じられてきている「近代主義」に基づく分析枠組みで説明できなくなった段階以降の分析枠組みとして，「ナショナリズム論」によるアプローチでの説明を試みたい。

　特に，コソヴォの事例において重要な点は，一連の独立紛争を通じて，「コソヴォ人」のナショナリズムにおける「歴史主義」的側面が「近代主義」的側面よりも強くなり，「コソヴォ人」のナショナリズムに転換したという点である。この「コソヴォ人」のナショナリズムへの転換は，冷戦後の地域紛争を考察する上でのナショナル・アイデンティティの議論につながるといえるものである（野村，2008：179-194）。

5．オスマン帝国と南東欧・バルカン半島地域

A．オスマン帝国の起源

　現在，トルコ共和国が継受国となっているオスマン帝国について，まずは，その歴史的淵源を見ていくこととしたい。

　廣瀬徹也によると，現在のトルコに至るまで，トルコ人の持つアイデンティティの探求が，内政や外交を動かしてきたと指摘されている。

　とりわけ，アジアへの帰属意識（特にテュルク語系諸民族との兄弟感），ムスリムとしての中東・イスラーム諸国民との連帯感，三大陸にまたがるオスマン帝国以来の欧州の一員としての自覚（第二次世界大戦後も北大西洋条約機構（NATO）加盟，EU加盟交渉など）という3つの要素が，安全保障や経済的利益に加え，トルコの内政と外交を動かしてきたといえる（廣瀬（徹），2015：1）。

　元々，北方アジアの遊牧民であったテュルク族は，6世紀の突厥の北アジア

支配以降,西方,南方に拡大した。

部族単位の移住に加えて,アッバース朝以来,イスラーム諸王朝がテュルク族の軍事力を買って,さかんにマムルーク(奴隷親衛隊)に採用し,統治機構の中に組み込んだこともその背景にある。

そこで,テュルク族は,西南方への移動の過程で,スーフィー(神秘主義者)の布教や商人との接触を通じて,徐々にイスラームを受容したのが特徴であると指摘できよう。

この背景には,遊牧民の古来の信仰であったシャーマニズムの神人合一体験とイスラーム神秘主義の神との合一であるファナーの間に相通じるものがあったと推察できる(坂本,2006)。

オスマン帝国自体は,スンナ派のハナフィー法学派を正統派としていたが,民衆に膾炙している神秘主義教団であった「メヴレヴィー教団」や「ベクターシー教団」にも庇護と援助を与えていた。

21世紀に入った現在でも,神秘主義の流れをくみ,「奉仕」を旨とする「ギュレン運動」は一定の民衆に支持されている。スンナ派アラブ諸国の一部で広まっている神秘主義やシーア派は認めない教条主義的なイスラーム主義のサラフィズムの思想は浸透しにくい状況が続いている(廣瀬(徹),2015:1-2;坂本,2008)。

B. オスマン帝国の拡大と発展

1299年に建国され,第一次世界大戦で敗戦する過程から1922年に崩壊するまで,オスマン帝国はアジア,欧州,そしてアフリカの三大陸に跨った領土を有する多民族共存のイスラーム帝国として,歴史上,初めてにして唯一の「世界帝国」を形成・統治をした(鈴木,1993;1992)。

このオスマン帝国であるが,初期は,遊牧民集団の部族的靭帯を支配の基盤にしていたが,やがて,バルカン半島の征服地のキリスト教徒の子弟を強制的に徴収して,イスラームに改宗させてスルタン直属の常備軍をつくり,書記官僚を養成した。

こうした軍人官僚，書記官僚に加えて，ウラマー（イスラーム知識人）までも組み込んだ精緻な中央集権型統治機構をつくり上げたことが，オスマン帝国が「完成されたイスラーム国家」と呼ばれるゆえんである。

発展を続けるオスマン帝国は，1517年エジプトのマムルーク朝の支配下にあったイスラームの二大聖地であるマッカ（メッカ）とマディーナ（メディナ）の保護権を得たことで，以後，オスマン帝国のスルタンはカリフ政治の後継者としてスンナ派イスラーム世界の保護者と盟主の地位を自認することとなった。

16世紀末，オスマン帝国の領土は，最も拡大する。北はバルカン半島から南はアラビア半島まで，東はメソポタミア地方から西はモロッコまで，総面積は2,000万平方キロメートル，総人口は約8,000万人と隆盛をきわめた。

そして，オスマン帝国領内では，約500年にわたって，領土内で紛争が起こらなかった（林（佳），2008）。

まさに，後世の史家が述べるように，「パクス・オトマニカ（オスマンの平和）」と呼ぶ時代が到来して，東西の文明を融合したトルコ・イスラーム文明と呼ばれる高度な文明を築いたのである。

また，オスマン帝国は，イスラームの帝国でありながら，領土内の異民族，異教徒に対しても圧政を敷かず，これを取り込み統合した。

特に「啓典の民」とされたユダヤ教徒やキリスト教徒は，徴税や布教活動の禁止という面ではムスリムと異なる扱いを受けながらも，生命，財産の自由，宗教的自治の権利を保障されていた。

このように，オスマン帝国領内では，それぞれが属する宗教的共同体ごとの内部自治を認める「ミッレト制」が敷かれて，みずからの信教を問わず能力次第で支配層になれる能力主義の統治を敷いていた。

このように，不平等がない訳ではないが，多民族が共生する体制は，「柔らかい専制」とも呼ばれている（鈴木，1992）[6]。

しかし，「パクス・オトマニカ」の時代を築いたオスマン帝国の国力にも，次第にかげりがみられるようになってきた。

17世紀頃から18世紀頃にかけて，欧州，特に，市民革命や産業革命によって国力，軍事力が急激に強まった近代西欧との力関係が逆転し，19世紀になると，次第に衰退し始めた。

この時期は，オスマン帝国の近代西欧への直接的な介入に加えて，近代西欧が，市民革命，産業革命を達成して強国化したことに啓発され，「民族」，「国民国家（民族国家）」といった概念がオスマン帝国領内のバルカン半島地域諸国の諸民族にも影響を与えて，国力が低下し始めたオスマン帝国から国家として独立する機運が高まってきた。

そのため，この時期になると，南東欧・バルカン半島地域諸国はオスマン帝国からの独立を目指す独立戦争を活発に展開するようになっていった。

この時期，オスマン帝国の中枢では，近代西欧をモデルとする改革を進めて，中央集権的専制支配を再び確立を図ろうという改革運動と同時に，近代西欧へ従属の原因をイスラームが堕落したこととして，イスラームの原点回帰によって，真に力あるイスラームに変えることができるとの信念に基づいてイスラーム改革運動を起こす，後のワッハーブ派につながる改革運動が見られた。

しかし，「パクス・オトマニカ」の時代の再興はかなわぬままオスマン帝国は崩壊に向かっていくことになる。

C．オスマン帝国の崩壊のもたらした問題

オスマン帝国の領土からバルカン半島地域諸国が独立を果たしつつある中で，国力の限界を迎えたオスマン帝国は，第一次世界大戦に同盟国側で参戦したものの，1922年にはスルタンの退位，1924年のカリフ制の廃止と，戦争中から敗戦に至る段階で徐々に崩壊していった。

オスマン帝国の崩壊後，オスマン帝国の軍人であったムスタファ・ケマルは，民衆を結集して，独立戦争を戦い，崩壊後の旧オスマン帝国の領土を狙った欧州諸国の軍事侵攻を跳ね返し，世界帝国であり多民族国家であったオスマン帝国の継受国であるトルコ民族による国民国家としてのトルコ共和国を建国した。

しかし，このオスマン帝国の崩壊は，オスマン帝国領土内での約500年間にわたる平和の維持の終焉も意味していた。
　そして，世界史上，唯一の世界帝国であった多民族，多宗教，多文化国家であったオスマン帝国の継受国は，トルコ民族という民族によって成立する国民国家型の国家へと変容したのである。
　そこで，オスマン帝国の崩壊がもたらした問題について，21世紀に入っても，なお，解決されていない旧オスマン帝国領の問題について，大きな3点の問題を指摘しておきたい。
　この3点の問題とは，1点目に，いわゆる「アルメニア人虐殺問題」，2点目に「サイクス・ピコ体制」についての問題，3点目に「クルド民族の分断」についての問題である。
　まず，1点目として，いわゆる，「アルメニア人虐殺問題」について述べていくと，この問題は，第一次世界大戦中に，オスマン帝国領土内に居住していたアルメニア人が，ロシア帝国を頼みとして解放を求めて反乱を起こした際，オスマン帝国政府は1915年に「アルメニア人強制移住令」を出し，1915年から1916年にかけて，アナトリア東部に居住していたアルメニア人をシリア方面に強制的に移住させたものである。この過程で，数十万人のアルメニア人が死亡し，約60万人がレバノンなどの国外に移住したといわれている。
　この虐殺が「組織的虐殺（ジェノサイド）」に当たるか否かをめぐり現在でも議論が続いている（佐原，2014）。
　2点目の英国の三枚舌外交による「サイクス・ピコ体制」も未解決の問題である。第一次世界大戦中の英国の三枚舌外交と，第一次大戦後の英国とフランスによるオスマン帝国勢力圏であった地域の分割（いわゆる，「サイクス・ピコ体制」）で，現在も続いているパレスチナ問題が発生したことに加えて，民族や宗教・宗派の分布を無視して，欧米の大国の利権に合わせて国境を引かれて，イラク，シリア，レバノンが成立した。
　また，逆に，クルド人が居住していた地域が4カ国に分断されて，その後の中東における問題の原因がつくられた。

3点目としては，居住地域が，この4カ国に分断されたクルド民族の分断の問題が挙げられる。第一次世界大戦後，敗戦国となったオスマン帝国後の国境の画定は，まず，1920年にオスマン帝国のスルタン・メフメト6世が連合国側と締結したセーヴル条約に代わって，オスマン帝国の継受国となったトルコ共和国が，1923年に連合国側とトルコ共和国との間で結ばれたローザンヌ条約によって，トルコ共和国の国境が決定した。

この結果，クルド人居住地域は，トルコと英国委任統治領であるイラクとフランス委任統治領であるシリアに分断され，従来からクルド人が居住していたペルシャ（イラン）を加えて，4カ国に分断され，各国の中で少数民族となってしまった。

クルド人は，各国で独立や自治を求める闘争を展開してきたが，成功するに至った事例はない。

なお，トルコに居住しているクルド人は，トルコの建国当初こそトルコ人に徹底した民族的な同化主義を強いられたが，トルコにおけるクルド人への同化主義はみられなくなりつつある。

6.「トルコ共和国」の歩み

A.「トルコ共和国」の誕生から21世紀を迎えたトルコ

オスマン帝国崩壊後は，オスマン帝国の軍人であったムスタファ・ケマル（のちに「アタテュルク（父なるトルコ人）」の称号を授かる）が，国家存亡の危機に際して，旧オスマン帝国の領土を侵略しようという諸国からの「独立戦争」を戦い抜き，史上唯一の真の「世界帝国」であったオスマン帝国の継受国であるトルコ人からなる「国民国家」である「トルコ共和国」を建国した。

これは，単純に「オスマン帝国」を「トルコ共和国」が引き継いだということではなかった。

オスマン帝国は，多民族，多宗教，多文化を容認した史上唯一の「世界帝国」であったが，トルコ共和国は，近代西欧で誕生した国家の形態であるトル

コ人の「国民国家」型の国家だったからである。

　トルコ政府は，徹底した脱イスラーム，西洋化による近代化を図って，「世俗主義」や「トルコ・ナショナリズム」を国民統合のイデオロギーとした。

　第二次世界大戦後，トルコでは，しばしば世俗主義を頑なに墨守する軍部による政治への介入を招きつつも，1946年に多党制を導入して，議会制民主主義を定着させていった。

　1950年代には，民主党（DP）政権は宗教活動に対する規制を緩和した。この結果，再開された「タリーカ（教団）」や「ジェマート（イスラーム修行者集団）」を基盤に，イスラーム復興活動は活発化していった。

　また，1987年に欧州共同体（EC）（当時）に正式加盟申請を行ったことを契機として，民主化改革は，EC，そしてその後身であるEUの基準を尺度として民主化改革が進められてきている。

　その後，1990年代に政治，経済が停滞した時期を経て，2001年にイスラーム主義的主張を唱えるエルバカンが率いる「幸福党」と別れた，元イスタンブル大都市圏市長のエルドアンやイスラーム開発銀行の勤務経験等を持つギュルなどが「公正発展党（AKP）」を設立して，エルドアンとギュルの2大巨頭体制の下で2002年，2007年，2011年の総選挙で単独過半数の議席を獲得して，長期安定政権が継続している。

　このAKPが長期政権の成功の背景には，既存のイスラーム系政党が軍部の圧力で解党させられた教訓から，イスラーム的主張を控え，公共サーヴィスや都市のインフラ整備を進めたことで国民の幅広い支持を得られたことと，党派を超えた人材の活用，閣僚の固定，経済政策の成功などが挙げられている。AKP政権は，世俗主義陣営（軍部ならびに共和国人民党）との激しい抗争に勝利して，軍に対する文民統制も実現しつつある。

　特に，AKP政権は，経済面での成功も大きく評価されている。経済面では，1980年代半ばからの経済自由化政策と民有化政策を継承するとともに，国際通貨基金（IMF）との協調に基づく財政赤字削減を中心とした経済構造改革を推進，景気を回復基調に乗せ，インフレを抑制，2005年1月には通貨リ

ラのデノミに成功した。

また，トルコの経済において無視できない問題は，トルコに関わる国際的な「エネルギー回廊」の問題である。

トルコ自体は，エネルギー資源の産出国ではないので，天然ガスや原油といったエネルギーをロシア，アゼルバイジャンや西アジア諸国に依存している。

しかし，トルコ国内には石油や天然ガスのパイプラインが縦横に走っており，国内消費のための輸入手段としての機能のみならず，欧州のエネルギー消費国とも結ぶ「エネルギー回廊」としての役割も果たしている。

この「エネルギー回廊」だが，2015年段階で稼働しているものは以下のようなものが挙げられる。

- バクー・トビリシ・ジェイハン（BTC）石油パイプライン（輸出国アゼルバイジャン）
- バクー・トビリシ・エルズルム（BTE）ガスパイプライン（輸出国アゼルバイジャン）
- トルコ・ギリシャ・ガスパイプライン
- ブルーストリーム・ガスパイプライン（輸出国ロシア）
- ロシア・トルコ・ガスパイプライン（西ルート・輸出国ロシア）
- イラン・トルコ・ガスパイプライン（輸出国イラン）

これに加えて，クルディスタン・石油パイプラインが2014年から稼働して，イラクのクルディスタンからトルコに向けた輸出が開始された。

なお，EUの強い支持のもとに注目されていたカスピ海地域の天然ガスをトルコのエルズルムからオーストリアまで輸送するナブッコ・パイプライン計画が，採算性や契約上の問題で現実性が薄くなっていたところを，アゼルバイジャンからトルコを経由してギリシャに至るトランス・アナドル・ガスパイプライン（TANAP），さらにアドリア海横断ガスパイプライン（TAP）によって，イタリアまで結ぶことで代替することを可能とする計画が2015年3月に

着工している（2018年稼働予定）。

これは，ナブッコ・パイプライン計画に対抗してロシア産天然ガスを，トルコを迂回して欧州に運ぶサウスストリーム計画が2014年12月に中止になったことの代替にもなりえる。

これで，カスピ海の天然ガスを，ロシアを迂回して欧州に輸出できるようになる。

これにより，トルコの国際的なエネルギー経由国としての立場は，より確固たるものになると予測できる。

B．トルコの推進する「下位地域協力体」黒海経済協力機構（BSEC）

冷戦終焉後，黒海・コーカサス地域において，旧ソ連邦崩壊によって「凍結」されていた地域紛争が頻発するという状況が生じた。

旧ソ連邦時代は，ロシアの強大な圧力によって抑えられていた民族紛争や領土紛争が「解凍」されたためである。

これが契機となって，黒海・コーカサス地域において，Ⅶ章で詳述する「未承認国家」問題が頻発するようになった。

さらに，もう少し巨視的に見れば，社会主義体制崩壊後のバルカン半島地域を含む環黒海地域の出現の影響も無視できない。

環黒海地域は，冷戦終焉後に出現した新境界地域の一例ではあるが，ほかの新境界地域にはない特徴を有しているからである。

その特徴は，松里公孝によると，第1点目に，3種類の宗教組織（正教，イスラーム，反カルケドン派キリスト教）が強力な跨境アクターとして活動していること，第2点目に，この地域における政治的・軍事的対立が，環大西洋同盟と親露勢力の間での冷戦再燃の文脈で報道・分析されること，そして，第3点目に，20世紀の環黒海地域における帝国（ロシア帝国，オスマン帝国，ソヴィエト連邦）崩壊の結果，概して小規模な民族混住国家が生まれ，同質的な国民国家が生まれなかったこと，という3点に集約される（松里，2012：161-163）。

その結果，個々の国の政治的な自立自足の度合いが低い環黒海地域では，国

際（国家間）政治，国内政治，跨境政治の3者間に境界線を引こうとすることそのものにあまり意味がない。むしろ，この3種の政治は，絡み合って単一の重層的な広域政治過程を形成するという（松里，2012：178）。

トルコは，こうした問題に対して，EU加盟一辺倒の外交だけではなく，近隣諸国を主導する上で，「下位地域協力体」をつくり，そこで主導的な役割を果たそうという外交的な試みをいくつか実現している。

この「下位地域協力体」中の1つに黒海経済協力機構（BSEC）がある。

冷戦終焉以前より，トルコによって構想され，2015年現在まで，イスタンブルに常設の事務局を置いて，黒海・コーカサス地域の旧オスマン帝国領であった旧ソ連邦から独立した諸国を，トルコを中心にまとめようという「下位地域統合体」を目指している。

類似した別の試みもトルコでは行われているし，近隣諸国が主導している類似の試みもあるが，ここでは，BSECの事例をトルコが主導している下位地域統合体の一例として挙げてみたい。

旧ソ連邦解体以前からトルコが構想していたBSECは，1992年6月のイスタンブル首脳会議において，トルコ，ルーマニア，ブルガリア，ロシア，ウクライナ，モルドヴァ，アゼルバイジャン，アルメニア，グルジア，ギリシャ，アルバニアの11カ国で正式に発足した下位地域統合体である。この際，採択された「ボスフォラス宣言」では，ヘルシンキ最終文書とそれに続く欧州安全保障協力会議（CSCE）文書に基づき，人権，民主主義，経済的自由，社会的公正の確立，加盟各国の繁栄と安全保障の追求，経済協力の促進が確認された。具体的には，輸送，コミュニケーション，インフラストラクチュア，エネルギー，農業，鉱業，工業，科学技術などの分野における相互協力が提案された。

発足後のBSECでは，分野ごとの作業グループが活動を開始し，オブザーバー国も増加した。組織的にも発展し始め，イスタンブルに常設の国際事務局，アンカラに調整センターが設置された。1992年8月にはBSEC協議会が設立され，国連工業開発機関（United Nations Industrial Development Organization=UNIDO），国連貿易開発会議（United Nations Conference on Trade and Development=UNCTAD），欧州復興開発銀行（European Bank for Reconstruction and Development=EBRD）や世界銀行などの国際機関との接触により，これらの国際機関のオブザーバーとしての出席が認められている。

　1993年には，この地域に，多元的で民主主義的な構造を生み出し，地域の政治的な安定を強化する目的で，BSEC議員総会が設置された。

　こうして，黒海沿岸地域に下位地域統合体であるBSECが誕生し，経済的な課題を主とした活動を継続している（今井（菅原），1999：102-104：グローバル・フォーラム編 2013；2007：The Global Forum of Japan ed. 2005）。

　下位地域統合体を支える思想的基盤としては，近代が生み出した，あるいは近代西欧が普遍化させた価値観ないしは思想を，さまざまな意味で問い直す芽生えがあるとして，百瀬宏は，次の3点を挙げている。1点目は，人々の営みから生まれてくるものを基本に考えるという「生態系」という比喩に示される発想。2点目に，近代民主主義の見直しの契機。そして3点目として，下位地域統合体に関わるさまざまな主体同士の間にあるべき関係をめぐる近代批判的な見地からの提言である（百瀬，1996：14-16）。

　こうした思想の延長上には，下位地域統合体が，より大きな規模の地域統合体への統合や包摂が示唆されている事例も存在する。例えば，BSECにあっては，将来的なEUへの統合の可能性である。

　BSECの事例のような下位地域統合体からEUのような地域統合体への統合ないし包摂が，バルカン半島地域同様，紛争が頻発する世界各地で生じてきているのは事実である。

　もちろん，残された課題は大きい。

　確かに，経済や貿易面では，下位地域統合としてのBSECの統合・深化には，一定の進捗がみられる（髙橋（和），2012：171-172）。

　だが，こと，政治的な面では，BSEC加盟国の中でも，コソヴォの独立をめぐるセルビアやロシアとその他の加盟国間の相違に限らず，ナゴルノ・カラバフ問題をめぐるアゼルバイジャンとアルメニアの対立，南オセチアやアブハジ

ア問題をめぐるジョージア(2014年に旧称のグルジアから国名を変更)とロシアの対立(松里,2012；廣瀬(陽)2008)など,すでに,冷戦終焉直後から20年以上にわたって下位地域統合を進めてきているBSECの中でさえ,依然として国際政治上,あるいは外交上の対立がいくつも残されているのである。

そもそも,BSECという下位地域統合体が目指している地域統合体であるEUも,当初より,経済・貿易のみの統合体を目指して出発したのではなかった。

第二次世界大戦後の欧州で,主権国家間,特に,フランスと旧西ドイツ間の摩擦を出さぬことを目指した平和のプロジェクトとしての欧州の政治的統合への努力という側面があった(坪郷,2006：i-iv)。

そこで,初めて,安定した地域統合体に向かって前進してきているのであって,経済や貿易の統合を目指していれば,必然的に下位地域統合体が,周囲に存在する,より大規模な地域統合体へと政治的かつ外交的に自動的に統合・包摂される訳ではない。つまり,経済面の発展のみで地域の安定はこないし,地域の安定のためには別の政治的努力が必要なのである(髙橋(和),2007：190-192)。

しかし,冷戦終焉後も主権国家間の関係を大前提とした「国際」関係自体がグローバル化で揺り動かされていくとすれば,国家を唯一の主権の担い手とする考え方から下位地域や,地域へと主権を移譲することへの現実的な可能性も無視はできない。冷戦体制から新たな世界秩序への模索が行われている秩序の移行期において,国家主権から地域主権への一定の移行もありえるのではないか。

こうしたことを考慮すると,BSEC1つをとっても,トルコによる下位地域統合へ向けた近隣諸国への外交政策は意義深く無視できないものではないかと思料する(7)。

C. トルコの「ゼロ・プロブレム外交」と「IS・イスラーム国」問題

なお,2002年以降,AKP政権は,ダーヴトオール首相(2015年現在)が提

唱した近隣地域の安定を目指す「ゼロ・プロブレム外交」政策を採用してきた。

この「ゼロ・プロブレム外交」とは，近隣諸国（中東，東地中海，中央アジア，黒海・コーカサス，バルカン半島）に対して従来から進めてきた安全保障分野での関与以外の分野でも積極的に関与していこうというものである。

こうした対外政策の多角化や「ゼロ・プロブレム外交」への本格的な取り組みは，EU加盟交渉は継続するものの，トルコにとっての最大の課題ではなくなり，近隣諸国との友好関係の樹立によって，中東からコーカサスにかけての地域の問題をトルコの仲介によって落ち着かせ，それをもってトルコの周辺地域におけるトルコの存在感を高めようという戦略であるといえる。

トルコは，すでに2004年「ゼロ・プロブレム外交」を含む「中心国外交」6原則を打ち出しており，この方針は2014年にも確認されている。

さらに，トルコは，近隣諸国の枠を超えて，経済力を背景に，対ロシア，対アジアを筆頭に中南米からアフリカまで積極的な外交を進めており，地域大国にとどまらず，グローバルな大国となることを目指す姿勢をみせている。

このように，旧オスマン帝国という非欧州の国家から独立した欧州諸国であるバルカン半島地域の諸国には，その歴史に基づく特殊性を国家の特徴の中に残しており，それが，旧オスマン帝国領からの独立後にも強く影響しているといえよう（唐澤，2015：50-54）。

しかし，2015年11月24日に，トルコ機が，トルコの領空侵犯し警告に従わなかったとして，ロシア機を撃墜するという衝撃的な事件が生じたことで，またもやロシア帝国とオスマン帝国が同時に存在した時代から500年来の対立の歴史の繰り返しも危惧されるようになった。

当然であるが，この事件により，トルコ，ロシア両国の二国間関係は急速に悪化している。

ロシア側は外相のトルコ訪問を中止し，トルコへの経済制裁も行うようになってきている。

しかし，この対立は，単にトルコ機による領空侵犯をしたロシア機の撃墜以

前から約500年にわたる歴史的因縁が背後にある。

　1853年に勃発したクリミア戦争や1877年に勃発した狭義の露土戦争を含めて，15世紀以降の「帝国」の時代のオスマン帝国とロシア帝国とは17回もの戦争を行ってきた歴史があり，勝敗では，オスマン帝国側が単独で勝利した戦争はなく，不凍港を求めて南下してくるロシア帝国によって，オスマン帝国側は，戦争が勃発する度に領土を次第に奪われてきた歴史があり，これが「帝国」の時代以降，国家体制や時代が変化しても，ロシア人とトルコ人の両民族の間における対立感情として残っているのである。

　冷戦時代には，1949年に創設された当時の西側の軍事同盟である北大西洋条約機構（NATO）にトルコは加盟申請をして，1952年に正式加盟を果たしている。この時代も，当時の東側諸国の盟主であった仮想敵国である旧ソ連邦と険悪な関係は継続していた。

　冷戦後の一時期は，国際的なエネルギー貿易によるパートナーシップがみられた時期もあったものの，この度の軍事衝突は，シリア内戦，「IS・イスラーム国」をめぐる問題とも複雑に絡んでいる点，トルコが米国ならびに欧州諸国の加盟しているNATOという軍事同盟の一構成国であるという点などから，トルコとロシアとの間の関係は，依然として予断を許さない状況にあると指摘できるであろう（高橋（和夫），2015）。

　また，2014年以降，シリアとイラクの一部地域を実効支配しており，地域紛争の深刻度を増している「IS・イスラーム国」についてであるが，この問題も国際関係が「ポスト・冷戦期の終わり」の時代（廣瀬（陽），2014）という時代背景と密接に関係している。

　国民国家あるいは民族国家以外のアクター，この場合は，イスラーム過激派軍事勢力が仏英を中心としたNATO加盟諸国である欧米諸国とロシアとの間で，シリアのアサド政権や経済や国際安全保障の問題を中心に，「IS・イスラーム国」を倒す上で十分な協力体制とは，到底いえない。こうした状況下で深刻度を増していることにより，同じNATO加盟国であっても，「IS・イスラーム国」の跋扈している地域を含む地域と国境を接しているトルコにおける

「IS・イスラーム国」との間の緊張感と，直接，国境を接してはいない欧米諸国との間では同じ NATO 加盟諸国間の問題の深刻度において大きな乖離がみられるからである。

　この問題は，すでにトルコでは内政における問題点とも密接な関係を持つに至っている（新井, 2015b : 57-70）。

　事実上，2015 年以降，トルコは，トルコとシリアとの国境を越えて欧州諸国を目指す大量の難民の「ゲートウェイ」となっており，また一部の難民はトルコの移民ともなっている。これは，トルコにとってきわめて重荷となる深刻な問題である（新井, 2015a : 103-111）。

　「ゼロ・プロブレム外交」を推進してきたトルコにとって，ロシアとの対立や「IS・イスラーム国」問題といった問題は，まさに国際関係が，「ポスト・冷戦期の終わり」の時代に入ったことによって現れた問題であって，エルドアン大統領にとって鼎の軽重を問われるであろう出口の見えない深刻な問題であり，トルコは内憂外患の状況にある。

　いずれにせよ，今後のバルカン半島地域の大国としてのトルコの内政と外交が地域の平和と安定に大きな影響を与えることは間違いないだろう。

--------------------------------註--------------------------------

（1）カルドーは，「新しい戦争」について，常にすべてが当てはまるわけではないとしながら，次のような 10 点の特徴を挙げている。1 点目は国家の解体という文脈の中で生じる戦争，2 点目は国家と非国家アクターのネットワーク同士が戦う戦争，3 点目は戦闘が起こることが稀な戦争，4 点目は反乱鎮圧戦術あるいは民族浄化の結果として民間人に暴力が向けられることが多い戦争，5 点目は税の徴収がうまくいかなくなりつつある状況下で行われる戦争，6 点目は国家の分裂を悪化させる戦争，7 点目は共通の政治共同体に属しているとの感覚を破壊する新たな党派的アイデンティティを構築する戦争，8 点目は終わらせるのが難しい戦争，9 点目は難民や避難民のほか，10 点目は犯罪化したネットワークやみずからが製造した党派的なイデオロギーを通じて拡散していく傾向のある戦争，といった特徴である（Kaldor, 2007=2011 : 6-7）。

（2）ここで単に「民族」と表現する場合と「民族・エスニシティ」と表現する場合の相違点は，前者が（定義により異なるにせよ），実在する現実的な対象に用いている場合に対して，後者は，議論を進める上での抽象的な概念である場合に用いている場合，と表現を使い分けている。「エ

スニシティ」の表現は，現実的な対象を指して用いる場合は，「エスニック集団」として区別を行っている。なお，「民族・エスニシティ」についての定義は，多くの定義が存在する一方で，また，それがゆえに曖昧でもある。しかし，ここでの議論の目的は，「民族・エスニシティ」の定義自体についての研究を目的としたものではない。「民族・エスニシティ」は，宗教などとならぶアイデンティティの対象としての具体的な事例の1つという位置づけである。しかし，議論を進める必要上，関根の議論をもとに，「民族とエスニック集団はともに文化集団であるが，違いを端的にいうとすれば，民族は，国民国家の主流国民を指し，エスニック集団は国民国家内に取り込まれた文化的少数集団」と定義（関根，2000：27-28）して議論を行うこととした。ただし，英語の Nation という単語と比較すると，日本語の単語の方が豊かで多義的な表現が可能である。とりわけ，「国民」と「民族」の両方の意味を日本語では表すことができるという点に絞っても，Nation という単語を学術的な意味で正確に英語から日本語に訳するには非常に慎重にならざるをえない。先に挙げた例だけでも「国民」国家と「民族」国家を表す英語は同じ Nation=State であるが，日本語の場合，前者は西欧的でまず国民ありき，後者は先に国家ありきといった日本語への概念導入時の語彙への印象の差異が被さってしまう。ここでは，これらの点について，極力，慎重を期すべく配慮したが，双方の意味を同時に含む場合など，適宜，「ネイション」とあえて片仮名表示にした部分もある。この語彙の扱いについては，今後も引き続き，課題にすべき重要な問題であると筆者は認識している。

（3）「領域的支配」と「民族的支配」という西欧と東欧の歴史の相違に基づく国家のあり方の「二分法」は，コーンなどの時代から内容に多少の相違の幅を有しながらも，概ね東欧研究者，特に東欧近現代史研究者の間では一定の合意形成が出来ている見解の1つといえる。厳密にいえば，西欧と東欧を二分化してみるコーンやスミスの二分法は異なる。コーンは西欧と中東欧を区別しているのに対して，スミスにおいては，コーンを措定しつつも，欧州内の二分法ではなく，近代国民国家のモデルたる西欧におけるネイション形成とそれ以外のパターンとの区別である（月村，2011）。しかし，「領域型支配」を原型とする西欧型の「近代国民国家」とオスマン帝国から独立後の東欧地域の西欧諸国より小規模な国家が国家のあり方として「近代国民国家」を手本に築いた「民族国家」のあり方は形式以上に内容が乖離したものであった。それが，この地域を指して「欧州の火薬庫」と揶揄された紛争が頻発する地域となった問題点という指摘もなされる。なお，特に南東欧・バルカン地域は，近代以降，常に西からハプスブルク帝国，東からロシア帝国，南からオスマン帝国といったバルカン地域に覇をなした帝国 ―同じ「帝国」という定義や範疇に入れてよいのかという問題はあるが― によって，三方向から常に脅かされてきた。この三大帝国は，相互に影響を与え合った点もより注意が向けられるべきと筆者は考えている。オスマン帝国の軍事的脅威があったからこそ，欧州における防衛を欧州の東方向の「最前線」に位置していたハプスブルク帝国が行うのだという自覚を呼び起こしたという指摘もあるからである（河野，2010）。それはともかく，この三方向から来る勢力間の衝突がバルカン地域に与えてきた否定的な結果は看過できない大きな影響をバルカン地域に与えてきた。バルカン地域の民族国家の多くが，この「三つ巴」の世界の狭間で翻弄されてきた

のがバルカンの歴史とさえいえる。本章の射程からは外れるので詳述は避けるが，西欧世界，ロシア世界（正教世界），イスラーム世界の3つの世界が接する境域地帯であるバルカン地域の中でワラキア・モルドヴァ問題に焦点を合わせるという視点において本章と問題意識を共有するワラキア・モルドヴァ問題を対象にした研究がみられる。この研究では，政治外交面からのアプローチが試みられており，近代への移行過程を複雑な「世界の一体化」の過程と見る点に筆者と認識ならびに関心が重複する（黛，2013）。いずれにせよ，バルカン地域を舞台とした，この「三つ巴」の勢力争いの結末は，名称こそ同じ「帝国」とはいえ，厳密には相違点が多い異なる政体でありながら，ハプスブルク帝国，ロシア帝国，そしてオスマン帝国の3つの帝国ともに，最終的に西欧型の近代国民国家を祖型とした境界を領域とする，国家としての統合を果たすことに失敗したという点では一致している。この点については，バルカンには，この三大帝国の境界を維持したままの大規模な多言語・多文化の帝国は歴史的に実現することはなかったことも大きな原因の1つといえよう。

（4）本来，エリクソンによって創唱された「アイデンティティ」という概念は，心理学の学術用語がその出自である。ただし，馬場は，これを国際関係論における分析枠組みに導入することを発案するとともにその重要性を強く訴えている（馬場，1983：3-8）。馬場によって，国際関係論の分析枠組みとして用いられるようになった「アイデンティティ」の定義とは，「アイデンティティは，同一性とか帰属性とか訳されているように，不確実な世の中にあって，なにか確実で永続性のあるもの—たとえば自分の所属する地球とか民族・エスニシティあるいは国家といったようなもの—と自己とを同一視することによって，歴史における自己の存在証明を求めようとする精神作用を指す」というものである（馬場，1980：201）。フロムが，第一次世界大戦後，敗戦国となったドイツが，史上，最も民主的といわれたワイマール憲法をつくりながらも，ワイマール憲法体制の中で，憲法に乗っ取った民主的な手続きを経て，独裁者として後に第二次世界大戦の惨禍を招くことになるヒトラー率いるナチス党を選挙で選出していったという人間と社会の間に生じる矛盾を解明したフロムの『自由からの逃走』（Fromm, 1941）からも明らかなようにアイデンティティの帰属先を得られない近代人は，あまりの渇望感から，みずからうち捨てたはずの「足かせ」を求めてしまうのである。茫漠たる自由を実際に手にした時，人間は，文字どおり，自由から逃走してしまうのである。その意味で，近現代人と近現代人が構成する社会との関係上，アイデンティティとその帰属先とは不可避の問題なのである。近代人が，渇望して，ようやく勝ち得たはずの自由の代償として喪失した，かつては忌むべき旧来の陋習と考えられていた歴史や慣習といった足かせを放棄した後の自由な近代という時代の個人と社会の関係は荒涼としたものであった。原子化された個人が構成するだけのアノミーの横溢した近代社会—これをリースマンは『孤独な群衆』（Riesman, 1950）として述べている—の中で，近代人として，渇望していた自由を勝ち得たはずの個人が，その自由から逃走してまで戻った場所に残されていたものは，歴史や慣習といったすでに旧来の陋習として忌むべき足かせとして打ち捨てられてしまっており，近代人が，その重要性を再認識した時には，最早，かつての忌むべき旧来の陋習があってこそ存在しえた共同体は，すでに再生不可能となっ

てしまっていた。したがって，アイデンティティの帰属先となり得る対象の選択肢は，国家，民族・エスニシティ，宗教といったものが辛うじて残されているだけであった。これらの残されたアイデンティティの帰属先にみずからを同一化させるしかなかった近代人は，みずからが同一化したアイデンティティ同士の衝突がお互いに譲れない価値観同士の衝突と等価であるがゆえに，衝突が頻発するだけに止まらず，衝突が生じた際には，すぐに深刻で長期的な紛争と化し，しかも解決がきわめて困難となることを余儀なくされた。冷戦構造崩壊後，東西のイデオロギー対立下で封じられていた，国家，民族・エスニシティ，宗教やそれらが混淆したより複雑なアイデンティティをめぐる地域紛争が世界中で頻発し始めたことは偶然ではなかった。人間が人間である以上，なんらかのアイデンティティへの帰属を求めざるをえないという心理学においてすでに証明（Erikson, 1968）されている。この人間の宿命とも呼ぶべき行動の結果が，近代以降のアイデンティティの帰属先である国家，民族・エスニシティ，宗教といった永続的なもの，あるいは永続的に見えるものに魅了され，惹かれていくという行動自体を否定することは，現実を無視することであり，不可能であるとさえいえよう（馬場，1980：3-15；189-203）。このように，元々，紛争の危険性を潜在的に有していたこれらのアイデンティティの帰属先であった具体的な対象，すなわち，国家，民族・エスニシティ，宗教などであったが，さらに深刻な問題にもつながりやすい脆弱点を持っていた。その脆弱点とは，国家，民族・エスニシティ，宗教などは，往々にして，政治的指導者層あるいは宗教的指導者層の思惑により，一般市民や世論を巧みな言説でコントロールすることが可能なため，リーダー層の持つ政治や経済的な意図によって，人為的に，必要以上に過激に昂揚させることが容易であるという点であった。旧ユーゴスラヴィア連邦分裂・解体時の内戦でも，セルビアのミロシェヴィッチ，クロアチアのトゥジマン，ボスニア・ヘルツェゴヴィナのイゼトベゴヴィチといった政治指導者により，メディアなどを道具として巧みに冷戦体制終焉の結果，旧ユーゴスラヴィア連邦内部における国際的な大規模の社会変動で混乱，動揺する一般市民や世論に過激な民族主義，過激なナショナリズムを昂揚させることは，それほど困難なことではなかったのである（定形，2015：289-290；月村，2006b）。なお，「民族・エスニシティ」の定義をめぐる議論は，唯一の支配的な言説がない一方で，近代主義と原初主義等と呼ばれる二項対立の議論として，しばしば論じられる。現実的には，「グランド・セオリー」の時代の終焉以降の「中範囲の理論」の時代の理論として，両者は相補的にとらえて考察していくべきであるというのが筆者の基本的立場である。そして，その「中範囲の理論」の範疇で筆者が想定している「民族・エスニシティ」概念とは，スミスの唱える「エトニ」概念を盛り込んだ概念，つまり近代主義に理解を示しつつも原初主義を排除しないというものといえる（Smith, 1986）。すなわち，「民族・エスニシティ」の概念とは，近代国民国家体系に基づくウェストファリア体制の時代以降の国際関係を規定する時代に，完全な人工的構築物としてつくられた概念という側面にとどまるものではなく，所与のものとしての生得的な側面も有する概念であるというものが，筆者の「民族・エスニシティ」の定義である。筆者はこの定義を念頭に置きながら，ここでの議論を進めている。この定義をめぐる問題については，すでに（金森，2013d；2010）で詳述した。なお，

この筆者の定義は,「民族・エスニシティ」をめぐる支配的言説が「近代主義」一辺倒の時代から,その極端さへの反省から,部分的にせよ「原初主義」的な議論も再検討すべきという時代へと変化してきたことが大いに影響している。特に歴史社会学分野から,例えば,ホブズボームによって,民族の歴史や伝統といったものは,『創られた伝統』といった概念に過ぎない(Hobsbawm, 1983)とか,「ネイション」とはアンダーソンによる『想像の共同体』(Anderson, 2006)であるといった,いわば,「近代主義」一辺倒といってよいほどの議論が集中的に提起された時代があった。しかし,この時代の議論が極端過ぎたという反省から,1990年代に入ると,次第に「原初主義」の再検討も含むさらなる「民族・エスニシティ」についての研究が進み,支配的言説自体の大きな変動が見られるようになったのである。また,道具主義の問題点は,現代の功利主義的状況に適合的で,それなりに説得力を持つものの,なぜ,ナショナリズムや民族主義が常に存在し続け,「共通の祖先」神話や肌の色・言語・宗教・土地などの後天的属性を生まれながらの自然的・歴史的遺産ととらえる神話が広く見られることの説明ができない。そして,近代化された社会では,同質化され消滅するはずの民族意識やエスニシティが,なぜ,今日,再びエスニック・ナショナリズムが発生するのかを説明することができない,という問題がある(中野,1997：16-17)。最も象徴的な事例は,「近代主義」の論客であるゲルナー自身の弟子であるスミスが「エトニ」概念を創唱して,「原初主義」への再検討を進めたことである(Smith, 1986)。しかし,支配的言説の潮流は,「近代主義」一辺倒であった時代が次第に過去のものとなってきていることは事実である。なお,「民族・エスニシティ」という語彙を用いる際の定義は,特に断りのない限り,上述した(金森,2013d；2010)の議論で示した定義に準拠している。また,西欧地域,中東欧地域,南東欧・バルカン地域といった各地域の民族概念についての共通点と相違点については,(Suger and Lederer eds. 1969=1981：3-61)の議論などを参照されたい。

(5)「欧州とはどこか?」あるいは,「欧州とはどこまでの地理的範囲を指すのか?」という問いほど,素朴で,通俗上の理解では,明瞭に思われる定義があるように思われながら,現実上,その範囲を定義しようとする段になると,時代による変化のみならず,「欧州」の定義をする人物が世界のどの地域から「欧州」を見て定義をしているのか,さらには,同時代の同地域の人物であっても,どういった視点から定義をするのかなどなどによって,曖昧模糊として定義をするのに当たって難題で,その地域を定義しようとする人物の数だけ異なる定義が成立するとさえいえるほど通俗上の理解と現実上の困難さに大きな落差がある問いも珍しいといえよう。歴史学者であるポミアンのように,「もしもヨーロッパに固定した境界を与える者がいるとすれば,それは,時間を考慮に入れない劣悪な地理学だけであろう。」(Pomian, 1990=2002：9)と指摘する者すらいる。その定義が,曖昧さがゆえに難しい「欧州」の定義上,東西南北の4方向の中で最も曖昧であり,ほとんど不可能に近いのが東方の境界についてである。しかし,ここでの主題は,「欧州はどこか?」という問題についてではない。また,その一方で,ここでの議論を進めていく上で用いる地理的概念としての「欧州」を暫定的にでも,議論を進める上で,定義をしなくてはならない。この要請に基づく筆者による「旧東欧地域」の定義とは,東

西のイデオロギー対立の時期，すなわち冷戦期に旧ソヴィエト連邦を背景に擁していた，いわゆる「ソ連ブロック」（吉川，1992）を形成していた旧ソヴィエト連邦の衛星諸国を中心とした社会主義諸国の範囲に加えて旧ユーゴスラヴィア連邦構成諸国とアルバニアを指すこととする。すなわち，冷戦期の「欧州」をイデオロギー，そして体制の視点から定義するものである。なお，1989 年後の東欧革命以降，旧ソヴィエト連邦の崩壊に至る過程で崩壊した「ソ連ブロック」構成諸国を中心とした「欧州」の社会主義諸国で構成されていた「旧東欧地域」概念は，上述のイデオロギーないし体制による定義の根拠となる「欧州」におけるイデオロギー対立自体の消滅により，定義すること自体が不可能となる。加えて，東西ドイツの統一やチェコ・スロヴァキア連邦の分裂等の過渡期の間において，目まぐるしい変化を代弁するかのように，多々，出現しては消滅していった「旧東欧地域」内諸国をグルーピングする地域名称―「東中央地域」や「中東欧地域」など―ならびに，旧ユーゴスラヴィア連邦構成諸国の一部を含む「西バルカン地域」といった，逆に，別の意味で欧州の新たな秩序構築の過程で便宜的に使われている地域概念も意図的に捨象して，本章の扱う主題に最適である定義を想定する上で，あえて，大きく，「旧東欧地域」を二大別した定義を前提にして議論を進めていきたい。その二大別する地域の名称と具体的な対象国家の名称とは，「旧東欧地域」に含まれていた諸国の中で，まず，ポーランド，チェコ，スロヴァキア，ハンガリーという，旧ハプスブルク帝国の版図に含まれ，かつ 2013 年時点で，欧州連合（EU=European Union）加盟諸国であるという双方の要件を満たす諸国に該当する「中東欧地域」である。そして，それ以外の諸国を含む「旧東欧地域」を構成していた諸国を「南東欧地域」と定義する。この定義に該当する諸国は，具体的には，ルーマニア，ブルガリア，旧ユーゴスラヴィア連邦を構成していた 7 カ国およびアルバニアである。なお，この「南東欧地域」のほぼ全域に相当する諸国がバルカン半島に存在することから，上述の定義に該当しないバルカン半島地域に存在する国家であるギリシアとトルコ（場合によりキプロス）を含める場合，この地域の定義を「バルカン（半島）地域」と定義する。当然，異論はあろう。確かに，ルーマニア，ブルガリア，スロヴェニア，クロアチアはすでに EU 加盟国であり，特に，スロヴェニアやクロアチア等は，後進的なイメージがあるという国民感情に基づき，「バルカン」という名称のつく地域概念に含まれることを好まない。また，一方で，ポーランド，チェコ，スロヴァキア，ハンガリー等は，歴史的に欧州の地理的中心に存在していた上，すでに EU の正式な加盟国であるという国民感情から欧州の「東」というイメージの残滓が混じる「中東欧」と定義されることを好まない。少なくとも，この 4 カ国は，自国を「中欧」という地域として自己認識を有している。しかし，ことほど左様に，「旧東欧地域」というイデオロギーに基づく地域概念が成立しなくなって以降の「旧東欧地域」諸国のすべての諸国を唯一の統一した基準で完全かつ正確に表現するのは不可能である。なお，日米等を中心とする西側諸国の多くが承認しているにもかかわらず，コソヴォ共和国については，国際連合には加盟できないままの状態が継続している。独立を未承認のままの諸国や承認を拒んでいる諸国が国際連合の加盟国の半数程度であることに加えて，国際連合の安全保障理事会常任理事国であるロシアと中国が承認を拒んでいる影響が大きい。スラヴ系民族の盟主を

自負するロシアは，同じスラヴ系民族の国家であるセルビアを庇護の下に置いている以上，譲れない部分があり，中国も同様であるが，国内に独立を標榜する勢力や地域を有するという国内事情があるからであると指摘されている。EU 加盟の欧州諸国の中ですら，スペイン，ギリシアなどを中心に，自国内の事情でコソヴォを未承認の国がある。2013 年現在，EU のアシュトン外務・安全保障政策上級代表が，セルビア，コソヴォ間の仲介を進めている過程であり，すでに，両国の首相会談まで漕ぎ着けているが，現時点では，双方が双方の主張を全面的には受け入れておらず，EU による両国の仲介は，緒についたばかりである。詳細については，（金森，2013a：54-58）を参照されたい。マケドニア共和国北西部を定義の中に含むとしたが，マケドニアは，国際連合の正式な加盟国であるのみならず，すでに，EU への加盟申請を 2005 年に受理されており，2013 年 12 月現在，加盟交渉こそ未開始であるが，アルバニアやほかの旧ユーゴスラヴィア連邦構成諸国であったボスニア・ヘルツェゴヴィナ，コソヴォよりは先行している（齋藤，2013；小山，2009）。自国の北西部地域にマケドニアという地域名があることや歴史的経緯から，古代ギリシア時代のマケドニア人と，その後に南下して定住してきた現在のスラヴ系民族であるマケドニア人は別の民族であると主張するギリシャとの間の正式国名をめぐる対立には未だに終止符が打たれていないため，現在の国際連合加盟国としての暫定的な名称を正確に記すと「マケドニア旧ユーゴスラヴィア連邦共和国」となるが，ここでは，単にマケドニア，あるいはマケドニア共和国として記した。ところで，体制転換の際，同じバルカン地域であってもブルガリアやルーマニアといった「ソ連ブロック」を構成していたバルカン地域諸国と比較すると，旧ユーゴスラヴィア連邦構成国家（スロヴェニア，クロアチア，セルビア，モンテネグロ，ボスニア・ヘルツェゴヴィナ，マケドニア，コソヴォ）ならびにアルバニアは，体制転換前の経済体制からして大きく異なっていた。このことは，両者の体制転換後に，ほかの旧東欧諸国と異なる道へと導いた。第二次世界大戦後から 1974 年憲法体制への転換の時期を経つつも，旧ユーゴスラヴィア連邦は，分裂するその末期まで，ティトーによって導かれ，カルデリを中心に築かれた各連邦単位に対して分権的な労働者自主管理主義経済体制（Kardelj, 1976=1978；1975；1975=1978）の下にあった。また，アルバニアは，フルシチョフによるスターリン批判後の旧ソヴィエト連邦を修正主義として決別して，事実上の鎖国政策を敷いていた。旧コメコン（経済相互援助会議）を脱退。中国とは，文化大革命の間，蜜月関係にあったが，東欧革命の波及まで，世界で唯一のスターリン主義体制の国家として，アウタルキー経済を選択した。両者の経済体制について，旧ユーゴスラヴィア連邦の労働者自主管理体制については（小山，1996）を，また，アルバニアのアウタルキー経済体制については（中津，2004；1991）を参照されたい。

（6）ここで，鈴木董が指摘している「柔らかい専制」とは，タンズィマート制，ミッレト制といったオスマン帝国の支配構造である。タンズィマート制とは，1839 年から 1876 年におけるオスマン帝国の一連の恩恵的改革を意味する。オスマン帝国のスルタンであったアブデュルメジトが，1839 年 11 月に外相のムスタファ・レシト・パシャに起草させた「ギュルハネ勅令」によって実現した。内容は，イスラーム教徒・非イスラーム教徒を問わず，オスマン帝国内全臣民の

法の前における平等，全臣民の生命・名誉・財産の保証，裁判の公開，徴税請負制（イリティザーム）の廃止，徴兵制の改善などである。また，ミッレトとは，「宗教共同体」を意味するオスマン語であり，オスマン帝国の諸々の宗教共同体に対する寛容な立場をとった制度であった。オスマン帝国では，教会建物の増改築や公的空間での宗教行事に対する規制があったとはいえ，教会組織内部の人事に直接干渉することはまれで，典礼や教会財産に関する自治を保障していた。ただし，ミッレトの語が指している対象には，19世紀のタンズィマート制の時期には，「国民」に相当する意味をも派生していたとされる。実際，ギュルハネ勅令においても，ミッレトには，「非ムスリム共同体」と「国民」の意味が混在していた。特に，バルカン地域では，ミッレトの意味合いは，キリスト教徒諸民族のオスマン帝国からの独立に向けて，「ネイション」の意味へと比重を移していった。タンズィマート（Tanzimat）とは，オスマン帝国史上，1839年から1876年の間における一連の西欧化改革運動およびその諸成果をいう。18世紀末以後，解体の危機に直面していたオスマン帝国は，1839年11月，スルタンのアブデュルメジトが，外相ムスタファ・レシト・パシャに起草させた「ギュルハネ勅令」により，広範な改革政治を実施することを宣言した。勅令では，イスラーム教徒，非イスラーム教徒を問わず帝国内全臣民の平等が約束された。以後，この勅令の主旨に沿って行われた一連の改革をタンジマート制という。詳細は，（日本イスラム協会監修，2002：334-335）を参照されたい。

（7）「地域」あるいは「地域協力」とは，もともと，地域を対象とした場合，その規模に基づいて区分される。大規模な地域は，「地域（リージョン）」，その中にある中規模の地域が「下位地域（サブ・リージョン）」，その中で最も小規模なものを「ミクロ・リージョン」などと呼称する。これは，国際関係を考察する上で，規模で区別をするという点において，比較的，汎用性を持った区分法であり，原義であるといえる。しかし，筆者がここで用いている地域や地域概念に関する定義は，普遍的な枠組みを「アルバニア人居住圏」地域に当てはめた場合に該当する対象に限定した用法に基づいている。まず，ここでは，「下位地域協力（サブ・リージョン）」とは，1980年代後半の冷戦体制の末期から，特に欧州で顕著になってきた現象で，「地域（リージョン）」の下位体系を指す。ここでの地域とは，欧州全域である。欧州統合への胎動の中で，統合に向けて，その「待合室」として，EC（当時）の未加盟諸国が，隣接諸国同士，地中海沿岸，アルプス・アドリア，中・東欧，バルト海沿岸などの欧州内部の各地域で，東西欧州の境界を越えて下位地域統合を形成するという状況もみられた（百瀬，1996：3-4）。バルカン半島地域における下位地域協力の初期の具体的な形成過程については，（今井（菅原），1999；今井，1996）に詳しい。また，国境を挟んで位置する市町村の間で協力関係を築こうとするミクロ・レヴェルの地域協力がユーロ・リージョン（Euroregion）と呼ばれはじめた1960年代以降からのユーロ・リージョンと越境地域協力（Cross Border Cooperation=CBC）の展開については，（髙橋（和），2012）が詳しい。髙橋は，地域協力の活動をCBC，その活動を行っているアクターをユーロ・リージョンとして両者を分けて論じた上で，地域の主体的な意思と活動が不可欠であり，ウェストファリア体制から脱却した新しい国際関係のありかたを考えなければならないと述べている（髙橋（和），2012：171-172）。ところで，中東欧（中欧）にみら

れた下位地域統合体であるポーランド，ハンガリー，チェコ・スロヴァキア連邦（1989年の「ビロード革命」によりチェコとスロヴァキアの連邦解消後はチェコとスロヴァキアに分裂）で構成されるヴィシェグラード協力のように，BSECと冷戦終焉前後のほぼ同時期に西欧の周辺で出現しながらも，停滞が続くBSECと比較すると，加盟諸国のEUへの加盟といった面で，目に見えた成果を挙げている下位地域統合体も存在する。そういった意味では，冷戦終焉直後に，欧州周辺に下位地域統合体が，多々，出現した時期，そのすべてが「EC（当時）加盟の待合室」といった同様の期待と希望に満ちた存在として，ほとんど無批判に肯定的な評価をされていたことは，反省すべき点と指摘せざるをえないであろう。しかし，欧州周辺の下位地域統合体ならびに地域統合体と「人間の安全保障」の側面までを含んで再検討した場合，統合への速度に格差があったとしても，下位地域統合体—ここではBSECを中心に扱ってきたが—と「人間の安全保障」との関係性それ自体は，一定の関係性ないし肯定的可能性が，なお否定できないといえるのではないか。少なくとも，否定的な要素は見出しえないと考えられる。

参考文献

Anderson, B. (2006) *Imagined Communities : Reflections in the Origin and Spread of Nationalism new material.* Verso, London, U.K.

Castellan, G. (1991) *Histoire des Balkans –XI Vème-XX siècle — Édition augmentée.* Fayard, Paris, FRANCE.

Castellan, G. (1994) *Le monde des Balkans Poudrière ou zone de paix?* Librairie Vuibert, Paris, France. (= 萩原直訳（2000）『バルカン世界　火薬庫か平和地帯か』彩流社)

Castellan, G. (2013) *Histoire des Balkans XIVe-XX^{e}siècle Édition augmentée.* Fayard, Pa5ris, FRANCE.

Clogg, R. (1991) *A Concise History of Greece.* Cambridge University Press, Cambridge, U.K. (= 高橋暁訳（2004）『ケンブリッジ版世界各国史 ギリシャの歴史』創土社)

Erikson, H.E. (1968) *Identity-Youth and Crisis.* W. W. Norton & Company, Inc., New York, U.S.A. (= 岩瀬庸理訳（1982）『改訂 アイデンティティ 青年と危機』金沢文庫)

Fromm, E. (1941) *Escape from Freedom.,* New York, U.S.A.

Fukuyama, F. (1992) *The End of History and The Last Man.* International Creative Management, New York, U.S.A.

Gellner, E. (1981) *Muslim Society.* Cambridge Univeristy Press, Cambridge, U.K.

Gellnar, E. (1983) Nations and Nationalism. Blackwell, Oxford & Cambridge, U.K.

Hobsbawm, E.J. and Ranger, T, eds. (1983) *The Invention of Tradition.* Cambridge University Press, Cambridge, U.K.

Hobsbawm, E.J. (1990) *Nation and Nationalism since 1780.* Cambridge University Press, Cambridge, U.K.

Kaldor, M. (1999) *New and Old Wars : Organized Violence in a Global Era With an Afterword.* Polity Press, Oxford, U.K.

Kaldor, M. (1999) *New and Old Wars : Organized Violence in a Global Era With an Afterword.* Polity Press, Oxford, U.K. (=山本武彦・渡部正樹訳 (2003)『新戦争論 グローバル時代の組織的暴力』岩波書店)

Kaldor, M. (2003) *Global Civil Society : An Answer to War.* Polity Press, Cambidge, U.K.

Kaldor, M. (2007) *Human Security Reflections on Globalizing and Intervention.* Polity Press, Cambridge, U.K. (=山本武彦・宮脇昇・野崎孝弘訳 (2011)『「人間の安全保障」論 グローバル化と介入に関する考察』法政大学出版局)

Kardelj, E. (1975a) *Istorijski koreni nesvrstavanja Izdavački.* CentarKomunist, Beograd, YUGOSLAVIA. (=山崎洋・山崎那美子訳 (1975)『非同盟の歴史的根源』大月書店)

Kardelj, E. (1975b) *Istorijski koreni nesvrstavanja.* Izdavački centar, Komunist, Beograd, YUGOSLAVIA. (=山崎洋・山崎那美子訳 (1978)『自主管理社会主義と非同盟 ユーゴスラヴィアの挑戦』大月書店)

Kardelj, E. (1975c) *The Nation and International Relations.* Socialist Thought and Practice. Beograd, YUGOSLAVIA (=高屋定國・定形衛訳 (1986)『民族と国際関係の理論―世界政治と平和共存―』ミネルヴァ書房)

Kardelj, E. (1976a) *Protivrečnosti društvene svojine u savremenoj socijalističkoj praksi.*, Drugo dopunjeno izdanje, Randnička štampa, Beograd, YUGOSLAVIA. (=山崎洋・山崎那美子訳 (1978)『自主管理社会主義と非同盟 ユーゴスラヴィアの挑戦』大月書店)

Kardelj, E. (1976b) *Protivrečnosti društvene svojine u savremenoj socijalističkoj praksi.* Drugo dopunjeno izdanje Beograd, YUGOSLAVIA. (=山崎洋・山崎那美子訳 (1976)『現代社会主義実践における社会的所有の矛盾 増補第二版』大月書店)

Kaplan, D.R. (1993) *Balkan Ghosts A Journey Through History.* St. Martin's Press Inc., New York, U.S.A. (=宮島直機・門田美鈴訳 (1996)『バルカンの亡霊たち』NTT出版)

Kawazu, Y. (2013) *The Role of Japan for the Future of the Black Sea Area.* The Global Forum of Japan and Organization of the Black Sea Economic Cooperation (2013) The) 4th Japan-Black Sea Area Dialogue "How to Develop Japan and Black Sea Area Cooperation" Conference Papers. The Global Forum of Japan: 24-28.

Kohn, H. (1965) *Nationalism Its Meaning and History Revised Edition.* Krieger Publishing Company, Malabar, Florida, U.S.A.

Kohn, H. (1944) *The Idea of Nationalism.* The Macmillan Company, New York, U.S.A.

Kohn, H. (1965) *Nationalism : its meaning and history.* Princeton : Van Nostrand, London, U.K.

Kuhn, S. T. (1962) *The Structure of Scientific Revolutions*. The University of Chicago Press, Chicago, U.S.A.

Miller, D. (1995) *On Nationality*. Oxford University Press, Oxford, U.K. (= 富沢克・長谷川一年・施光恒・竹島博之訳（2007）『ナショナリティについて』風行社)

Miller, D. (2007) *National Responsibility and Global Justice*. Oxford University, Oxford, U.K.

Organization for Security and Co-operation in Europe Mission in Kosovo (2013a) *Municipal Profiles Zubin Potok*. http://homepage3.nifty.com/jniv/election/kslocalresult.html (2013年12月4日アクセス)

Organization for Security and Co-operation in Europe Mission in Kosovo (2013b) *Municipal Profiles Leposavić / Leposaviq*. http://homepage3.nifty.com/jniv/election/kslocalresult.html (2013年12月4日アクセス)

Organization for Security and Co-operation in Europe Mission in Kosovo (2013c) *Municipal Profiles Vushtrri / Vučitrin*. http://homepage3.nifty.com/jniv/election/kslocalresult.html (2013年12月4日アクセス)

Organization for Security and Co-operation in Europe Mission in Kosovo (2013d) *Municipal Profiles Skënderaj / Srbica*. http://homepage3.nifty.com/jniv/election/kslocalresult.html (2013年12月4日アクセス)

Pomian, K. (1990) *L'Europe et ses nations*. Éditions Gallimard, Paris, FRANCE. (= 松村剛訳（2002）『［増補］ヨーロッパとは何か 分裂と統合の1500年』平凡社)

Riesman, D. (1950) *The Lonely Crowd : A Study of the Changing American Character*. Yale University Press, U.S.A.

Roudometof, V. ed. (2000) *The Macedonian Question : Culture, Historiography, Politics*. Columbia University Press, New York, U.S.A.

Smith, D.A. (1986) *The Ethnic Origins of Nations*., Basil Blackwell, Oxford, U.K.

Suger, P. F. and Lederer, I. J. eds. (1969) *Nationalism in Eastern Europe*. University of Washington Press, Washington, U.S.A. (= 東欧史研究会訳（1981）『東欧のナショナリズム 歴史と現在』刀水書房)

The Global Forum of Japan ed. (2005) *Report of The Japan-Wider Black Sea Area Dialogue on "Peace and Prosperity in the Wider Black Sea Area and the Role of Japan"*. The Global Forum of Japan.

Welfens, J. J. P. (2001) *EU Reforms and International Organizations*. Springer-Verlag, Berlin Heidelberg, GERMANY.

Who recognized Kosova as an independent State? the Kosovar people you！(2015). http://www.kosovothanksyou.com/ (2015年12月23日アクセス)

天羽民雄（1988）『バルカンの余栄 ―東西南北の接点 ユーゴ・アルバニアの実相―』恒文社.

新井春美（2015a）「ヨーロッパを目指す中東の難民 ―「ゲートウェイ」からの視点―」『海外事情』63（12）：103-111 ページ。

新井春美（2015b）「トルコと IS ―浮かび上がるトルコの課題―」『海外事情』63（9）：57-71 ページ。

井上浩一（2003）「ビザンツ帝国と『ヨーロッパ・アイデンティティ』」谷川稔編（2003）『歴史としてのヨーロッパ・アイデンティティ』山川出版社：72-87 ページ。

今井（菅原）淳子（1999）「冷戦後のバルカンにおける地域協力」山極晃編（1999）『冷戦後の国際政治と地域協力』中央経済社：91-118 ページ。

遠藤由美（2004）「自己」無藤隆・森敏昭・遠藤由美・玉井耕治（2004）『心理学』有斐閣：323-344 ページ。

大倉晴男・金森俊樹・中津孝司（1999）『新版・現代バルカン半島の変動と再建』杉山書店。

加藤雅彦（1990）『中欧の復活「ベルリンの壁」のあとに』日本放送出版協会。

金森俊樹（1996a）「バルカン半島南西部の民族問題と地域統合 ―アルバニア人問題を中心に―」『ロシア・東欧学会年報』25：91-98 ページ。

金森俊樹（1996b）『東欧革命以降のバルカン半島の分離と統合 アルバニア・コソヴォ・マケドニアを中心にして』（慶應義塾大学大学院学位論文（修士（法学）））。

金森俊樹（1997）「世界の言語 31 アルバニア語」『言語』26（7）。

金森俊樹（1999a）「体制転換下のアルバニア経済」『ロシア・東欧貿易調査月報』44（5）：77-85 ページ。

金森俊樹（1999b）「アルバニア」小山洋司編（1999）『東欧経済』世界思想社：263-280 ページ。

金森俊樹（1999c）「コソヴォ紛争についての若干の考察―国際秩序の転換及び再建と展望―」大倉晴男・金森俊樹・中津孝司（1999）『新版・現代バルカン半島の変動と再建』杉山書店：195-229 ページ。

金森俊樹（2001）「アルバニア」『角川世界史辞典』角川書店：52 ページ。

金森俊樹（2004）「バルカン半島とエネルギー回廊」佐藤千景・島敏夫・中津孝司編（2004）『エネルギー国際経済』晃洋書房：84-95 ページ。

金森俊樹（2010）「コソヴォ独立とアルバニア人ナショナリズムの質的変容―民族・エスニシティ問題を中心に―」『ロシア・ユーラシア経済―研究と資料―』937：39-50 ページ。

金森俊樹（2011）『アルバニア系民族居住圏を中心とした南東欧・バルカン半島地域と宗教紛争に向けたアプローチ ―カトリック・東方教会・イスラーム』東京外国語大学アジア・アフリカ言語文化研究所中東・イスラーム教育セミナー報告資料。

金森俊樹（2012a）「＜研究ノート＞宗教をめぐる紛争とアイデンティティ―バルカン半島地域の紛争を中心に―」『ロシア・ユーラシアの経済と社会』964：31-44 ページ。

金森俊樹（2012b）「バルカン半島地域における宗教と地域紛争―宗教をめぐる紛争とアイデンティティを中心に―」『社学研論集』20：110-122 ページ。

金森俊樹（2013a）「欧州における『新しい戦争』と平和構築への挑戦―旧ユーゴスラヴィア連邦地

域についての一考察一」『社学研論集』22：45-60 ページ。
金森俊樹（2013b）「冷戦後のバルカン半島にみる『人間の安全保障』の可能性と課題 —コソヴォ紛争をめぐる若干の考察—」アジア研究機構アジア・ヒューマン・コミュニティー（AHC）研究所編（研究代表者：早稲田大学社会科学学術院 山田満教授）（2013）『東南アジアの紛争予防と平和構築 —アジアにおける人間の安全保障の取り組み—』：120-133 ページ。
金森俊樹（2013c）「欧州とバルカン地域の関係についての一考察 —EU の東方拡大と欧州アイデンティティを中心に—」『ソシオサイエンス』19：48-59 ページ。
金森俊樹（2013d）「コソヴォ独立にみる民族・エスニシティとナショナリズム—冷戦後の地域紛争とアイデンティティを中心に—」『社学研論集』21：102-115 ページ。
金森俊樹（2014a）「『アルバニア人居住圏』地域にみる民族・宗教とアイデンティティ—現代バルカン半島の平和構築に向けて—」（早稲田大学大学院学位論文（博士））。
金森俊樹（2014b）「『アルバニア人居住圏』地域の新しいアイデンティティの可能性」『社学研論集』23：105-120 ページ。
金森俊樹（2015）「コソヴォ紛争にみる安全保障観の変遷と正義」（ロシア・東欧学会 2015 年度研究大会自由論題報告ペーパー）。
金森俊樹（共著）（1998）『現代バルカン半島の変動と再建』杉山書店。
金森俊樹（共著）（1999d）『新版・現代バルカン半島の変動と再建』杉山書店。
唐澤晃一（2015）「オスマン帝国のバルカン進出 何が変わったか」柴宜弘・山崎信一編著（2015）『セルビアを知るための 60 章』明石書店：50-54 ページ。
木村凌二・高山博（2009）『地中海世界の歴史 —古代から近世—』（一財）放送大学教育振興会。
久保慶一（2013a）「セルビアとコソボの関係正常化合意—その意義と限界（後編）」http://www.euij-waseda.jp/news/post-64.html（2013 年 12 月 3 日アクセス）。
久保慶一（2013b）「セルビアとコソボの関係正常化合意—その意義と限界（前編）」http://www.euij-waseda.jp/news/post-63.html（2013 年 12 月 3 日アクセス）。
グローバル・フォーラム編（2007）『第 2 回「日・黒海地域対話：激動する世界における日本と黒海地域」＜報告書＞』グローバル・フォーラム。
グローバル・フォーラム編（2013）「『日・黒海地域対話』開催さる 日・黒海地域協力の発展に向けて」『グローバル・フォーラム会報』：14（3）55：1-2 ページ。
河野淳（2010）『ハプスブルクとオスマン帝国 歴史を変えた＜政治＞の発明』講談社。
小山洋司（1996）『ユーゴ自主管理社会主義の研究— 1974 年憲法体制の動態』多賀出版。
小山洋司（2004）『EU の東方拡大政策と南東欧—市場経済化と小国の生き残り戦略—』ミネルヴァ書房。
小山洋司（2009）「EU 加盟を目指すマケドニア」『ロシア・東欧研究 ロシア・東欧学会年報』38：60-71 ページ。
齋藤康平（2013）「マケドニア旧ユーゴスラヴィア共和国を含む西バルカン情勢について」日本国外務省。

坂本勉（2006）『トルコ民族の世界史』慶應義塾大学出版会。
坂本勉（2008）「トルコ民族主義とイスラーム」『別冊 環』14, 2008：79-88 ページ。
定形衛（2015）「旧ユーゴスラヴィアの終焉と人間存在の変容」初瀬龍平・松田哲編（2015）『人間存在の国際関係論 グローバル化のなかで考える』法政大学出版局：289-315 ページ。
佐原徹哉（1997）「ユーゴ内戦と宗教 バルカンにおける民族主義と宗教意識」『現代思想』25 (14)：172-186 ページ。
佐原徹哉（1998）「オスマン支配の時代」柴宜弘編（1998）『バルカン史』山川出版社：120-152 ページ。
佐原徹哉（2004）「コソヴォ紛争とは何だったのか」(Taylor, S. (2002) *Diary of An Uncivil War : the violent aftermath of the Kosovo conflict.* Esprit de Corps Books, U.S.A. (= 佐原徹哉訳（2004）『アメリカの正義の裏側 コソヴォ紛争その後』平凡社)）：333-380 ページ。
佐原徹哉（2014）『中東民族問題の起源 オスマン帝国とアルメニア人』白水社。
佐原徹哉編著（2002）『ナショナリズムから共生の政治文化へ―ユーゴ内戦一〇年の経験から』北海道大学スラブ研究センター。
塩川伸明（2008）『民族とネイション ―ナショナリズムという難問―』岩波書店。
柴宜弘（1996a）『ユーゴスラヴィア現代史』岩波書店。
柴宜弘（1996b）『バルカンの民族主義』山川出版社。
柴宜弘（1998a）「ユーゴスラヴィア」柴宜弘・中井和夫・林忠行（1998）『連邦解体の比較研究―ソ連・ユーゴ・チェコ―』多賀出版：57-88 ページ。
柴宜弘（2006a）「連合国家セルビア・モンテネグロの解体 ―モンテネグロの独立とEU―」『海外事情』54 (6)：88-101 ページ。
柴宜弘（2006b）「地域史とナショナル・ヒストリー ―バルカン諸国共通歴史副教材の『戦略』」高橋秀寿・西成功編（2006）『東欧の20世紀』人文書院：325-345 ページ。
柴宜弘（2008a）「なぜ独立国家を必要とするのか―ギリシアからコソヴォまで」高橋哲哉・山影進編（2008）『人間の安全保障』東京大学出版会：34-50 ページ。
柴宜弘（2009）「バルカンのナショナリズム」大澤真幸・姜尚中編（2009）『ナショナリズム論・入門』有斐閣：271-291 ページ。
柴宜弘（2011a）「コソヴォ独立加盟とEU加盟に揺れるセルビア」羽場久美子・溝端佐登史編（2011）『ロシア・拡大EU』ミネルヴァ書房：205-221 ページ。
柴宜弘監修・百瀬亮司編（2012）『旧ユーゴ研究の最前線』渓水社。
柴宜弘・木村真・奥彩子編（2012）『東欧地域研究の現在』山川出版社。
柴宜弘・佐原徹哉編（2006）『バルカン学のフロンティア』彩流社。
柴宜弘編（1998b）『バルカン史』山川出版社。
柴宜弘編（2008b）『バルカン史と歴史教育「地域史」とアイデンティティの再構築』明石書店。
鈴木董（1992）『オスマン帝国 イスラム世界の「柔らかい専制」』講談社。
鈴木董（1993）『イスラムの家からバベルの塔へ オスマン帝国における諸民族の統合と共存』リブロ

ポート。
鈴木董（2000）『オスマン帝国の解体 ―文化世界と国民国家』筑摩書房。
関根政美（1994）『エスニシティの政治社会学 ―民族紛争の制度化のために―』名古屋大学出版会。
関根政美（2000）『多文化主義社会の到来』朝日新聞社。
髙橋和（2007）「下位地域協力と地域政策」大島美穂（2007）『EU スタディーズ 3 国家・地域・民族』
　　勁草書房：177-193 ページ。
髙橋和（2012）「欧州における下位地域協力の展開―近代国家体系への挑戦」百瀬宏編著（2012）『変
　　貌する権力政治と抵抗 国際関係学における地域』：151-172 ページ。
高橋和夫（2015）「ロシアとトルコ 撃墜事件でよみがえる 500 年来の対立の歴史」http://thepage.
　　jp/（2015 年 12 月 20 日アクセス）。
鑪幹八郎・山下格（1999）「アイデンティティとは何か　その原点と現点を探る」鑪幹八郎・山下格
　　編（1999）『アイデンティティ』日本評論社：147-174 ページ。
鑪幹八郎・山下格編（1999）『アイデンティティ』日本評論社。
田中素香（2012）「債務危機と財政規律の政治経済学 ギリシャとイタリアのケース」『国際問題』
　　611：28-36 ページ。
谷川稔（2003）「歴史としてのヨーロッパ・アイデンティティ 記憶の歴史学から」谷川稔編（2003）
　　『歴史としてのヨーロッパ・アイデンティティ』山川出版社：3-28 ページ。
谷川稔編（2003）『歴史としてのヨーロッパ・アイデンティティ』山川出版社。
月村太郎（2006a）「『東欧』の解体？ ―コソヴォを事例として―」『ロシア・東欧研究』35：24-33
　　ページ。
月村太郎（2006b）『ユーゴ内戦―政治リーダーと民族主義』東京大学出版会。
月村太郎（2006c）『バルカン地域におけるバルカン化と非バルカン化』神戸大学大学院法学研究科
　　CDAMS「市場化社会の法動態学」研究センター。
月村太郎（2008）「体制移行と民族紛争の発生」日本国際政治学会編（2008）『日本の国際政治学 2
　　国境なき国際政治』有斐閣：115-134 ページ。
月村太郎（2009）「体制移行と民族紛争の発生」日本国際政治学会編『日本の国際政治学 2 国境なき
　　国際政治』有斐閣：115-134 ページ。
月村太郎（2011a）「クロアチアの『ヨーロッパ入り』」羽場久美子・溝端佐登史編（2011）『ロシア・
　　拡大 EU』ミネルヴァ書房：187-203 ページ。
月村太郎（2011b）「バルカン地域における非バルカン化―旧ユーゴ後継諸国の現状と展望を中心に」
　　『同志社政策研究』5：89-106 ページ。
月村太郎（2013a）『民族紛争』岩波書店。
月村太郎（2013b）「コソヴォ紛争―地域紛争の国際化―」月村太郎編著（2013）『地域紛争の構図』
　　晃洋書房：237-262 ページ。
月村太郎編著（2013）『地域紛争の構図』晃洋書房。
坪郷實（2006）「はじめに ―ヨーロッパ・デモクラシーの新世紀」高橋進・坪郷實編（2006）『ヨー

ロッパ・デモクラシーの新世紀 グローバル化時代の挑戦』早稲田大学出版部：i-viiiページ。
中津孝司（1991）『変革の現代史シリーズ 3 アルバニア現代史』晃洋書房。
中津孝司（1999）『アルバニアの混乱と再生 修正版』創成社。
中津孝司（2000）『南東ヨーロッパ社会の経済再建 バルカン紛争を超えて』日本経済評論社。
中津孝司（2004）『アルバニアの混乱と再生［第二版］』創成社。
中津孝司（2010a）「はじめに」中津孝司編（2010）『欧州新時代 ―6億人のEUとビジネス―』晃洋書房：i-iiページ。
中津孝司（2010b）「トルコはEUに加盟できるのか」中津孝司編（2010）『欧州新時代 ―6億人のEUとビジネス―』晃洋書房：42-54ページ。
中津孝司（2010c）「新たなエネルギー回廊構築が大欧州世界を強化する」中津孝司編（2010）『欧州新時代―6億人のEUとビジネス―』晃洋書房：71-90ページ。
中津孝司（2014）『ウクライナ・ブックレット2 クリミア問題徹底解明』ドニエプル出版。
中津孝司（2015）「『クリミア独立』に見る地政学的リスクと国際関係」中津孝司編著（2015）『グローバル経済徹底解明 ―「シェール革命」から読み解く世界―』創成社：122-160ページ。
中津孝司編著（2010）『欧州新時代 ―6億人のEUとビジネス―』晃洋書房。
中野毅（1997）「宗教・民族・ナショナリズム」中野毅・飯田剛史・山中弘編（1997）『宗教とナショナリズム』世界思想社：3-26ページ。
日本イスラム協会監修（2002）『新イスラム事典』平凡社。
日本国外務省（2013a）「アルバニア共和国」http://www.mofa.go.jp/mofaj/area/albania/（2013年12月14日アクセス）。
日本国外務省（2013b）「コソボ共和国」http://www.mofa.go.jp/mofaj/area/kosovo/（2013年12月14日アクセス）。
日本国外務省（2013c）「マケドニア旧ユーゴスラビア共和国」http://www.mofa.go.jp/mofaj/area/macedonia（2013年12月14日アクセス）。
日本国外務省（2013a）『西バルカン諸国の現状』日本国外務省。
日本国外務省（2013b）「コソボ共和国（Republic of Kosovo）」http://www.mofa.go.jp/mofaj/area/kosovo/data.html（2013年7月21日アクセス）。
野村甚三郎（2008）『国境とは何か 領土・制度・アイデンティティ』芙蓉書房出版店。
萩原直（2000）「バルカン研究の行方」Castellan, G.（1994）*Le monde des Balkans Poudrière ou zone de paix?* Librairie Vuibert, Paris, France.（＝萩原直訳（2000）『バルカン世界 火薬庫か平和地帯か』彩流社）：293-324ページ。
馬場伸也（1980）『アイデンティティの国際政治学』東京大学出版会。
馬場伸也（1983）『比較文化叢書7 地球文化のゆくえ 比較政治と国際政治』東京大学出版会。
馬場伸也（1988）「国際社会のゆくえ」馬場伸也責任編集（1988）『講座 政治学Ⅴ 国際関係』三嶺書房：3-47ページ。
林佳世子（2008）『興亡の世界史10 オスマン帝国500年の平和』講談社。

廣瀬徹也（2007）『テュルク族の世界 シベリアからイスタンブールまで』東洋書店。

廣瀬徹也（2015）「安倍政権の『地球儀俯瞰外交』の中東の要トルコ」（第82回世界経済研究会報告ペーパー）。

廣瀬陽子（2008）『コーカサス 国際関係の十字路』集英社。

廣瀬陽子（2011）『ロシア 苦悩する大国，多極化する世界』（株）アスキー・メディアワークス。

廣瀬陽子（2014）『未承認国家と覇権なき世界』NHK出版。

黛秋津（2013）『三つの世界の狭間で 西欧・ロシア・オスマンとワラキア・モルドヴァ問題』名古屋大学出版会。

町田幸彦（2013）『世界の壊れ方 時評二〇〇八～二〇一二年』未來社。

松嵜英也（2015）「モルドヴァと沿ドニエストル『共存』の選択―和平交渉の検討をもとに（1992-1997）―」『ロシア・ユーラシアの経済と社会』994：17-30ページ。

松里公孝（2012）「環黒海地域における跨境政治 ―非承認国家の宗教と跨境マイノリティ―」塩川信明・小松久男・沼野充義編（2012）『ユーラシア世界⑤ 国家と国際関係』東京大学出版会：161-181ページ。

百瀬宏（1996）「下位地域協力と現代世界」百瀬宏編（1996）『下位地域協力と転換期国際関係』有信堂：3-17ページ。

山本武彦（2005）「リージョナリズムの諸相と国際理論」山本武彦編（2005）『地域主義の国際比較―アジア太平洋・ヨーロッパ・西半球を中心にして―』早稲田大学出版部：1-28ページ。

吉川元（1992）『ソ連ブロックの崩壊―国際主義，民族主義，そして人権』有信堂高文社。

吉川元・加藤普章編（2000）『マイノリティの政治学』有信堂。

吉川元・加藤普章編（2004）『国際政治の行方 グローバル化とウェストファリア体制の変容』ナカニシヤ出版。

（金森俊樹）

Ⅶ　バルカン半島地域と大欧州世界

1.「ポスト・冷戦期の終わり」と国家の変容

　Ⅶ章では，冷戦後の新しい戦争の特徴アイデンティティをめぐる地域紛争（Kaldor, 1999）として一括してみることができるというカルドーの『新戦争論』の初版が上梓された1999年以後，世界における「Gゼロ」の主導国のない無極化した覇権なき不安定な「ポスト・冷戦期の終わり」の時代（廣瀬（陽），2014）へのさらなる国際関係の変容が生じてきている。この点を重視して，Ⅶ章では議論を行っていくこととする。

　この議論の後，大欧州世界にとどまらないウェストファリア体制以降の国民国家やそれを前提とした国際社会の枠に当てはまらない新たな国家のあり方，そして国際関係が変容している点について指摘していくこととする。

　その上で，大欧州世界の周縁部に相当する黒海・コーカサス（カフカス）地域について，2014年より発生したウクライナ危機ならびにその後のウクライナ紛争におけるロシアによる「クリミア併合」（中津，2015：122-160；2014）やロシアの事実上の傀儡国家である「未承認国家」あるいは「事実上の国家」（廣瀬（陽），2014；2008；松嵜，2015：17-30）と呼ばれる「ドネツク人民共和国」の問題（佐瀬，2015：27-29），そして中東地域の「IS・イスラーム国」問題などの軍事勢力の問題についても言及していく（新井，2015a；2015b）。

　その後，最後に，筆者が定義した概念であるバルカン半島における「『アルバニア人居住圏』地域」の出現とその意味，そして，将来的なバルカン半島における平和構築の可能性について述べていくこととする（金森，2014a）。

　まず，カルドーの冷戦後の「新しい戦争」の時代についての議論から考察していくが，カルドーが「冷戦後の新しい戦争」とは，アイデンティティに関わる冷戦後の時代であると喝破してから，さらなる「国家」やそれを所与の前提

とする国際関係の変容がさらに進んでみられるような時代になってきている。

市民革命と産業革命によって国力を強化した近代西欧諸国の国家体制である「国民国家」ないし「民族国家」とそれに基づいて国際社会が結んでいた国際関係そのものが，変容する時代へと世界の主たる国家や国際関係のあり方が，変容してきているということである。

冷戦期が終焉して，短期間ではあるが米国の「新世界秩序」という米国一極集中の時代（Fukuyama, 1992）を経て，国際関係は，カルドーの述べるアイデンティティをめぐる「新しい戦争」型の地域紛争の頻発する時代を迎えるに至った（Kaldor, 1999）。

世界は，米国一極集中から，ブレマーのいう主導国なき「Gゼロ」後の世界（Bremmer, 2012）の時代へと進み，覇権なき国際社会が訪れてきた。

現在の世界は，こうした主導国なき「Gゼロ」後の覇権なき時代への近代以降の国民国家とそれを前提とする国際関係が変容している時代の終焉期であり，「ポスト・冷戦期の終わり」の時代であるといえよう。

欧州諸国ならびに黒海・コーカサス地域諸国で，旧オスマン帝国あるいは旧ソ連邦の勢力下であった歴史的経験を持っている諸国では，それまでの圧倒的な覇権国の消滅・地域主義の高まり，換言すれば，多極化による不安定化が進んでいる（廣瀬（陽），2014：64-82）。

バルカン半島地域から黒海・コーカサス地域にわたって，冷戦後の「新しい戦争」型の地域紛争が頻発，長期化，頻繁な再発がみられる背景には，これらの点は無視できない。

この地域で生じている不安定化を解く１つの鍵概念が，廣瀬陽子が指摘している「未承認国家（あるいは「非承認国家」）」あるいは「事実上の国家」問題である（廣瀬（陽），2014：4；松嵜，2015：17-30）。

「未承認国家」の定義とは，「主権国家としての宣言をしつつも，国際的な国家承認を得ていない『国』」を指す（廣瀬（陽），2014：4）。

未承認国家は，決して最近の現象ではなく，世界のいくつかの地域に歴史的に遡っても散見される。

また，21世紀に入って増加しつつある未承認国家は，これまでの国家の概念を覆すだけではなく，国際的平和を脅かし，国際的平和を脅かす存在であり，大国に利用されて存在しているということも事実である。

　21世紀に入って，未承認国家が増加しつつある背景には，カルドーが，冷戦後の「新しい戦争」型地域紛争の時代に特徴的であるという指摘した「アイデンティティ・クライシス」が多大な影響を与えている。そのため，国民国家あるいは民族国家としての歴史的経験が十分にない民族・エスニシティ(1) や宗教といったアイデンティティが曖昧模糊とした旧ソ連邦地域，旧東欧，黒海・コーカサス地域において，未承認国家が著しく増大してきているのである。

　この中でも，旧ソ連邦地域，旧東欧，黒海・コーカサス地域では，独自の国家体制である「民族連邦制」を採っていたため，この傾向が顕著であるとみられている。

　この「民族連邦制」を採用していた国家では，連邦国家の解体によって，その国境線の枠内に押し込められ，隠蔽されていた問題が一気に表面化して多くの混乱が生じたのである。

　つまり，それまで，連邦国家によって支えられていた住民のアイデンティティに「アイデンティティ・クライシス」が生じたのである。自分が何者であるかという意識の拠り所が喪失したため，代替物に当たる，これまでのアイデンティティに代わる新しいアイデンティティが必要となり，多くの場合，それは民族・エスニシティ意識へと収斂していったのである（廣瀬（陽），2014：58-64）。

　その結果，自分の存在意義の確立のために，「他者」の排除が「民族浄化」などが行われるといった背景となっているのである。

　特に黒海・コーカサス地域に未承認国家が生まれてくることになった背景には，この地域において，「領域国家」を前提とする「国民国家」あるいは「民族国家」としての歴史が浅く，「国境」という概念が，十分に定着していないという問題が存在している（廣瀬（陽），2014：40-41）。

この問題は，従来型の「国民国家」あるいは「民族国家」といった国家の形態自体が変容しているものだといえるであろう。

　なお，国家の中で，連邦制を取る国家は少なくないが，この連邦制国家が未承認国家問題の原因になるという事例も少なくない。

　契機となった事例は，冷戦終焉後の旧ソヴィエト連邦，旧ユーゴスラヴィア連邦，そして旧チェコ・スロヴァキア連邦の分裂と解体であった（柴・中井・林，1998）。

　その一方で，冷戦終焉後，旧ソ連邦のように民族と領域を結合させた「民族連邦制」の国家では，連邦の解体と同時に未承認国家をいくつも生みだすこととなり，民族連邦制の国家の存在が多様で複雑であり，きわめて難しいことを明らかにした。

　具体的には，基幹民族と少数民族の間で生じる地域的な対立や地域紛争などが，連邦解体後，生じやすくなってきたのである。

　これら旧共産圏諸国の連邦制国家の解体は，その後，多くの国家がEUへの統合の進展が進むなど，連邦をめぐる動きが続き，一国内での多民族の平和共存を図ったり，地方分権を進めたりしながら，主権国家としての統一を維持する手段として，さまざまな連邦の形が模索されている。

　国家，すなわち主権国家の要件とは，19世紀にゲオルク・イェリネックによって定義された「国家の三要素」を満たしているか否かによって決定されるという概念で国家か否かを峻別する時代が長く続いた。イェリネックの定義した国家における「国家の三要素」とは，「領域」，「人民（国民，住民）」，「権力ないし主権」であった。なお，場合によっては，この「国家の三要素」の有無を判断するのは外国であるので，外国による承認を第4点目に含まれるべきであるという見解もある。いずれにせよ，この「国家の三要素」の概念を定義する上で，イェリネックの念頭には，国家とは，権力が領域と人民を内外の干渉を許さず統治する存在であるというとらえ方をしていた。

　このイェリネックの「国家の三要素」の影響を受けて，1933年に署名された16条からなる国際法である「国家の権利及び義務に関する条約」，通称「モ

ンテヴィデオ議定書」で示された主権国家の資格要件が公に採用されてきたといってよい。

　この「モンテヴィデオ議定書」に基づけば，次の4点が主権国家の要件となる。第1に「明確な領域」，第2に「恒久的住民の存在」，第3に「政府ないし，主権の存在」である。

　これら3点の要件の有無を判断するのは，自国ではなく外国である。

　したがって，実際は，上の3点に加えて，第4点目に「外交能力と国家承認」が必要となる。

　冷戦終焉までの時代でも，国家のあり方にも歴史的変遷はみられたが，近代国民国家については，あくまでも，「モンテヴィデオ議定書」で示された基準が国家を規定すると考えられてきた。

　しかし，「未承認国家」の増加にみられるように「国家」なるものの定義が「モンテヴィデオ議定書」に収まらない国家が増加していることなどによって，単純に，この基準に当てはめられるかどうかで国家かどうかを定めることが不可能となってきている。

2．国際法と国家の変容

A．移行期にある伝統的国際法から非伝統的国際法

　冷戦終焉後の世界では，伝統的国際法から非伝統的国際法への移行が，国際紛争の解決等において，顕著にみられるようになってきた（金森，2015；吉川，2015：183-211）。

　まず，伝統的国際法では，「国家」を前提と見なしているので，「領土の一体性」，そして「内政不干渉の原則」というものが重視されており，隣国で，大量虐殺や人権侵害が起こっていることがわかっている場合でも，隣国やその他の国家が問題の起こっている当事国に対して，政治介入も軍事介入も行うことが禁じられていた。

　しかし，冷戦後の国際環境の変化を受けて，国際法において「保護する責

任」という概念が提起されてきた。

　すなわち，明白な大量虐殺が起こっていることが国際監視団などの報告などから明白な場合，国家の権利よりも「人権」を優先させるべきであるという非伝統的国際法上の見解が広まってきているのである。

　このため，「安全保障」といえば，「国家安全保障」というのが当然であったが，ほかの国家内であっても，国家の権利を超えて，「人権」を重視する「人間の安全保障」という概念が国際法の新しい潮流として重要視され，他国内の問題であっても，「人道的介入」（最上，2001）(2)，すなわち，政治介入から場合によっては，軍事介入さえ，「保護する責任」概念に基づいて，辞すべきではないという新しい非伝統的安全保障観とそれに基づく非伝統的国際法とが国際社会の中で，合意形成への移行期に入っているのである（吉川，2015：183-211）。

　そのため，伝統的国際法に依拠するか非伝統的国際法に依拠するかによって，「国際法上，両者とも正しい」という解決が難解な事例が国際問題として出てきている。

　次に，その嚆矢であるコソヴォ紛争について具体例を述べることとしたい。

B.「人道的介入」の嚆矢となったコソヴォ紛争

　この「保護する責任」概念によって行われた「人道的介入」の嚆矢は，1998年から1999年にかけて2次にわたって生じたコソヴォ紛争であった。

　この紛争は，民族連邦制を採っていた旧ユーゴスラヴィア連邦内における冷戦終焉後の分裂に伴う紛争の1つであり，アルバニア系住民が人口比率で90％以上を占めているセルビア共和国内のコソヴォ自治州のアルバニア系住民が，セルビアからの独立を目指して起こった冷戦後の「新しい戦争」型の地域紛争であった。

　この際，旧ユーゴスラヴィア連邦の継受国であるセルビア側は，国連安全保障理事会決議で認められた「領土の一体性」という伝統的国際法に基づいて，現在もコソヴォの独立を認めていない。

他方，膠着状態にあったコソヴォ紛争へ国連から，特使として，元フィンランドの大統領であったアハティサーリをコソヴォの平和的独立を前提とした『アハティサーリ案』を携えさせて紛争解決の仲介の労をとった。

しかし，結局，コソヴォの独立に決定的な役割を果たしたのは，北大西洋条約機構（NATO）が『大西洋憲章』の5条を改定して，NATO軍の活動範囲を加盟国域外に拡大して旧ユーゴラヴィア連邦へ78日間にわたっていったNATO軍による空爆であった。

このNATO軍による空爆は，欧州安全保障協力機構（OSCE）をはじめとした国際団体による紛争地であったコソヴォにおける詳細かつ大量の調査によって，コソヴォにおいて，セルビア側からアルバニア系一般住民へ向けて，「ラチャク村事件」をはじめとした明確で大規模な民族浄化が行われていたことが直接の契機となり，検討された。この時点で，NATO加盟国内外から，NATO軍による「保護する責任」を求められたことから，NATOの活動地域を定めた5条を改定して，「人道的介入」をするべきとの判断の下，行われた軍事介入であった。

しかし，このNATO空爆は，「人道的介入」として熟議の上，実施されたものではあったが，嚆矢であったがゆえに，その後も問題を残している（百瀬，2015b：127-131）。

空爆による「誤爆」や「劣化ウラン弾」の使用による放射能汚染といった問題もあり，紛争自体が終了した後も，当初は，国連から国連コソヴォ暫定統治機構（UNMIK）が暫定的にコソヴォの行政を行い，コソヴォ平和維持部隊（KFOR）が，安全保障上の問題を担当していたが，コソヴォの独立を認めないセルビア側と独立を前提としたコソヴォ側との間で，両者が希望しているEU加盟への前提条件であるとして，EUが仲介の労を取ってはいるものの，両者の和解には至っていない。

それに加えて，セルビア側にロシア，中国といった国連安全保障理事会常任理事国の2カ国がついていることや，自国内に分離・独立運動を抱えている諸国も国際社会には多いため，2015年8月現在でも，コソヴォの独立を承認し

ている国は 111 カ国にしか及ばないままである(3)。

　これらを踏まえて，月村太郎は，コソヴォ紛争がわれわれに語りかけてくるものとして，国家の解体と地域紛争の関係，歴史と地域紛争の関係，地域紛争の国際化を挙げている。

　これらをコソヴォ紛争に当てはめると，国家の解体過程には解決するのが困難な紛争が生じる点，多民族国家の解体に伴って生じやすい点，いわゆる「大民族主義」が惹起される危険性，地域紛争の隣国への波及の危険性，国際社会の介入の可能性，といったことが指摘できるとしている。これらの点からみても，やはり，コソヴォ紛争は，国際社会が地域紛争のとらえ方を大きく変化させることの先鞭をつけたといえよう（月村，2013：258-259）。

3．バルカン半島における「大民族主義」

　冷戦終焉後の「新しい戦争」型の地域紛争が，バルカン半島地域諸国で勃発した背景には，バルカン半島諸国の諸民族が歴史認識として抱いてきた「大民族主義」的な思考が色濃く残っており，それらの矛盾から，民族紛争や宗教に関する紛争といった形で現れたものだといえる。

　西欧地域諸国の諸民族と異なった歴史を有してきたバルカン半島南西部地域諸国の諸民族は，西欧的な領域的支配より民族的支配を優位に思考するという歴史認識上の特徴を有する。

　このことから，考古学的な時代まで遡及して，歴史上，自民族が最も繁栄していたとされる時代，換言すれば，自民族の「黄金時代」の最大版図を自国領と認識する傾向が顕著である。

　これに従えば，各民族の「黄金時代」を地図に重ね合わせるまでもなく，各々の最大版図同士は必然的に重複してしまう。歴史上，領域的支配の経験よりも民族的支配の経験が優先されてきたバルカン半島南西部の各民族にとっては，この点において，みずからの民族・エスニシティやナショナリズムといったアイデンティティを，歴史認識の上からもやすやすと妥協をせずに強固に主張する傾向が珍しくない。

もともと,「ネイション」概念とは，西欧地域において，市民革命が発端となって近代以降に出現し，急速に普及していった概念である。
　その概念が，中東欧地域，そして南東欧・バルカン地域へと伝播していった過程で，西欧地域の「ネイション」が持っていたもともとの概念に歪曲が加えられたり，伝播した各地域にすでに存在していた土着的な共同体の概念との習合が生じたりした結果として，民族・エスニシティやナショナリズムそれ自体が持つ意味さえ，地域による齟齬が生じるようになったのである。
　こうした面も，「大民族主義」が発生しやすいというバルカン半島南西部地域の民族・エスニシティやナショナリズムの特徴に与えた影響は大きな要因の1つである（Suger and Lederer eds. 1969=1981：3-61）。
　こうした経緯で，バルカン半島南西部地域では，民族・エスニシティやナショナリズムは，各民族が有する（あるいは有してきた）「大民族主義」といった形で復活してきたとも指摘が可能である。
　本章で詳述していくバルカン半島南西部地域における旧ユーゴスラヴィア連邦から独立したコソヴォの事例でも，コソヴォが，旧ユーゴスラヴィア連邦を構成していたセルビア共和国内の一自治州であったがゆえに，民族の構成比率とは反対に，多数派のアルバニア人勢力が少数派のセルビア人勢力による抑圧や迫害に耐えかねて独立運動を開始したといった単純な理由だけでは説明しきれない部分が残る。
　コソヴォが，旧ユーゴスラヴィア連邦の一自治州を構成していた時期から，人口比で90％以上を占める圧倒的な多数派民族であるアルバニア人の集団と人口比で10％以下の少数派であるセルビア人の集団との間の不平等やアルバニア人側の不満が存在していたことは事実である。
　その結果が，1998年から1999年にかけての2度にわたる「コソヴォ紛争」につながり，UNMIKによる暫定統治の期限後に撤収した直後の2008年，コソヴォのアルバニア系住民による早期の完全な独立を切望する，無視できない大きな不満を背景に，コソヴォ共和国の独立宣言が行われることへとつながっていったのである。

しかし，このコソヴォ独立への過程を理解する上では，セルビア人側の持っている歴史認識，すなわち，「コソヴォは『中世セルビア王国（ネマニャ朝）の故地・聖地』である」，という歴史的経緯も考慮しなくてはならないといえるであろう（月村，2013：239-241）。

中世セルビア王国（ネマニャ朝）というセルビア民族の「黄金時代」の中心地はコソヴォであった。

この中世セルビア王国時代，その実質的支配者であったラザル公が，当時のボスニアの領主などと同盟を組み，バルカン半島に進出が著しかった欧州の文明圏とは，異質のアジア起源の文明圏に出自を持ったオスマン帝国軍との間で敗戦こそしたが，1389年にコソヴォの地で「コソヴォ・ポーリェの戦い」を行ったという歴史に基づいて，セルビア人は，コソヴォにセルビア人の「故地・聖地」といった歴史認識を有しているのである（唐澤，2015a；2015b；2013）。

ここに，セルビア人の持つ「大セルビア民族主義」的な歴史認識の起源がみられるといえる。

確かに，旧ユーゴスラヴィア連邦解体時の内戦中に，ミロシェヴィッチなどのセルビア人政治指導者は，旧ユーゴスラヴィア連邦内の一般のセルビア人からなる勢力に向けて，セルビア民族主義を，政治的な目的の達成のために利用しようとメディアなどを通じて大いに煽動した（月村，2006：245-259）。

しかし，そういった煽動が，一般のセルビア人の感情に訴えかけ，さらには現実の行動につなげさせた素地が，こうしたセルビア人という民族が持っている過去の歴史認識の中にあったことも一方で事実なのである。

そして，オスマン帝国の支配以降に移住してきたアルバニア人の末裔が現在のコソヴォに居住するアルバニア人の多数派なのである。

しかし，アルバニア人側にも，アルバニア人の民族の「黄金時代」に関する歴史認識が存在する。

アルバニア人の祖先は，考古学的な古い時代，ローマ帝国時代よりもさらに以前の時代から，バルカン地域西部を含む欧州，すなわち「ダルダニア」と呼

ばれる欧州のほとんどを包含する広大な地域に居住していたイリュリア人の末裔である。

　この時代こそが，コソヴォを含むバルカン地域どころか欧州の広域にわたって「元祖欧州人」の有力な一民族として居住していた「黄金時代」という歴史認識をアルバニア人は持っている。

　そして，考古学的な学術的成果から，コソヴォはアルバニア人の正統な居住地であると主張しているのである（月村，2013：240）。

　このアルバニア人の有する「黄金時代」から見れば，早く見積もっても，6世紀半ば以降になって，ようやく南下してバルカン半島南部に定住し始めたスラヴ系民族の末裔の一民族であるセルビア人などと比較して，そのはるか以前から，コソヴォも当然含む欧州のほとんどを包含する広大な地域に居住していた，ということになる。

　これは，セルビア人の「大セルビア民族主義」に対して「大アルバニア民族主義」的な言説と位置づけることが可能であろう。

4.「『アルバニア人居住圏』地域」をめぐる平和構築

A.「『アルバニア人居住圏』地域」をめぐる「新しい戦争」

　冷戦終焉前後に欧州で関心を持たれていた議論は，冷戦中に進捗した欧州統合によってもたらされてきた欧州の平和の行方，再統一したドイツがどのようなパワーとなるのか，そして，統一ドイツが欧州国際関係へ与える影響はどのようなものか，といったものであった。この論争は，冷戦中から継続していたネオリアリスト対ネオリベラリストの論争の延長線上にあり，冷戦への理解が，直接，冷戦後の欧州秩序の構造に関する予測と結びついていた。

　しかし，現実に冷戦が終結した1990年代以降は，東西ブロックが消滅して，国際関係の真のグローバル化ならびに相互依存が高まったことから，グローバリゼーション論やグローバル・ガヴァナンス論が台頭した。

　1970年代以来，制度論者が中心となり，国際的制度を重んじ，世界が多極

である場合でも，一定の協力体制が可能と見るリベラル派の主張が，多々，見られた。

現実に，冷戦終焉後初の国際的危機であった1990年のイラクのクウェート侵攻と，それに対して国際連合が派遣を決定し，1991年から多国籍軍の反攻したという事態を契機として，国際連合への期待は高まった。

1992年には，当時のガリ国連事務総長が，『平和への課題』の中で，国連による積極的平和が意味する調和，協調，統合を目指す取り組みとして平和構築を位置づけた。そして，消極的平和を目的とした平和維持や平和創造との区別を行って，紛争の基底にある抑圧，差別，貧困などの構造的暴力を排除しながら，社会の再構築と開発を促進するというガルトゥングの思考 (Galtung, 1985：144) を国際政治上で現実化することを目指したのである。

ここで，ガリは，平和構築の概念を「紛争の再発を避けるために平和を強化し堅固にする構造を見つけ，支えるための行動」であると定義した。これを受けた国連安全保障理事会は「平和の強固な基礎」をつくり出すための平和構築への支援を議長声明に盛り込む一方，国連総会も主権平等や内政不干渉などの国連憲章に規定された諸原則と合致させるべきであるという留保を付け加えながらも平和構築を支援することを決議した。さらに，国連が行う多くの平和支援活動の統合と調整を目指した2000年の『国連平和活動に関する委員会報告』では，「終結していない紛争を軍事的な領域から政治的な領域へと移行させ，その移行を永続的にする」ためには，民主的統治の定着が要請されるとして，民主化支援の重要性を強調した。

実際の多角的な平和構築活動では，国連の下部組織である政務局，平和維持局，そして，国連開発計画 (United Nations Development Program=UNDP)，国連難民高等弁務官事務所 (United Nations High Commissioner for Refugees=UNHCR) および地域機関や非政府団体 (NGO) などが関与し，それらの間での大がかりな連携と調整の上，実行されている (鈴木 (基)，2007：161-162)。

しかし，まもなく，世界各地で生じた民族紛争への介入における国連の軍事的能力の不十分さから，国連への過大な期待は，一時的なものに終わった。む

しろ，関心は，国連の担う平和活動の種類と数の増加により，国連の機能の多様化や世界政治におけるアクターの多様性の増加，特に「シヴィル・ソサエティ」と呼ばれるアクターへと移行していった。

続いて，1990年代末から2000年代初頭には，国際政治を米国の単極システムととらえた上で，その良し悪しは別として，「帝国」的な性格を指摘する議論が活発になった。しかし，これらの議論も，2001年9月11日の米国における同時多発テロ事件を転換点にして，変化を迫られた。冷戦後の世界で，圧倒的な軍事力を持つ世界唯一の超大国と見られていた米国であったが，2003年のイラク戦争開戦後は，圧倒的な軍事力を誇りながらも，フセイン政権後のイラクに効果的なガヴァナンスを設立できず，国際政治における戦争のあり方がまったく異なった時代が始まったという議論が沸き起こってきた（岩間，2009：173-175）。

それまでの国家同士，とりわけ軍事大国同士の戦争の時代から，「国家以外の主体によって起こるグローバル時代の組織的暴力」とカルドーが定義した「新しい戦争」の時代に国際社会は直面するようになったのである（Kaldor, 1999=2003：275-292）。

冷戦後の国際政治における戦争のあり方の大きな変化を念頭に置きつつ，冷戦終焉後，初めて欧州で生じた戦争である旧ユーゴスラヴィア連邦の解体過程で起きた内戦，特にボスニア・ヘルツェゴヴィナ紛争やコソヴォ紛争において，戦争のあり方が「新しい戦争」への重要な転換点となったことを，本章では，まず指摘したい。

そして，旧ユーゴスラヴィア連邦解体時の紛争が，国際政治における紛争解決のあり方や紛争後平和構築のあり方を変える上で，どのように位置づけられるのかについての考察を試みた上で，若干の展望を試みたい。

民主主義を定着させている国々が異なる類型の統治制度を持つ事実に鑑みると，異なる紛争後の社会に適した共通の統治制度があるとは考えにくい。それゆえ，平和構築の最重要な任務は，安定的民主主義を実現させる統治制度の設計を支援することにある（鈴木（基），2007：163）(4)。

この実践の上では，主に多数決型民主主義や多極共存型権限共有制といった民主主義統治制度が挙げられるが，旧ユーゴスラヴィア連邦のような多民族国家の統治の上では，異なる民族間の権力の制限，分割，分離，共有を図る政治制度が適切であると指摘されている。中でも，レイプハルトによって概念化された「多極共存型民主主義」が代表的である。レイプハルトは，多元社会においても多極共存型の導入によって統治能力を犠牲にせず，広範な同意を形成しながら安定的統治を実現できると述べている（Lijphart, 1977）。

　脱冷戦期における欧州での最初の紛争は，EU や NATO に未加盟であった欧州の周縁部である旧ユーゴスラヴィア連邦の分裂に伴う内戦であった。

　しかし，この事態に直面した際，多くのリベラル制度論者達の期待を裏切り，国連や全欧安全保障協力会議 (Conference on Security and Cooperation in Europe=CSCE，1995 年以降は，欧州安全保障協力機構 Organization for Security and Cooperation in Europe=OSCE が継受) といった国際機関や制度は，バルカン地域の民族・エスニシティをめぐる紛争を目の当たりにしながら，紛争の解決に対して無力であった。

　ボスニア・ヘルツェゴヴィナ紛争時の 1995 年 7 月に生じたスレブレニツァにおける大虐殺（長，2009）やコソヴォ紛争時の 1999 年 1 月に生じたラチャク村における大虐殺も未然に防ぐことができなかった（月村，2013：254-255；長，2009）(5)。

　この国連をはじめとした既存の国際機関や制度が地域紛争に無力であった理由は，結局，国連は世界政府ではないということ，そして，最終的には，国連安全保障理事会常任理事国 5 カ国の間での政策の合意がない限り行動できないという限界に行き着く。

　結果として，ボスニア・ヘルツェゴヴィナ紛争を収束させたのは，1995 年の国連安全保障理事会の要請に従って行われた，米国軍を中心とした NATO 軍による空爆であり，コソヴォ紛争を終結させたのは，1999 年に行われた国連安全保障理事会の承認なしに行われた米国軍を中心とした NATO 軍による空爆であった（山田（高），2011：106-108）。

コソヴォ空爆については，国際的な合意形成がないまま NATO が単独で軍事介入を行ったかのような見解もあるが，国際司法裁判所（International Court of Justice=ICJ）の判事であるフランクは，実際は，ロシアと中国を除く大多数の理事国が NATO による空爆を容認しており，空爆の結果にも事後に肯定したことから，原則のレベルでは国際的に支持されたものと理解できるとしている（Franck, 2003）。この点は，多谷千香子も同様の見解を示している（多谷，2006：143-157）(6)。

吉川元も，冷戦終結後の内政干渉の活発化の背景として，内政干渉を正当化しうるような新しい根拠が見出されるようになったからであるとして，次の3点の政治的思潮の普及を指摘している。1点目は，人権の国際化とそれに伴う積極的平和観，2点目には民主制度を基軸にした「良好な統治」の思想，そして3点目は地域共通の国際安全保障観である（吉川，2001：11-12）。

本来，市民一人ひとりは，自己の安全を国家に保障してもらう権利を有するが，国内秩序の崩壊や独裁者による人権侵害などにより市民の安全が確保されない場合もある。そのような時に他国が介入して市民の安全を保障すべきだとする考え方が支持を集めるようになったのである。

こうした「人道的介入」という概念を，カルドーは「ジェノサイドや大規模な人権侵害（大規模な飢餓を含む），あるいは国際人道法（「戦争法」）の重大な侵害を防止するために，当該国の承認の有無にかかわらず，国家に対しておこなう軍事的な介入」と定義している（Kaldor, 2007：17）。

したがって，人道的介入が対象とする脅威は，他国の行動に脅威が由来する国家安全保障や国際安全保障などとは異なり，自国内にその脅威の源泉がある。また，脅威を受ける対象も国家ではなく個人である。人道の介入を必要とする状況は，このような性質を持つことから，「人間の安全保障」に関する問題であると見られている。

冷戦後の人道的介入の特徴は，いずれも多国間的な介入であり，人道的な目的が介入を正当化する最も重要な理由として掲げられた点である。保護を必要とする人々と民族・エスニシティ的あるいは宗教的な接点がまったくなくて

も，あるいは戦略的な利益が伴わなくても，国際社会は人道的危機への対応を迫られるようになったのである（山田（高），2011：102-105）。

山田高敬は，行為主体が新しいものの見方や規範を提案したり，あるいはそれを受け入れたりすることで，国際関係の構造的な性質を変えることができると見るとともに，国際関係の現実を「主観的な社会」としてとらえる構成主義の立場から，冷戦後の人道的介入が正当性を獲得し，なおかつ多国間主義的な介入パターンがとられるようになったことが明らかになったと指摘している（山田（高），2011：110-114）。

このように，旧ユーゴスラヴィア連邦解体時の紛争解決に無力であったという反省が，欧州における平和構築の転換点となった。

それゆえ，1990年代半ばから後半にかけて，ボスニア・ヘルツェゴヴィナやコソヴォといったバルカン半島の紛争地域や紛争後の地域では，米国の強いリーダーシップの下に，NATO加盟国を中核とした諸国が，事実上，安定化と平和構築を担うようになっていった。そして，イシューごとに必要な主体が集まってガヴァナンスを考える必要性が認識されるようになったのである（岩間，2009：179-182）。こうして，1990年代半ば以降の国際平和活動は，「冷戦の勝利者」（Fukuyama, 1992）を任じる米国の単極化あるいは「『帝国』としてのアメリカ」（藤原，2002）の存在下で進んでいくかに思われた。

しかし，そういった国際社会の潮流を激変させたのが，2001年の米国同時多発テロ事件であった。この後，米国は「グローバル・ウォー・テロリズム（=GWOT）」を開始し，さらなる単独行動主義へと突き進んだ。だが，当初のアフガニスタンへの攻撃に当たっては一定の理解を見せ，協力もした欧州諸国の多くも，GWOTならびに米国の単独行動主義への違和感と反感を持つようになり，それを表明し続けるようになった。この欧州諸国の姿勢は，2003年のイラク戦争開戦時に，より明確に示された。

一方，21世紀の国際政治における戦争のあり方も，産業技術の進歩に伴い武益や兵器の持つ破壊力が高まるにつれ，クラウゼヴィッツ以来の「外交の延長」という位置づけ（Clausewitz, 1980=2001；1957=1996；1933=1968）から，限定

的な場合を除いて違法であるという位置づけへと変化してきている。

　すなわち，戦争というものの持つ意味が変わったのである。2011年の「米国9・11同時多発テロ事件」後の戦争の変化は，「新しい戦争」の時代への変化の文脈で解釈されるものであった（Kaldor, 1999=2003）。

5.「新しい戦争」の時代とアイデンティティ

　冷戦後の「新しい戦争」の本質にあるアイデンティティをめぐる紛争について述べる前に，まず，アイデンティティの対象たる民族・エスニシティに不可避的に関わってくるナショナリズムについて，ナショナリズム論と国際政治についての橋梁を試みているミラーのナショナリズム論を中心としながら，「新しい戦争」の時代のアイデンティティとしてのナショナリズムについて，その研究史を概観した上で，ミラーの議論の位置づけを試みたい。

　ナショナリズム研究それ自体は，コーンやヘイズなどによって，両世界大戦間期に本格的に始まったが，1980年代以降，脱近代の近代批判の観点からネイションとナショナリズムの脱構築が語られる一方で，アンダーソン，ゲルナー，スミスなどによる歴史社会学の分野で実証的な研究が進み，ナショナリズム研究は新しい段階に入った。これらの研究は，冷戦後の1990年代に世界各地で顕在化したナショナリズムの再燃に触発された面が強いものでもあった。この時点の一連の研究と議論の過程で，ネイション（国家）やナショナリズム概念の構築性もしくは虚構性は，ほぼ明らかにされた。

　しかし，その議論が，すぐさま単純に「ポスト国民国家」あるいは脱ナショナリズムの時代へと現実を規定できたかどうかについては，議論の決着を見るに至っていない。

　スミスが述べているように，ナショナリズムは，強かに，そして形を変えつつも，国際政治の中で生き続けているのである。加速化するグローバル化，多文化主義の台頭，それらの底流にあるアイデンティティ問題への関心の高まりなどによって，構築された虚構の観念であるにもかかわらず，ネイションの観念は消滅の兆しを見せるどころか，相対化されながらも無視しがたい影響力を

発揮しているし，今後も一定の役割を持ち続ける可能性が大いにある（Smith, 1991；1986）。スミスは，「聖なるもの」の4つの源とそれらが現代のナショナル・アイデンティティを支えるにあたって果たしている役割に焦点を当てた。それは，第1に，選ばれた民族という考え方，第2に，聖なる土地に対する集合的な愛着，第3に，黄金時代という理想，第4に，犠牲に基づいたナショナルな運命への熱望である（Smith, 2003=2007：iv）。

　ミラーは，ネイションやナショナリズムが構築された「虚構」の観念であり，「想像」の産物であることを承知した上で，そういった構築された「虚構」や「想像」の産物が，自由，平等，熟議的な民主主義，自己決定などなどの価値理念とどう関連しあっているのか，どのような条件の下で受け入れ可能なものになりうるのか，という問題提起と独自の規範的見解を提示している。

　一方で，現実の国際政治における「アイデンティティの政治」の登場は，「移動する人々」の社会の拡大，「ガヴァナンス論」の台頭，地域主義の登場と強化と並ぶ21世紀における新しい現象であるとされている。そして，この4点に共通するのは，国家とナショナリズムの不可分の関係の存在であり，国民国家が歴史上登場して以来，近代的な政治理念であり続けたナショナリズムの変化が生み出すものである（竹中，2009：23-26）。

　ミラーは，バイアスがかかって見られるという理由で，ナショナリズムという用語の代わりにナショナリティという用語を使用しつつも，「新しい戦争」の背景にあるアイデンティティとしてのナショナリズムについて考察を行っている。また，議論に先んじて，ナショナルなものにかかわる一切の主張や要求を頭から拒絶する態度やナショナリズムを津波のような自然の力とみなす態度，そしていわゆる「現実主義的な視点というべきもの」をミラーは拒否するという立場を明らかにしてもいる（Miller, 1995：4-7）。

　こうした前置きをした上で，ミラーは，世界の至るところで起きている「新しい戦争」により，ナショナル・アイデンティティの問題があらためて浮上してきているという認識を提示している。そして，その認識の下で，ナショナリズムという概念の保守性とともにナショナリズムの持つ建設的な側面としての

革新性を再検討している。

　民主主義や社会正義の達成上，その集団の構成員が共通のアイデンティティという紐帯によって，相互に結びついている共同体は不可欠であるとミラーは主張する。そして，その共同体の相互信頼の下で一定の規範が遵守されることが必須なのだとミラーは指摘している。

　そして，共通アイデンティティ感覚が脅威にさらされ，ある種のグローバルな個人主義といった方向に押し流されているということへの強い危機感を訴えているのである。

　このような問題意識から，ミラーは，ナショナリズムの革新的な形態として，次の2点を擁護している。第1点は，ネイション，特に民主的に統治されたネイションが長年にわたってその構成員のために施してきた恩恵については正当に評価されてしかるべきという点である。第2点は，ネイションの活動がほかのネイションに対して犠牲を強いてきた場合には，みずからが引き起こした損害の回復に責任を持たなければならないという点である。この2点は相互補完的なものであって，国際法の枠をはるかに超えたネイションの倫理的な拘束の下に置かれるからである。

　そして，過去から引き継いだ制度と価値を必要に照らして批判的に吟味し，政治的論議と教育を通して，対内的な連帯を提供すると同時に倫理的な外交政策を強調するようなナショナリズムの諸形態のあり方を目指すべきであるとしている (Miller, 1995=2007 : ix -xv)。

　ミラーによれば，冷戦終焉後の世界で東西のイデオロギー対立が影を潜めるにつれて，ナショナル・アイデンティティとナショナルな自己決定という問題が浮上してきた。そして，ナショナルな政治によってナショナルなアイデンティティが侵害され，正当な要求が無視されていると訴えた結果が，旧ユーゴスラヴィア連邦の解体過程で起きたボスニア・ヘルツェゴヴィナ紛争やコソヴォ紛争なのである。さらには，同様の「新しい戦争」が世界各地で頻発し，熾烈な戦争につながっているとミラーは指摘している。さらに，このような事態に対して，リベラル派の人々は確固たる態度を決めかねているとも述べてい

る（Miller, 1995：1-2）。

　冷戦後の国際政治で直面させられている領域は，ミラーによると，4点に分類できる。第1点は，境界線をめぐる問題，第2点は，ナショナルな主権をめぐる問題，第3点は，一国家の内政にとってナショナリズムがどのような意味を持つのかという問題，第4点は，われわれが個人としてナショナリズムの要請にどこまで応えるべきかという倫理的義務をめぐる問題である（Miller, 1995：2-4）。

　そして，ナショナリズムという観念を相互に関連する3点の命題を含んだものとして探求し，擁護している。

　第1点目の命題はナショナル・アイデンティティにかかわっており，人がある特定のナショナルな集団に属しているということは，まさしくその人のアイデンティティの一部を形成するという主張，換言すれば，ネイションにアイデンティティを見出すことやみずからをネイションの不可分の一部であると感じることは，「世界の中での自分の居場所」を理解するごく普通のやり方であるという主張である。

　第2点目の命題は倫理的なもので，ネイションは倫理的共同体であり，境界線によって仕切られた義務の存在を肯定するという主張である。

　第3点目の命題は政治的なもので，特定の領土内でナショナルな共同体を構成する人々は，当然，政治的自己決定への要求を保持しているという主張である。ただし，ここでは，求められる制度を主権国家に特定しないと留保している。

　そして，この3点の命題を一体のものとして強調しているのである（Miller, 1995：10-12）。

　最終的には，内からの多文化主義への圧力と外からの世界経済のインパクトを前にして，われわれは，どこまでナショナル・アイデンティティを守っていくべきなのかと自問した上で，ナショナリズムの自覚的な擁護の必要性を重ねて強調する。そして，政治共同体は，可能な限り，その構成員が多くのさまざまな個人的また集団的アイデンティティを超えて1つになる共通のナショナ

ル・アイデンティティを分かち持つような形で組織されるべきであり，政治的境界の線引きは単なる偶然の事柄とみなされるべきではないとミラーは結論づけ，リベラルとナショナリストの間に見られる齟齬を乗り越えた「リベラル・ナショナリスト」という立場の可能性を提示している（Miller, 1995 : 183-195）。

6.「新しい戦争」の時代のバルカン半島地域と大欧州世界

　伝統的な国際政治学が扱ってきた戦争や安全保障についての主たる考察対象は，軍事大国間で行われる「世界戦争」であり，冷戦後に頻発している発展途上地域に位置する小国同士の地域紛争や内戦は，必ずしも関心が注がれることのなかった領域であった。

　しかし，冷戦後の戦争・紛争の多くが，これまでの主流であった国際紛争と異なる小国同士の地域紛争や内戦である以上，こうした「新しい戦争」の一群を前にした平和構築に対する非伝統的な国際政治学の視点と考察が必要に迫られているといえよう。

　伝統的な国際政治学の扱ってきた伝統的戦争と冷戦後の非伝統的な「新しい戦争」を比較すると，大きな相違点を次のように3点挙げることが可能である。

　まず，第1点目は，戦争の主体の変容である。戦争の主体が国家，それも軍事大国から戦争の主体の拡大が生じて，国家以外の主体による戦争が生じるようになったことである。中には，冷戦時代に行われていた米ソ両国間による東西両陣営への囲い込みを目的とした開発途上国への支援合戦が終わった頃から出現した破綻国家あるいは脆弱国家と呼ばれる政府のない国家の紛争の発生という新たな紛争形態も頻出している。このような事例では，そもそも近代国際関係の大前提である主権を持った近代国民国家というもの自体がないため紛争の解決がきわめて困難である。なぜならば，近代国民国家は，ホッブズ，ロック，ルソー等が「社会契約説」で解釈を試みた国家権力による暴力の独占を委ねる対象としての国家自体が不在，あるいは解体した状況だからである。

　第2点目は，戦争の争点の大きな変容である。伝統的戦争が何よりも具体的

利益の確保や拡大をめぐる争いであり，軍事力という具体的な手段を用いて，領土，勢力圏，天然資源，そして市場をはじめとする経済的利益を防衛あるいは拡大するものであったのに対して，利害計算から争点を証明できるものがごく少なくなったことである。冷戦後の「新しい戦争」では，民族や宗教のようなアイデンティティにかかわる争点の重要性が著しく高まったことが背景にあるのだが，こうした価値観や信念にかかわる紛争は，利益の分配をめぐって発生する伝統的戦争に多く見られた紛争と異なり，合意を得ることが難しい。

　第3点目は，対抗手段の変容である。伝統的戦争では，戦争回避の最大の手段として，軍事力による対抗，すなわち抑止戦略が有効であったのに対して，「新しい戦争」では，抑止戦略の効力が必ずしも有効ではないことである。民族や宗教の相違に起因するアイデンティティを争点とした紛争においては，反撃を恐れない主体同士の戦争となるので，利害計算が度外視される。したがって，対抗手段としての抑止力の意味がなくなってしまうからである。

　このような変化を遂げてきている戦争に対する平和構築は，主体が国家に限定されず，軍事力によって対抗することの難しい，きわめて困難な紛争を対象として進めることを強いられるようになった（藤原，2011：6-13）。このようにわれわれが向き合っている伝統的戦争と異なった「新しい戦争」とは，主体が国家と限らず，アイデンティティを争点とし，さらに国家権力の弱体性や喪失が背後にあるという，伝統的戦争とは著しく異なった紛争の一群なのである（藤原，2011：15）。

　こうした冷戦後の国際政治における伝統的紛争から「新しい戦争」への変容に対しては，やはり伝統的な平和構築から歩みを進めて，新しい戦争の時代に適応可能な新たな平和構築を構想しなくてはならないであろう。

　平和構築とは，戦争によって壊されてしまった社会を再生する作業であるが，戦争違法化と国際関係の制度化といった冷戦終結後の国際社会の変化の潮流に合わせて，紛争地域における紛争解決と紛争後平和構築における社会の再生・復興の上では，伝統的な国際政治学における安全保障研究や伝統的な国際経済学における開発経済学の議論といった関係諸学を学際的かつ相補的に地域

の現状に合わせて適用していく必要がある（稲田，2004：42）。

　平和構築は，伝統的な安全保障政策や開発協力と重複しながら，それらと異なる多くの領域をも包含しなければならなくなってきているのである。

　欧州においては，冷戦終焉後，欧州で初めて生じた紛争である旧ユーゴスラヴィア連邦の解体に伴う紛争に対して，どのような対応をとってきたのであろうか。

　まずは，冷戦終焉後に欧州へ周縁地域諸国が統合されていった過程を概観してみよう。

　冷戦の終結は，欧州における地政学的な権力構造を大きく変化させることになった。当時の東欧諸国は，東西に分け隔てられた欧州の分断線の消滅を西側への「復帰」の機会ととらえ，「統一欧州」への期待を膨らませた。

　しかし，ワルシャワ条約機構（Warsaw Treaty Organization=WTO）の解散は，東欧諸国にとって，2点の安全保障上の不安を伴うものであった。それは，1990年のドイツ統一によるドイツの東欧への影響力の行使への懸念と1991年の旧ソ連邦の解体後のロシア国内政治の右傾化による東欧への影響力の行使への懸念であった。欧州共同体（EC，当時）やNATOへの即時加盟がかなわなかった東欧諸国は，こうした安全保障上の問題を地域の課題として取り組むために，地域協力を活発化させた。

　一方，当時の西欧諸国においては，冷戦終焉後，ECを中心とした統合の推進上，ECの周縁部の欧州諸国にも「下位地域協力」という形で，欧州との関係性を強化しようという試みがなされている。その結果，EC，後のEUの論理から進められている「上からの統合」と，地域に住む住民のイニシアティヴによる「下からの越境地域協力」の両方が，模索されつつ進行している（髙橋（和），2007：192）。マクロ・レベルやメゾ・レベルの地域協力がEU統合にどのように参加するかという観点からの地域協力と考えられるのに対して，ミクロ・レベルの越境地域協力（Cross Border Cooperation=CBC）は地域固有の論理が働いた成果であった（髙橋（和），2012：156-159）。

　この動向は，冷戦終結後の1990年代から始まった。まず，1990年にECが

国境をまたいだ地域間の協力を推進させようという政策である越境地域協力計画（INTERREG）を開始したことが嚆矢となり，欧州における越境地域協力の数が飛躍的に増加した。この中には，ユーロリージョンと呼ばれる地方自治体，ミクロ・レベルの越境地域協力が含まれる。

　この政策を推進する上でのEU側の論理としては，冷戦終結後，欧州においても，旧ユーゴスラヴィア連邦の解体に伴う内戦の発生などがあり，旧来の伝統的安全保障観に基づく秩序が大きく揺らぐ状況の中で，冷戦時代からEC（当時）やNATOといった場で議論されてきた脱冷戦期の欧州のグランド・デザインが基盤にあり，冷戦が終結して，そのグランド・デザインの具現化を行うというものであった。実際，冷戦後の欧州統合過程において，欧州で国家間レベルの統合の動きが足踏みする中，地域の側からのイニシアティヴの活発化が目立ってみられるようになり，遅れて，国家間レベルでも地域協力の枠組みがつくられ，始動し始めた。

　主な下位地域協力体としては，例えば，ポーランド，ハンガリー，旧チェコ・スロヴァキア連邦（1989年の「ビロード革命」以降はチェコとスロヴァキアに分裂して加盟継続）ヴィシェグラード協力（Višegrád Cooperation）などが挙げられる。ヴィシェグラード協力は，1992年に中欧自由貿易協定（Central European Free Trade Agreement=CEFTA）を締結した。なお，中欧イニシアティヴ（Central European Initiative=CEI）は，アルペン・アドリア協力，1990年にペンタゴナーレ，1991年にヘキサゴナーレとなった後にCEIになるという変遷をたどった。

　そのほかにも，環バルト海諸国評議会（Council of Baltic Sea States=CBSS），バルト海沿岸都市連合（Union of Baltic Cities = UBC），また，VI章で詳述したトルコを中心とした黒海経済協力機構（Black Sea Economic Cooperation=BSEC）などがある。

　さらに，EUは，隣接する域外地域に対して，近隣諸国対策の1つとして，活発化していたミクロ・レベルの地域協力であるCBCの奨励も行ってきた（髙橋（和），2007：177-182）。

　こうしたEUと下位地域協力としてのユーロリージョンなどの活動は，EU

内で，近視眼的な経済的側面に限定すると，必ずしも肯定的な評価を得られるに至っていない。

しかし，政治的過程という側面では，「補完性の原理」の役割を果たしていることやCBCの運営形態としてのユーロリージョンが地域内のコミュニケーションを水平方向のみならず垂直方向にも拡大することになり，域内国家間の信頼醸成措置としても機能するようになる，といった肯定的な評価も見られる。

髙橋和によれば，越境地域協力に期待されている主要な点は，次の3点である。第1点は，国家間レベルの対立に翻弄されてきた地域が対立を克服するために主体的に取り組む地域レベルでの「和解の過程」となる点。第2点は，住民の生活レベルでの地域の再生であるという点。第3点は，将来の世代のための交流の機会となることが期待されるという点である。そして，この3点において，越境地域協力は，期待に沿った一定の成果を出しているという（髙橋（和），2007：190-191）。

ところで，EUの個々の加盟諸国に対して，旧ユーゴスラヴィア連邦地域の紛争後平和構築に関与する中で，なぜ，地域統合体としてのEUも同時に支援を行うのか。また，EUによる支援の特徴とはどのようなものであるのかについて考察すると，EU側の論理が背景にあることが指摘できる。

EUは，経済・通貨などの経済分野にとどまらず，共通外交安全保障政策（Common Foreign and Security Policy=CFSP）の策定，司法内務協力などの各分野の統合も目指している上，ほかの地域統合体や国際機関と異なり，加盟国の国家主権を一定程度制限し，EUの諸機関である欧州議会，欧州委員会，欧州中央銀行などの権限を強化しているという特徴を有する。

EUが紛争分野に積極的に関与する理由はここにある。

欧州の統合そのものが平和を実現するプロジェクトであり，統合の拡大，共通の外交・安全保障政策，開発協力，対外援助などを通じて域内外の安定を目指しているのである。欧州の安定は，欧州の繁栄にとって重要な条件であり，統合の目的に合致する。EUに隣接している欧州の周縁部である旧ユーゴスラ

ヴィア連邦地域の紛争解決に対して，EU が積極的に取り組んでいる背景にはこうした論理が働いているのである。

また，グローバル化の進展により，個々の国家レベルによる古典的な二国間外交のツールでは「新しい戦争」に対して効果的な対処ができないという事情も大きな理由である。国際的な協力や多国間の協調行動が不可欠な時代への変化が，多国間の調整機能を持つ地域統合体であり国際機関でもある EU の役割を大きなものとしているのである（渡辺，2004：113-115）。

こうした EU の紛争解決や紛争後平和構築へのアプローチの基本姿勢は，紛争予防を中心に，さまざまな外交・援助ツールを利用した支援に特徴が見られる。

多国間機関であるがゆえに，迅速な対応に欠ける側面など，残されている課題もあるが，広範な領域をカバーする EU の持つ強みとは，EU 加盟国を背景とした外交手段を通じた国際的な調整機能と域外の国家や機関との協議による情報の共有機能を持つところにある。具体的には，EU 加盟国の総意としての政治的意思の表明，ほかのドナーとの政策協議，現地での個々のプロジェクト・レベルにおけるドナー間の調整，信託基金への参加などで発揮されている（渡辺，2004：131-132）。

将来的に政治統合を目指している EU は，その拡大と深化の過程で，「平和のプロセス」としてのさらなる営為を実現していく可能性が大いにある地域統合体といえる（坪郷，2006：ⅰ-ⅷ）のみならず，紛争解決や紛争後平和構築に対して，より大きな役割を果たすようになるであろう。

事実，EU による旧ユーゴスラヴィア連邦の紛争後平和構築は，徐々にではあるが具体的な成果を示しつつある。

セルビアは，2009 年に EU 加盟の申請をした見返りに，2011 年，EU の要求に応じて，オランダのハーグにある旧ユーゴスラヴィア連邦国際刑事裁判所（International Criminal Tribunal for Former Yugoslavia=ICTY）に起訴されていたボスニア・ヘルツェゴヴィナ紛争時にセルビア系武装勢力の司令官ムラディッチ被告ならびにクロアチア紛争時のセルビア系武装勢力の指導者であったハ

ジッチ被告の拘束を行って，ICTY に引き渡した。ハジッチ被告は，ICTY の訴追を受け，セルビア政府当局が逮捕して，ICTY が設置されているハーグに身柄の送致をした 47 人目の最後の戦犯被告であった。セルビアのタディッチ大統領（当時）は，「セルビアはこれで国際的な，とりわけ道徳的責務を完遂した」と述べている（町田, 2013：125）。

EU はこれを受けて，2012 年にセルビアを EU 加盟候補国として承認したが，コソヴォとの緊張緩和を求めた EU の次なる要求をめぐるセルビアの国内世論の反対などにより，セルビアの EU への加盟交渉は開始に至らないという状態が続いていた。

しかし，EU の外相に相当する EU 外交安全保障上級代表のアシュトン（当時）による仲介工作により，2013 年 4 月 19 日にブリュッセルにおいてセルビアのダチッチ首相とコソヴォのサチ首相は，両国の関係正常化に向けた EU の仲裁案に基本合意し，EU が仲介した関係正常化についての 15 項目からなる合意書に署名を行った。

セルビア，コソヴォ両国の共通の目標である EU 加盟に向けた前進という点で意義深い合意であったといえよう。大枠においての合意であり，各論部分は今後の課題として残されてはいるものの，両国が「互いに EU への道を阻害しない」ことで一致したことで，コソヴォの国家承認を拒否しているセルビアがコソヴォの EU 加盟を認める形となった。他方，コソヴォ北部のセルビア系市民が集住している地域で，セルビア系市民に警察権や裁判権も含めた限定的な自治権を認める譲歩をコソヴォ側も認めた。

これを受けて 2013 年 4 月 22 日には，両国が EU に対して最終合意をする旨，回答をしたことで，欧州委員会は，セルビアの EU 加盟交渉とコソヴォの EU 加盟の前提となる安定化・連合協定（Stabilization and Association Agreement=SAA）の締結に向けた交渉開始を加盟国に提案した。こうして，セルビアの EU 加盟交渉とコソヴォの EU 加盟を目指す取り組みは加速化すると見られる。

当然ながら，紛争当事国であったセルビアとコソヴォの一般市民同士の真の

和解は即時に解決できる問題ではない。実際，ブリュッセルでの両国の関係正常化に向けた交渉の間にも，コソヴォ北部のセルビア系市民の集住しているミトロヴィッツァ（セルビア名ではコソヴォスカ・ミトロヴィッツァ）(7) やセルビアの首都ベオグラードなどでは，セルビアとコソヴォとの関係正常化の合意に反対するデモが行われた。また，仲介役の EU 内部にすら，スウェーデンのビルト外相のように，「セルビアとコソヴォの合意を歓迎しつつも，実現は容易ではない」といった悲観的な見通しを示す向きがあるのも事実である。

しかし，ボスニア・ヘルツェゴヴィナ紛争やコソヴォ紛争を転換点として，国際社会による特別な司法措置である司法介入の現実化である国際戦犯法廷をオランダのハーグに常設化して，いつでも機能させることを可能にしたことならびに EU という地域統合体による仲介によって，欧州では，「新しい戦争」に見合う新たな紛争後平和構築の方向性を模索し，一定の成果を挙げつつある（柴，2015a；2015b）。

これは，「新しい戦争」の時代に適応した新しい平和構築に向けた国際社会の対応の模索であり，平和構築に向けた試みの1つである。

こうした紛争地域における国際法に基づく国際裁判と周辺諸国で構成されている地域統合体の仲介という平和構築の手法は，ほかの紛争地域および紛争後地域の平和構築過程においても一定の効果をもたらす可能性をはらんでいるのではないであろうか。

確かに，この旧ユーゴスラヴィア連邦における紛争は欧州で生じたものであり，その解決には，すこぶる欧州的な価値観などの反映が見られることも否定はできない。

しかし，少なくとも，平和構築に成功しつつ前進している事実に鑑みて，ほかの地域にも通じる一定程度の普遍性を持った先例として位置づけることも不可能ではないであろう。

EU 加盟問題も絡んだセルビアとコソヴォの関係正常化の過程は緒についたばかりではあるが，「新しい戦争」の時代における新たな平和構築の方向性を探る上でも，旧ユーゴスラヴィア連邦解体に伴った紛争後の平和構築の行方に

は，引き続き注目していく必要性が大であるといえよう。そこから，世界各地で頻発している「新しい戦争」に適用可能な新しい平和構築の普遍的なあり方についての新たな知見が見えてくるのではないかと筆者は思料する。

7.「『アルバニア人居住圏』地域」の形成

　まず，鍵概念であり最も重要な「『アルバニア人居住圏』地域」が，いかにバルカン半島南西部地域に出現するに至ったのか，その形成過程について，概略から述べていく。

　現在のアルバニア人が，古代の欧州において，現在のアルバニア共和国をはるかに凌ぐ「ダルダニア」と呼ばれた広範囲の地域に居住していたイリュリア人の末裔であることまでは，考古学上，疑いを挟む余地がないという共通理解が得られている（Shukriu, 2012）。

　言語学上も，アルバニア語は，印欧語に属するが，ゲルマン系，ラテン系，スラヴ系の三大語派には含まれず，「アルバニア語」のみで１つの語派を成している。こうした区分をされている印欧語は，ほかに隣国であるギリシア語のみである。長く周辺諸民族の支配下に置かれたことや近代化が遅かったことなどの影響で，当然，周辺諸語との文法上の類似点や借用語は見られるが，アルバニア語は，欧州のほかの言葉との間に酷似点が多くはない。

　また，現代アルバニア語を表記する正書法こそ，ラテン・アルファベットを用いているが，これは，近代に至るまで，アルバニア語が固有の文字を持たなかったため，近代以降，既存のアルバニア語の表記にラテン・アルファベットを導入したからに過ぎない（金森，1997b）。

　アルバニア北部からコソヴォ以北にかけてのゲグ方言の地域とアルバニア南部を中心とするトスク方言の地域に，若干の文化的格差があるという指摘もある（月村，2013：150）が，それ以上に，アルバニア人自身が，「我々こそが，古代欧州の先住民族であるイリュリア人の末裔であり，現在の他の全ての欧州諸民族に先駆けて欧州に居住し続けてきた真の欧州人とは我々，アルバニア人である」というきわめて強い自己認識を持っている。

確かに「『アルバニア人居住圏』地域」全域をくまなく観察すると第二次世界大戦後，アルバニアが旧ユーゴスラヴィア連邦と断交後，事実上，アルバニアが鎖国状態になったことで，近代国境で区切られていた時代の間，同じアルバニア人でも，双方の自由な往来は不可能に近く，その間に「『アルバニア人居住圏』地域」内で，分断されたアルバニア人の間で地域的な差異が生じていたことは確かである。アルバニア本国のアルバニア人と旧ユーゴスラヴィア連邦側，主としてコソヴォとマケドニア北西部地域に集住していたアルバニア人との間に近代国境による線引きによって，一定期間，往来が極端に困難であった時代の双方のアルバニア人の間に相違が生じなかった方が不自然であったといえよう。

　アルバニア国内のアルバニア人は，一国内ですべての経済活動を完結させようというアウタルキー経済体制と旧ソヴィエト連邦がスターリン主義を放棄した後でも，スターリン主義に執着して，全土にバンカー（トーチカ）を敷設し，全人民に武装を義務づけていた。そして，体制転換以前のアルバニアは，欧州最貧国のまま，さらに経済的に窮乏化していき，1967年には世界初の無宗教国家宣言を行うなど，ホッジャによる独裁時代に続いて，アリアによる労働党一党独裁の継承により堅持された徹底したスターリン主義社会主義国家を標榜すべく邁進することで，まさに世界から孤立状態にあったのである（NHK取材班，1987；Hamm 1963=1966）。

　反対に，旧ユーゴスラヴィア連邦内のアルバニア人は西側諸国に最も開放的であった旧東欧地域の国，旧ユーゴスラヴィア連邦内のコソヴォやマケドニアに居住していたため，むしろ，経済的側面で豊かであるだけでなく，国外の情報へのアクセスや移動の自由度への規制が緩やかであった時期もあった。

　この2者を比較すれば，東欧革命の波及までの間に同じアルバニア人が居住している「『アルバニア人居住圏』地域」内部でも地域的な相違が生じたことは無理もないことであり，事実，そのような状況が東欧革命の波及までの期間

に生じていた。

　しかし，その格差は結果から見る限り，冷戦終焉直後から旧ユーゴスラヴィア連邦の解体に至る過程で，ほぼ自然発生的にアルバニア，コソヴォ，マケドニア北西部のアルバニア人の相互協力によって，「『アルバニア人居住圏』地域」が形成されて，有形無形の交流が急激に活発化している現実を前にして，十分な説得力を保ちえる程度の相違ではなかったといっても過言ではない。

　アルバニア人の「国民国家（民族国家）」として，近代独立主権国家としてアルバニアが旧オスマン帝国の支配の頸木から解放され，初めて独立した民族国家となったのは1912年である。

　独立後，アルバニア国内でゾーグを首魁とする現実主義派と，ノーリを首魁とする理想主義派との政治闘争の結果，勝利した現実主義者のゾーグは，みずからゾーグ一世を名乗り，アルバニア王国に国家体制を変更した。

　だが，このアルバニア王国の独立は長く続かなかった。

　第二次世界大戦の勃発で，イタリアの軍事侵攻で，アルバニア王国は，その全土がイタリアの保護領を経て併呑されてしまう。国王ゾーグ一世は，家族を連れて国外へと亡命。アルバニアは，イタリアの連合国側への降伏後もドイツの軍事侵攻により，続いてドイツの支配下に置かれた。

　しかし，アルバニアにおける共産主義パルチザンの指導者ホッジャは，同様に枢軸国側の占領下に置かれていたユーゴスラヴィア王国の再独立を目指した抵抗勢力の中での有力な指導者であり，第二次世界大戦後，社会主義国として再独立した。ユーゴスラヴィア連邦の「国父」となるティトー率いる共産主義パルチザン勢力と共闘した。その結果，アルバニアにおける抵抗運動によって社会主義国家としてアルバニアは再独立を果たしたのである。

　アルバニアにおける枢軸側勢力を駆逐して，共産主義パルチザンの指導者であるホッジャが共産党臨時政府成立の宣言を行い，全土を解放したのはドイツ降伏に先立つ1944年であった。

　しかしながら，第二次世界大戦後の平和とて，長くは続かず，国際関係は，冷戦時代に移ることとなった。

冷戦時代の当初，ホッジャが率いるアルバニアも，ティトーが率いるユーゴスラヴィア連邦も，スターリンが率いる旧ソヴィエト連邦を中心とした東側陣営と足並みをそろえていた。

　しかし，スターリンが，コミンフォルムを「旧東欧地域」にあった東側陣営の諸国を，旧ソヴィエト連邦の衛星国として事実上の支配下に置くための道具として利用し始めたと理解したティトーは，コミンフォルムが当初の社会主義国間の平等の精神に反しており，ユーゴスラヴィア連邦は，ソヴィエト連邦の衛星国になることを是とせずとして譲らず，対立の結果，旧ソヴィエト連邦により，ユーゴスラヴィア連邦はコミンフォルムから除名されるという形で両国は袂を分かった。

　このユーゴスラヴィア連邦のコミンフォルム除名を受けて，第二次世界大戦中に共闘関係の「戦友」であったはずのアルバニアのホッジャは，すでにスターリン主義を標榜する国内の体制を確立する段階にあり，スターリンと決別して独自の社会主義路線に進む道を選択したユーゴスラヴィア連邦と路線対立により断交した。

　その後，旧ソヴィエト連邦をスターリンが率いている期間，旧ソヴィエト連邦の全面的な支持と協力によりスターリン主義社会主義の思想と理論の下，1912年の最初の独立以降，ずっと欧州の最貧国であった貧弱な国内の経済体制を構築する一方で，当時，「3人に1人はシグリミである」といわれていたほど徹底した秘密警察「シグリミ」を重用したホッジャの行った恐怖政治は，シグリミを大いに利用することで，アルバニア国内の政敵を次々と徹底的に粛正することに成功して，みずからの権力基盤を盤石とすることに成功。アルバニアの事実上の独裁者となった。

　「国父」ティトーは，自身のカリスマ性にのみ頼るのではなく，多民族国家であるユーゴスラヴィア連邦を維持する上で，生涯，ティトーの「ブレーン」であり，現在のスロヴェニアの首都リャブリャナ出身の学者であったカルデリ（Kardelj, 1976=1976；1975a=1975；1975b=1986）の知識や理論を実現化するという，事実上の「二人三脚」で，国内的には独自の労働者自主管理社会主義体

制，対外的には，冷戦時代，東西両陣営のどちらにも属さないという立場を標榜する「非同盟中立会議」を組織する上での中心的な役割を果たすといった独自路線を進めていく。

この同じ時期に，隣国であるアルバニアは，旧ソヴィエト連邦との蜜月関係を継続して，旧ソヴィエト連邦の支援を受けつつ国内の経済発展を進めていた。

しかし，この旧ソヴィエト連邦との蜜月関係は，1953年のスターリン没後の旧ソヴィエト連邦における1956年のニキータ・フルシチョフの行った，いわゆる「スターリン批判」とそれに基づく旧ソヴィエト連邦の社会主義路線の方向変換を修正主義として批判したホッジャは，旧ソヴィエト連邦とも1961年に断交した。

この段階で，アルバニアは，冷戦体制下の欧州において，東西両陣営のどちらにも属さない「スターリン主義の孤塁」を自負して，欧州全域の中で事実上の「欧州の孤児」となる事実上の鎖国状態に望んで入っていったといえる。

その後，中華人民共和国の文化大革命（矢吹，1989）の時期（1966年から1976年までの時期とされるが，1977年までとする説もある）に限って，短期間，中国との蜜月関係時代を保った。

アルバニアと文化大革命期における中国の関係は，本当に蜜月関係と呼んで相応しいものであった。「北京＝ティラナ枢軸」と呼ばれた上，「アルバニア労働党（独裁体制を盤石としたホッジャの率いる共産主義政党）」と「中華人民共和国人民政府」という主語を入れ替えると，公的文書のほとんどが，両国のどちらの発した文書か判別不能といわれていたほど，その両国の目指す方針は酷似していた。

この時代の「北京＝ティラナ枢軸」の国際関係に与えた影響も無視できない。

最も大きな影響を与えたとされているのは，国際連合において，国際連合自体の設立以前から長く続いていた最大の懸案の1つであった「中国代表権問題」（天羽，1990：408-431）への影響である。

国際連合の発足当初，拒否権を行使できる国連安全保障理事会常任理事国5カ国の中で，中国を代表していたのは国民党政府の率いた中華民国であった。しかし，第二次世界大戦後，再発した国共内戦の結果，事実上，中国の大陸部分を掌握していたのは，中国共産党政府の率いた中華人民共和国であった。

　事実上，台湾しか実効支配できていない中華民国政府は中国を代表する政府足りえず，中華人民共和国政府こそが中国の代表足るべきであるという，1971年にアルバニアが国連で行った「第26回国際連合総会2758号決議」，いわゆる「アルバニア決議案」（天羽，1990：252-255）が，中華人民共和国を国際連合，そして国際連合の安全保障理事会常任理事国の席に着かせた決定打であった。これにより，中華民国は，国連を脱退することとなったが，いずれにせよ，「中国代表権問題」を決着させた点1つをとっても，国連総会を舞台にした国際関係史上，大きな変動をアルバニアは起こした。この詳細は，多くの先行研究が出されている上，本章の主題そのものではないので，詳細については，（天羽，1990）に譲ることとする(8)。

　しかし，その中国とも，文化大革命の後，中国の社会主義路線の転換を是としなかったアルバニアと中国との二国間の蜜月関係も急速に冷却化し，この後，アルバニアは「欧州の孤児」どころか「世界の孤児」になり，ますます孤立する道を辿ることとなった。

　その後，1989年以降の東欧革命のバルカン半島地域諸国への波及は，1945年の第二次世界大戦後の国際秩序を規定することとなった米ソの両超大国による東西イデオロギーの二極対立の冷戦構造が国際関係を規定していた冷戦時代の終焉を意味していた。

　しかし，当時のジョージ・ブッシュ米国大統領が「新世界秩序」と呼んだ時代も，長くは続かなかった。

　確かに，フクヤマが上梓した『歴史の終わり』（Fukuyama, 1992）という書名に象徴されるように，唯一の超大国となった米国を中心とした「新世界秩序」による平和な国際関係の時代が継続するという期待を持つ者も少なくなかった。

　事実，湾岸危機やそれに続く湾岸戦争における米国主導の「多国籍軍」の

「圧勝」など，国際関係における現実も新世界秩序に基づく平和な時代が本格的に到来するという期待を強めた。

しかし，その一方で，新たな形の紛争が世界各地で頻発し始めてきた。冷戦体制の下で押さえられていた民族・エスニシティやナショナリズムに起因する地域紛争が世界中で噴出し始めたのである。欧州では，旧ユーゴスラヴィア連邦の分裂・解体に伴う内戦が1990年代に生じて国際的な注目を集めた。

この旧ユーゴスラヴィア連邦の分裂・解体に伴う内戦が勃発した原因も，スロヴェニアの独立からコソヴォ独立に至る過程で，主要な原因として指摘される点が次に述べるように徐々に変化してきた。

内戦当初は，主要な原因は，旧ユーゴスラヴィア連邦内部の民族・エスニシティおよびナショナリズムの問題であるという文脈で理解されていた。すなわち，冷戦時代の社会主義体制下で独立を望みながらも，事実上，連邦全体を支配していたセルビア人に独立運動を抑圧されていた連邦内のほかの諸民族による支配からの独立運動であり，民族・エスニシティやナショナリズムの噴出であるという理解をされていたのである。

多民族国家であると同時に社会主義体制であった旧ユーゴスラヴィア連邦は，社会主義体制の下，多民族共存を謳って，独自の社会主義体制である労働者自主管理体制や冷戦時代に東西どちらの陣営にも与しないという方針を採っていた諸国からなる「非同盟中立会議」の設立にあたった。そして，旧ユーゴスラヴィア連邦の「国父」ティトー（高橋（正），1982；Štaubringer 1976=1980）が中心的な尽力を行って，設立後も旧ユーゴスラヴィア連邦が非同盟中立会議の有力国の1つとなった。こうして，旧ユーゴスラヴィア連邦は，同じ旧東欧地域に存在していた旧ソヴィエト連邦の事実上の衛星諸国と一線を画した独自の社会主義路線を有してはいた。しかし，結局は，独立を希望する民族を抑圧していた旧ユーゴスラヴィア連邦の体制における矛盾が，冷戦終焉により顕在化したと考えられていたのである。

つまり，共産主義パルチザンを率いてユーゴスラヴィアを独立に導いたカリスマ指導者であった「国父」ティトー没後，連邦の求心力を喪失せぬために

ティトーが存命中の1974年に連邦構成単位（連邦内共和国と連邦内自治州）の自治権を拡大した，いわゆる，「1974年憲法」体制（小山, 1996）を確立したが，連邦の維持は成功しなかったと考えられていたのである。

この当時の旧東欧諸国の中では，最も経済が好調であった旧ユーゴスラヴィア連邦の経済ではあったが，その好調な経済を支えていた労働者自主管理の仕組みも制度劣化が進む中で，石油ショックに直面したことを契機に経済の低迷が続いたことも，連邦政府への政治的不満として燻っていた原因となったという指摘もある。つまり，1974年憲法体制による分権化は，経済的不満を収める必要もあって行われたという側面があったということである（上野, 1991：106-132）。

しかし，その後，主たる内戦の戦場が，ボスニア・ヘルツェゴヴィナに至ってからは，単に民族・エスニシティおよびナショナリズムにのみ起因した紛争ではなく，さらに，宗教対立も関係しているといった文脈に変わってきた。

なぜならば，旧ユーゴスラヴィア連邦を構成していた一連邦内共和国であったボスニア・ヘルツェゴヴィナは，セルビア正教の信者が多数のセルビア人とカトリックの信者が多数のクロアチア人と並んで，イスラーム教徒である「ムスリム人（現在の呼称はボスニャク人あるいはボスニア人）」という生前のティトーが，歴史上，初めて創作した民族概念に基づく「民族」の3つの民族間の三つ巴の紛争であったからである。

「ムスリム人」とは，近代西欧で「想像の共同体」（Anderson, 2006）として創作された近代国民国家における「国民」概念にも「民族」概念にも該当するようで該当しない新しい範疇の概念であった。

本来の「国民」概念や「民族」概念では，ボスニア・ヘルツェゴヴィナの「ムスリム人」の大多数は，セルビア人かクロアチア人に区分されるべきであり，もともと，この2つの民族の中で，旧ユーゴスラヴィア連邦内のボスニア・ヘルツェゴヴィナでは，イスラーム教徒であった人々の比率が大きかったため，ティトーは，本来の民族概念とは無関係な「宗教」に基づく民族区分として，「ムスリム人」というカテゴリーをつくり出したのであった。

その結果，旧ユーゴスラヴィア連邦の分裂・解体の過程で生じた内戦が，ボスニア・ヘルツェゴヴィナに飛び火した後，民族・エスニシティならびにナショナリズムのみならず，宗教も紛争の原因として絡んできたことは，本来の民族概念から逸脱した同じ民族にもかかわらず，宗教を異にするだけの勢力が三つ巴の紛争当事者の一勢力となったのは事実であった。

したがって，宗教が紛争の原因となってしまっているという現実を見る限り宗教の相違が紛争要因の1つと見られることは不可避であったといえよう。

結局，1998年から1999年にNATO軍による空爆を含む2次にわたるコソヴォ紛争の結果，実際，旧ユーゴスラヴィア連邦は，継受国となったセルビア，スロヴェニア，クロアチア，ボスニア・ヘルツェゴヴィナ，マケドニア（旧ユーゴスラヴィア連邦マケドニア共和国），モンテネグロ，そしてコソヴォの7カ国に分裂した（鈴木（健），2015：83-87）。

そして，UNMIKによる暫定統治終了直後の2008年2月17日にコソヴォがコソヴォ共和国として独立宣言(9)をしたこと（百瀬，2015a：122-126）を境にして，近代国境を超えて，本格的に，アルバニア，コソヴォ，マケドニア北西部に至る国民国家の枠組みを超えた自然発生的に「『アルバニア人居住圏』地域」が現れたのである。

ここで最も重要な点は，この「『アルバニア人居住圏』地域」におけるアイデンティティの対象としての存在は，バルカン半島において，各民族が掲げては紛争の原因となってきた「大民族主義」的な要素とは異なるという点である。

8.「『アルバニア人居住圏』地域」の形成と平和の可能性
―「『アルバニア人居住圏』地域」の出現―

以上の議論を踏まえてバルカン半島と大欧州世界の関係上，きわめて重要と考えられる筆者の創唱した用語であり，まず，議論上の鍵概念ともなる「『アルバニア人居住圏』地域」について，この定義を明確にしておきたい。

この「『アルバニア人居住圏』地域」という用語の定義は，「バルカン半島南西部地域において，近代国境を超えてアルバニア人が集住している地域」であ

る。具体的には,アルバニア共和国(アルバニア本国),コソヴォ共和国,マケドニア共和国北西部地域までを含む地域とする。

「『アルバニア人居住圏』地域」という鍵概念が新しい型のアイデンティティの対象であることを述べる前に,その前提として,国際関係論とアイデンティティという両方の枠組みの間を,何故,橋梁した上で重視する必要があるのかを明確にしておきたい。

もともと,「アイデンティティ」とは,心理学者のエリクソンが創唱した心理学由来の概念である。人間は人間である以上,みずからのアイデンティティの対象を持たずにはいられないという,心理学上,重要な概念の1つとなっている(鑪・山下編, 1999;Erikson, 1968)。

「アイデンティティ」とは,日本語で「自己同一性」あるいは「自己の存在証明」と訳されているが,人間は人生に意味を求める。無意味な人生は耐え難いという心理は,人間が人間である以上,程度の差こそあれ不可避に生じるとされている。この人生の意味が成立するためには,日々の経験や出来事などがバラバラな断片ではなく,一定の筋を持つ形式に則った統合体の中に組み込まれる必要がある。

自己物語の作成を試みれば明らかなように,自分を語ることには社会・他者が必ず入り込む。自己物語は,言い換えれば,この社会で自分がどのような人間として生き,どのような人間関係を結んできたかを思い描くことである。さまざまな過去は,物語の中に糸のように織り込まれ,織り上がった物語は,語り手である自分自身に対して,そして聞き手である他者に対して自分が何者であるかを明確化する。アイデンティティの構築とは,自己物語をつくり上げることだともいえる(遠藤, 2004:343)。

しかし,近代社会の中で近代人としての人間個人が選択可能なアイデンティティの帰属対象は,近代社会において得た自由の代償として,すでに限定された選択肢しか残っていなかった。

国家,民族・エスニシティ,宗教といった範囲に収まるものしか残っていなかったのである。

近代社会に生きる近代人にとって，自覚の有無の別なく，みずからのアイデンティティとなる帰属先は不可欠な拠り所なのである。
　しかし，問題は，その近代人としての人間個人に不可欠なアイデンティティの帰属先の具体な対象が，国家，民族・エスニシティ，宗教といったお互いに譲れない価値観同士である点である。
　お互いに譲れない価値観同士が衝突した際には，深刻で解決が困難な紛争になりやすい上，政治的指導者層や宗教的指導者層によりコントロールが可能であるという危険性をもはらんでいる点である。
　それでは，個人の存在に不可欠なアイデンティティの帰属先になりうるという点と，容易に紛争化しない上，紛争が勃発した後でも解決が容易であるという点を両立しえる従来のアイデンティティの対象が内包している限界を超克するアイデンティティを，この現代社会の中で見出すことは不可能なのであろうか。
　筆者は，冷戦終焉以前に，すでにアイデンティティの理論を国際関係の理論に導入することで，この相矛盾して見える個人におけるアイデンティティの不可欠性と「新しい戦争」の解決策という問題を一挙に解決可能な議論を提起した馬場伸也の理論（馬場，1983；1980）に依拠しつつ，すでに現実化しつつある実例として，冷戦終焉後の「『アルバニア人居住圏』地域」の事例にその萌芽が見られるのではないかと考えている。
　また，この事例において，「新しい戦争」の時代の「新しい平和」のあり方を考察する価値があるのではないかと考える（定形，2015：301-315）。
　なお，ここで，地域研究における「地域」の概念の定義についてであるが，確固たる共通認識が存在しないというのが実際のところではある。
　しかし，本稿では，基本的に，矢野暢の定義した地域についての概念である「＜政治的生態空間＞」の定義（矢野，1987：25-31)(10)に準拠した。
　政治的，経済的な利害をめぐる紛争から，民族・エスニシティ，ナショナリズムならびに宗教といったアイデンティティをめぐる紛争へと戦争の質的変容が生じてきたことを指摘し，アイデンティティをめぐる紛争を「新しい戦争」として喝破したのがカルドーであった。

カルドーの指摘する「新しい戦争」の特徴を持つ紛争は，欧州では，この「『アルバニア人居住圏』地域」を包含するバルカン半島南西部地域で生じた1990年代以降の旧ユーゴスラヴィア連邦の解体に伴う紛争にみられた（Kaldor, 1999）。

　しかし，こうした対立や紛争につながりかねない否定的な側面だけではなく，イデオロギー対立の終焉や国民国家の相対化といった事態が進んだ結果，同じ民族・エスニシティ意識を共有するにもかかわらず，国境（とりわけ近代国境）によって分断されていた民族・エスニック集団が，国境を越えた地域間での共存を可能にする上での促進要因としても大きな影響を与えたという肯定的な側面も指摘されている。

　東欧革命の波及から冷戦終焉にかけて出現した「『アルバニア人居住圏』地域」は，アルバニア共和国，コソヴォ共和国，そしてマケドニア共和国北西部に国境を越えて居住しているアルバニア人の間の往来を大いに自由にして活発なものとした。

　これは，冷戦終焉によって国民国家あるいは民族国家の相対化が進んだ結果，国民国家の主要な領域概念である国境という障壁が，事実上，低くなった結果という指摘もできる。

　アルバニアは，第二次世界大戦後に成立した社会主義諸国の中で，事実上の鎖国状態が続いた時代があった。東西イデオロギー対立の時代，隣国であった社会主義国家，旧ユーゴスラヴィア連邦のみならず，旧ソ連邦とも，社会主義の路線対立によって断交していたのである。

　こうして鎖国状態が続いたアルバニアのアルバニア人と当時のユーゴスラヴィア連邦を構成していた連邦構成単位であったコソヴォ連邦内自治州やマケドニア連邦内共和国に居住するアルバニア人は，それまでのような自由な往来が，国境の存在によって断たれていたのである。

　しかし，地域諸国の独立や体制転換の結果，「『アルバニア人居住圏』地域」と呼称することが可能なアルバニア，コソヴォ，マケドニア北西部を中心としたアルバニア人が人口上の多数派を占める国民国家や近代国境などの概念を超

えて，それらに縛られない新しい形態である，事実上の「生活圏」とでも呼べるような地域が出現しているのがコソヴォ独立以降の現実の地域情勢である。

　ここでは，冷戦終焉後のバルカン半島南西部地域における民族・エスニシティやナショナリズムといった古くて新しいアイデンティティの顕現として，「大アルバニア民族主義」といった方向性ではなく，バルカン半島南西部地域に混住している諸民族・エスニック集団の平和的な共存や肯定的にとらえることが可能なナショナリズムの在り方の事例として，この「『アルバニア人居住圏』地域」について考察してきた。

　アルバニアの体制転換や旧ユーゴスラヴィア連邦の解体・分裂の過程で，自然発生的に出現してきたのは，「『アルバニア人居住圏』地域」であった。西欧で生まれた近代国民国家，近代国境，主権国家，といった枠組みを超えた新しい概念でとらえるべき「生活圏」あるいは「共同体」の可能性を有している新たな国家の変容の萌芽である。

　それまでのバルカン半島地域諸国であれば，歴史上，特に近現代以降のバルカン半島諸国の歴史を踏襲するだけに止まった発想であれば，ほかの民族同様に，「大民族主義」的発想から，アルバニア人の歴史上の「黄金期」であった古代まで考古学的アプローチに依拠して遡及した上で，アルバニア人の祖先であるイリュリア人が欧州の広範囲に居住していた「ダルダニア」の全版図を自国領とするべく「大アルバニア主義」的発想が出てきてもおかしくはない。つまり，紛争の潜在的可能性を内包した自民族中心的かつ危険で過剰なナショナリズム意識につながってもおかしくはないはずである。

　しかし，アルバニアと旧ユーゴスラヴィア連邦の間を断絶させていた近代国境を超えることが容易となって以降，国家，民族・エスニシティ，宗教といった危険性をはらんだアイデンティティにのみに縛られるのではない，新しい自然発生的に生まれた「生活圏」のような「『アルバニア人居住圏』地域」が出現してきたのである。

　この「アルバニア人居住圏」地域とは，矢野の創唱した地域概念である「＜政治的生態空間＞」に近い，新たなアイデンティティの対象となりえる地域概

念が具体化してきた事例とみるべきではないかと筆者は考える。

　矢野の創唱した新しい地域概念である「＜政治的生態空間＞」の定義とは，「ある固有の自然生態的環境のうえに成立して独自の自成的な枠を持った，そして固有の社会制度化と政治的言語体系とを含んだ，政治的に意味づけ可能な物理空間」というものである（矢野編，1987：26）が，「『アルバニア人居住圏』地域」と筆者が創唱した地域の概念はまさにこれに当てはまるものだからである。

　こうした「『アルバニア人居住圏』地域」という実例に見られる国際政治における新しいアイデンティティ概念の創造は，まさに社会科学における大きな「パラダイム・シフト」に相当するといっても過言ではないのではないか。

　本来，クーンが『科学革命の構造』（Kuhn, 1962）で明らかにした科学におけるパラダイム・シフトは，社会科学，とりわけ，国際政治学を含む広義の政治学においては，適用の可否について議論のあるところである。しかし，初瀬龍平は，社会科学では，厳格な意味でのパラダイムは成立しないものの，国際関係論におけるパラダイムを「国際関係について広く人々に受け入れられている基本的認識と，それにもとづく知識の体系であって，一定の期間，国際関係の研究者，学徒に国際関係についての問い方と答え方の手本を示してくれる思考体系の総体」と規定して論じている（初瀬・定形・月村編，2001：1-4）。

　また，この新たに出現した「『アルバニア人居住圏』地域」は，抽象的な議論にとどまらず，実際に進行中の過程にある。

　最も注目するべき進行中の構想は，"Euro Atlantic Integration（＝ユーロ・アトランティック・インテグレーション（欧州・大西洋統合））"構想である。

　この「『アルバニア人居住圏』地域」で進行中の"Euro Atlantic Integration（＝ユーロ・アトランティック・インテグレーション（欧州・大西洋統合））"構想を含んだ「『アルバニア人居住圏』地域」は，この地域を広域的に包含するバルカン半島南西部地域，さらには，EUとそれを包含する欧州の平和と安定への1つの可能性であると指摘することが可能であると筆者は思料する。

　これは，コソヴォ共和国副首相（2014年より対話相）のエディタ・タヒリ（Edita Tahiri）博士が重視している"Euro Atlantic Integration（＝ユーロ・アトラン

ティック・インテグレーション（欧州・大西洋統合））"を文字通りに目指す構想である。欧州におけるシェンゲン条約を超えた広範囲の欧州域内の移動の自由を促進することで，事実上，欧州諸国域内の国境線問題の解消を実現して，セルビアとコソヴォ間の国境問題のみならず，事実上の分裂国家状態が膠着化しているボスニア・ヘルツェゴヴィナの問題など，周辺のバルカン半島地域諸国の国境線問題も解決できるとする。いわゆる「拡大EU」の構想を包摂しながらさらに拡大して想定されているこの構想は，平和と安定の両方を同時に解決できるという点で注目に値する。実際に，旧ユーゴスラヴィア連邦構成諸国の7カ国にアルバニアを加えた8カ国がEUやNATOへの加盟を通じて「ユーロ・アトランティック・インテグレーション」の実現が果たされたならば，バルカン半島南西部地域全域の安定につながる。そして，欧州における「安定的な平和」と「軍事・安全保障的均衡」が同時に実現できるとされる(11)。

---------------------------------- 註 ----------------------------------

(1) ナショナリズムの本質的理解には，二大別すると，原初主義あるいは近代主義（道具主義とも呼称される）がある。そのうち，近代主義の問題点は，現代の功利主義的状況に適合的で，それなりに説得力を持つものの，なぜ，ナショナリズムや民族主義が常に存在し続け，「共通の祖先」神話や肌の色・言語・宗教・土地などの後天的属性を生まれながらの自然的・歴史的遺産ととらえる神話が広く見られることの説明ができない。そして，近代化された社会では，同質化され消滅するはずの民族意識やエスニシティが，なぜ，今日，再びエスニック・ナショナリズムが発生するのかを説明することができない，という点である（中野, 1997：16-17）。なお，コソヴォを未承認の国家が少なくないため，コソヴォを未承認国家の1つとする見方もある（廣瀬（陽), 2014）。確かに，EU加盟国の中にさえ，スペイン，ギリシャ，キプロス，ルーマニア，スロヴァキアといったコソヴォに対する独立主権国家としての承認を行っていない国が存在する。そのため，加盟国の全会一致が大原則であるEU全体では，コソヴォを独立主権国家として承認していない。しかし，旧ソヴィエト連邦内に属していた黒海・コーカサス地域の未承認国家などとは同じ分類にできないため，あえて，コソヴォを「未承認国家」あるいは「事実上の国家」として論ずることを本章では行わなかった。なお，コソヴォを未承認の諸国についての詳細は，(Kosovo Foundation for Open Society and British Council 2012) を参照されたい。ところで，この問題について，廣瀬陽子は，コソヴォ紛争を「ポスト・冷戦期の終わり」の時代において民族自決主義という扉を開けた「未承認国家」問題の「パンドラの

箱」として位置づけている点（廣瀬（陽），2014：64-66；157-177）が筆者とはとらえ方の順序が逆である。筆者は，1998年から1999年に2次にわたったコソヴォ紛争を含むコソヴォ独立運動時の「民族自決主義」がパンドラの箱のようにその後の国際関係に与えた危険な前例となったとは考えていない。むしろ，その後，危険な前例としたのはロシアの外交・安全保障政策とその実行であったと考える。コソヴォ紛争で欧米諸国を中心とした旧西側諸国によって，冷戦終焉以降の新たな国際秩序の形成期において重要な場面で，ロシアは，常に旧西側陣営である欧米諸国に主導権を握られていた。それゆえ，コソヴォ紛争への介入でもロシアは旧西側陣営であるNATOやEUの後塵を拝したということに非常に大きなコンプレックスを抱いており，コソヴォ紛争同様の状況が，体裁上，整うこととなった2006年の「ロシア・グルジア戦争」を皮切りに2010年の「クルグズスタン介入」，そして，2014年のウクライナにおける「クリミア併合」，そして，事実上，ロシアの傀儡国家である「ドネツク人民共和国」建国といった外交・安全保障政策を行うようになったと考えている。しかし，実際，「ロシア・グルジア戦争」によってジョージア（旧称グルジア）領内にロシアの力による領土の現状変更によって建国された南オセチア共和国とアブハジア共和国の2カ国は，事実上，ロシア以外の承認国のないロシアの傀儡国家であり「未承認国家」である。ウクライナの領土内に「建国」されたドネツク人民共和国も同様である。それに対して，コソヴォは，曲がりなりにも2015年8月現在で，111カ国が承認しており，「未承認国家」とはいえない（中津，2015：136-138）。したがって，コソヴォは，黒海・コーカサス地域に多くみられる「未承認国家」という位置づけとは異なる。それゆえ，民族自決主義に基づいてコソヴォが独立したことが「未承認国家」の出現や増加のパンドラの箱として先駆的な事例になったのではなく，逆に，コソヴォ紛争時における外交・安全保障上の介入で，旧西側陣営であった欧米諸国に遅れをとったロシアが，その欧米諸国のコソヴォへの介入のアプローチから学んだ介入の条件を満たした旧ソ連邦内の独立主権国家に対して，コソヴォ紛争時の欧米諸国の介入の体裁を採って介入を行ったと考えるべきだと筆者は思料する。なお，このロシアの介入を受けたジョージア，クルグズスタン，そして，ウクライナの3カ国は，旧ソ連邦解体後，独立主権国家となって以降，大胆な民主化を行い，各々，ジョージア（当時はグルジア）は「バラ革命」，クルグズスタンは「チューリップ革命」，そして，ウクライナは「オレンジ革命」と自他ともに称されて，3つのロシアとの距離を置こうとした民主化革命はまとめて「カラー革命」と自他ともに称された。その3カ国が，再度，旧ソ連邦の継受国であるロシアによって，力による領土（クルグズスタンには未承認国家は存在しないが）の現状変更，親露政権への逆行を国力，なかんずく，軍事力を背景としたロシアによって行われ，カラー革命を行った3カ国が革命以前の政体に逆転されたという点も看過できない。この点については，今後ともロシアが旧ソ連邦構成諸国，特に黒海・コーカサス地域の小国に対して行うであろうロシアの外交・安全保障政策を見る上では注目するべき点であろうと考えられる。

（2）最上敏樹は，コソヴォ紛争への「人道的介入」としてのNATO空爆の合法性について，国際法の立場から見た問題点を述べている。主たる理由として，国連安全保障理事会の決議を踏ま

えていない点,「犠牲者」の問題,「懲罰的」である点,迫害の悪循環の発生といった点を挙げて論じている。そして,政治的事情を除いて,「法的」な視点から見ると,NATO構成諸国は,国連憲章第7章における人道的介入への言及,安全保障理事会決議1199号および1203号(一部の国は,これに1160号を付加)に合法性を主張しているが,人権と国家主権の選択の問題にも関わる問題として,慎重な議論を行っている(最上,2001:110-128)。最上は,旧ユーゴスラヴィア連邦へのNATO軍による空爆を「人道的介入」とする解釈に対して,主に国際法の立場から慎重に疑義を述べている。NATO軍による空爆は,国連安全保障理事会の決議なしに,NATOという1つの軍事同盟がみずからの判断で行ったものであり,また,ほとんどの議論が,「ユーゴ空爆＝人道的介入は是か非か」という設問を軸に展開された議論である点を「大雑把にすぎるように思う」として,「ユーゴ空爆は人道的介入といえるかどうか」というところから議論を始めなくてはならないし,さらに,それが法的あるいは政治的に許容しうるものであるかどうかも別の事柄として検討するべきであるという見解を示している(最上,2001:98-99)。そして,非人道的状況という客観的情勢がありさえすれば,とられる措置がすべて正当あるいは合法な人道的介入になるわけではなく,そのほかにもいくつか満たすべき要件があるとして,次の5点を挙げている。1点目は,甚だしい人権侵害が存在すること,2点目は,武力行使は最後の手段であること,3点目は,介入の目的は甚だしい人権侵害の停止に限られ,国益の実現といったそれ以外の目的は含まないこと,4点目は,とられる手段は状況の深刻さに比例したものであることで,実施期間も必要最小限に限ること,5点目は,とられた措置(特に武力行使)の結果として,多くの人間達が迫害から逃げられ,生命が救われるなど,相応の人道的成果が期待できること,である。さらに広義の要件として,6点目に,国連安全保障理事会の承認を得ること,あるいは少なくとも,これからとるべき介入措置を国連安全保障理事会に通告しておくこと,7点目に,個々の国々が独自に行う介入よりも地域的国際機構が行う介入を,地域的国際機構が行う介入よりも国連が行う介入を優先することを挙げている(最上,2001:103-104)。その上で,留保条件をつけながらも,1点目,2点目は,一応,条件を満たしており,7点目は,2番目に望ましい方法であったとしている。しかし,その他の要件については疑問があると指摘している(最上,2001:104-110)。なお,山田高敬は,この課題について,構成主義のアプローチが共有する3点の特徴を指摘している。1点目は,国際政治学の主流派の理論が重視する軍事力,経済力,あるいは技術力といった物質的な要因よりも,文化や制度といった観念的な要因を重視する点,2点目は,そういった観念的な要因が間主観的な信念や規範などに変化する過程を分析対象とする点。そして,3点目は,間主観的な信念がアクターのアイデンティティおよび利益を規定する過程を理論化の対象とする点である(山田(高),2004:216)。また,筆者が行ったロシア・東欧学会2015年度研究大会自由論題報告「コソヴォ紛争にみる安全保障観の変遷と正義」において,同課題について,袴田茂樹より受けた指摘を加筆すると「こうした『人道的介入』を行うことが認められる条件として当該国家の国家としての機能が破綻している点が不可欠である」との指摘を受けた。また,具体的事例として,「2014年時点でのロシアのウクライナへの『人道的介入』上の条件を満たす程度に,すな

わち，ロシアによる『クリミア併合』（中津，2015：122-160）ならびに黒海・コーカサス地域における『未承認国家』でありロシアの傀儡国家といえる『ドネツク人民共和国』の建国の条件を満たす程度に，ウクライナは国家としては破綻した状況であったため，『人道的介入』の条件は満たしていたので，体裁上は，ロシアの主張するウクライナへの『人道的介入』を行っただけであるとする主張は認めざるを得ない」ということであった．

（3）この中で，コソヴォの独立国家としての承認を行っておらず，国連安全保障理事会常任理事国の拒否権行使の権力を持つ一国として国際連合へのコソヴォの加盟を拒否して，ほかの諸国へもさまざまな形でコソヴォを国家として未承認のままに止めさせている当の中国であるが，すでに事実上の大使館機能を担わせている「代表部」を設置している．確かに，国家承認をしていないので，大使館や領事館こそ置いていないが，コソヴォの首都プリシュティーナ市内には，中国の大使館や領事館こそないものの，また，名称こそ「大使館」ではないが，すでに首都プリシュティーナ市内に中国政府，国家を代表する事実上の大使館に匹敵する「代表部」を置いて，現地における外交機能を担わせている．なお，すでに，中華料理店が開店営業するほど，多くの中国人もコソヴォへ入ってきている．自国内に，いわゆる「五独」，すなわち，新疆ウイグル自治区，西蔵自治区，内蒙古自治区，寧夏回族自治区，そして台湾（中華民国）の独立を許さないという中国国内の民族の分離・独立に関わる問題を抱えているがゆえ，中国はコソヴォを独立主権国家として未承認のままにしているというのが大義名分としている．この中国の影響力で，世界の中でコソヴォを未承認のままにしている諸国は少なくなく，そのため，コソヴォは，国連以外の有力な国際機関への加盟もままならないでいる．しかし，事実上，すでに中国の外交は，コソヴォで目立たぬように配慮しつつも行われているのである．日本をはじめとした2008年のコソヴォの独立宣言直後に国家承認を行った国でさえ，直接の大使館をコソヴォ国内には置いていないにもかかわらず，国交どころか未承認の国家の首都にさえ，事実上の自国の外交の「出先機関」を設置しているのである．旧ユーゴスラヴィア連邦時代，旧ユーゴスラヴィア連邦が欧州で最も西欧に開放的な独自の社会主義路線を採っていたことは先述したとおりであるが，その特殊な位置づけを利用した東西冷戦構造下での東西の外交的なつばぜり合いは，相当，激しかったことは事実である．中国も例外ではなかった．駐ユーゴスラヴィア連邦中華人民共和国大使館，すなわち在ベオグラードの中国大使館の建物は北大西洋条約機構（NATO）軍による空爆の間接的被害を受けて死傷者を出した．コソヴォ紛争時のNATO空爆時に，NATOを指揮していた当時のハビエール・ソラナ事務総長は「空爆の計画作成時の地図が古いものであったため，移転していた在ベオグラード中国大使館の位置を誤った為に生じた単なる誤爆である」という建前を，徹頭徹尾，変えなかった．その際，当然，中国政府はNATOに対して激しい抗議を行ったが，その際にも，被害を受けた大使館の死傷者の中に北朝鮮の「特派員」が含まれていたことなどの問題も単純な理由ではないという見方も強かった．

（4）この問題は，比較政治学の重要な研究課題であり，「憲法工学」という研究分野として発展してきている．憲法工学の政治学的著作としては，（Sartori, 1997）や（Lijphart, 1999）が挙げら

れる（鈴木（基），2007：163）。また，平和構築をめぐる議論を踏まえた上で，杉浦功一は平和構築の目的を次の4点に概括している。1点目は，紛争が発生しやすい社会において暴力的紛争の再発ないし拡大を防ぎ，永続的で自立的な平和を打ち立てること，2点目は，紛争の根底にある原因を解消すること，3点目は，人権の尊重を含めた平和的な社会制度および価値を構築・再建すること，4点目は，民主的な統治と法の支配の制度を構築・再建することである（杉浦，2012：286）。

（5）ボスニア・ヘルツェゴヴィナ紛争におけるスレブレニツァ大虐殺（長，2009）やコソヴォ紛争におけるラチャク村大虐殺（月村，2013：166）のように紛争の長期化が進むと，各々の地域紛争を象徴的に顕すような「様々なエピソード」が生じる。こうした，ある村の全滅やある市における集団殺害などのような象徴的に「敵の残虐さ」をあらわす「様々なエピソード」は，紛争の構図の複雑化や紛争のさらなる長期化に導く要因となりえる。その理由としては，その犠牲者の恨みを晴らすまで戦闘を終了できないと心に刻む成員も増えるであろうし，紛争の争点の増加や新たな紛争当事者の参加といった可能性もありえるからである（月村，2013：215）。

（6）国際司法裁判所（ICJ）についての議論は，（Hagen, 2003）および（多谷，2006；2005）に詳しい。ICTYは旧ユーゴスラヴィア連邦地域での国際人道法違反を処罰するため，1993年に国際安全保障理事会決議827号によって設置が決められた。その後，1994年には国連安全保障理事会決議944号によって，ルワンダにおけるジェノサイドの戦争犯罪を処罰する「ルワンダ国際刑事裁判所（International Criminal Tribunal for Rwanda=ICTR）」が設立されるなど，ICTYの設置は，国際社会における司法介入のあり方に一石を投じた。ICTYもICTRも国連憲章第7章の「強制措置」の権限を持つ強力な国際司法機関として登場した。その後の国際法廷のあり方は，ICTYとICTRが巨額の資金を費やしているにもかかわらず「大物」を中心とする多くの戦争犯罪人の迅速な訴追・逮捕・処罰を実現していないといった不満から，「混合法廷」と呼ばれる現地社会と国際社会の共同運営のような方式が採用されるなど，変化していった。しかし，ICTYが，冷戦後の国際社会における司法介入のあり方を現実化する上での先例になったことは間違いない（篠田，2007：193-194）。この議論を個々に検討していくうえで，主権を持つ主体を，国家による独占から，国際社会における「国際立憲主義」に基づく変化が重要であるといえよう（篠田，2012）。

（7）筆者による2013年6月の現地調査では，すでにアルバニア系住民側が，ミトロヴィッツァ市の南半分を含むコソヴォのほぼ全土を実効支配している（長島，2015：185-190）のだが，ミトロヴィッツァ市には，旧ユーゴスラヴィア連邦時代から連邦内でも最大規模の鉱山で，種々の鉱物資源が大量に採集できる上，そのための多くの鉱夫を雇用する需要を兼ね備えたトレプチャ鉱山の権益が関与しているという特殊な事情も絡んでいるものの，両民族間の深刻な対立がすべて昔日のこととはなっていないことを再認識させられた。ただし，知人でアルバニア系のミトロヴィッツァ市民であるアルバニア系市民の歯科医師ガズメント・アリフィ（Gazment Arifi）氏によって指摘されて気づいたことから，ここでの対立は，双方が同程度の緊張感で対立しているという状況ではなかった。むしろ，現実には，セルビア系市民の側がコソヴォ内で，そ

の単純な人口比だけではなく権力を掌握していない名実ともにマイノリティになっていることからくるアルバニア人への敵意や恐怖がセルビア系市民を頑なにしていることは疑いの余地がなかった。そのことを如実に表していると筆者が感じたのは，橋を挟んだセルビア系市民の集住地域には，さまざまな大きさの多数のセルビア国旗がはためいているのがバリケードの反対側からも，十分，視認できるのに対して，アルバニア系市民側には，コソヴォ国旗もアルバニア国旗もまったく見られなかった。「このセルビア国旗の掲揚の件1つを見ても，セルビア人側の警戒心が，いかに実態以上に大きいかは明白である。」とアリフィは述べた。確かに，ミトロヴィッツァ市のアルバニア系市民の生活している側には掲揚されている国旗は見あたらないどころか，分断している川の川岸でさえ，きわめて多種類の店舗が並んでおり，その川沿いの店でアルバニア人の知人達とともに筆者が朝食を食している間も，まったく緊張感を感じることはなかった。

(8) 旧ユーゴスラヴィア連邦は，「国父」とも呼ばれたティトー（小倉，1985；Štaubringer 1976=1980）の率いる旧ユーゴスラヴィア連邦が1948年6月にコミンフォルムを除名され，旧ソ連邦もスターリン没後の1956年に，フルシチョフが「スターリン批判」を行ってコミンフォルム自体を廃止したため，スターリン主義をあくまで墨守するアルバニアのエンベル・ホッジャ率いるアルバニア労働党政権は，妥協を選ばずにスターリン主義を放棄した諸国との外交関係を断った。中国との関係も，1966年から1977年の毛沢東による文化大革命の時期には「北京＝ティラナ枢軸」とさえ呼ばれるほどの蜜月関係にあった中国とも，文化大革命の終焉を境に疎遠となった。なお，スターリン時代の旧ソ連邦と旧東欧地域との関係についての詳細は，(Fejtö, 1972=1978；1972=1979) を参照されたい。なお，天羽民雄は，「アルバニア決議案」による中国代表権問題が国連で決議された1971年時点において，国際連合日本政府代表部に日本国外務省の外交官として在籍した人物である。同書は，みずからの目で，外交官の視点から見た米国ニューヨークの国際連合本部における外交現場での事実関係を，最も詳細に記した大著である。そして，その後，冷戦終焉前の1981年，旧ユーゴスラヴィア連邦の首都ベオグラード市の在ユーゴスラヴィア連邦日本国特命全権大使として在勤中に，第二次世界大戦後，国交回復を果たしていなかった日本とアルバニアの両国間で国家承認を行って，二国間の国交が回復したことに伴い，在ユーゴスラヴィア連邦日本国特命全権大使のまま，在アルバニア日本国特命全権大使を兼割した人物であり，初代の在アルバニア日本国特命全権大使となった人物でもある。その経緯などについては，本人が，(天羽，1988) において詳らかにしている。

(9) 実は，コソヴォ紛争以前，2008年の独立宣言以前にもコソヴォは独立宣言を行っている。旧コソヴォ自治州のアルバニア系住民が，旧ユーゴスラヴィアにおける「住民投票」を「コソヴォ共和国議会選挙」として行っただけであるとして，セルビア側は，議会選挙，大統領選挙の結果はもちろん，独立宣言も無視するという対応をしたが，この「独立宣言」をアルバニア一国だけは承認した。筆者は，この時期の1992年にアルバニアにあった在アルバニア共和国コソヴォ共和国大使館に調査に行った。しかし，基本的に開店休業状態で，査証を取得する際，当時のコソヴォ大使は，筆者の来館意図がわからなかった模様で，逆に「コソヴォの査証を旅券

に押すと（筆者の）先々の旅程に支障が出る」と筆者のことを心配するなど査証取得が大変であった。また，大使館も意図的にアルバニアの首都ティラナ市中心部よりやや離れた郊外にあり，"Embassy"ではなく"Office"と書かれているなど，目立たぬように注意を払っている様子であった。しかし，ルゴヴァ初代コソヴォ大統領とは，筆者が1993年に行ったコソヴォの現地調査の際，コソヴォの首都プリシュティーナ市内にあったルゴヴァ大統領が党首を務める与党・コソヴォ民主同盟（LDK）の本部（元コソヴォ作家協会の建物）にて，直接，米国のワシントン市から帰国直後のルゴヴァ大統領へのインタビューを行った。この際，ルゴヴァ大統領が，独立上，譲れない方針として何回も繰り返して強調していたのは，"Peaceful solution"，すなわち，独立運動は，あくまで，セルビア側との禍根を残さぬように，「平和的解決」でなくてはならないという点であった。このことに象徴されるが，インタビューでは，「コソヴォのガンジー」と呼ばれてノーベル平和賞候補にも名前が挙がっただけある一貫して平和的な独立を最後まで志向した大統領であった。その後，コソヴォ紛争中でもUNMIKの下でも大統領職にあったものの，2008年のUNMIK撤収後の独立宣言を耳にすることなく2006年に大統領として在職のまま癌により病死した。

(10) 矢野暢は，地域研究方法論上，地域研究者間でさえさまざまな定義が存在する「地域」という鍵概念となる語彙を「わたしがいま意識しているターム」としながら，「＜政治的生態空間＞」という語彙を用いて定義することを試みている。この「＜政治的生態空間＞」を，矢野は，「ある固有の自然生態的環境のうえに成立して独自の自制的な枠をもった，そして固有の社会的制度化と政治的言語体系とを含んだ，政治的に意味づけ可能な物理的空間」と定義している（矢野，1987：25-31）。この矢野による「地域」概念の定義や議論は，いずれの地域でも普遍性をもって適用可能であるかどうかについては議論の余地があるとされる。少なくとも，矢野が専門とした東南アジア地域においては，矢野の議論は，現実の国際政治の実現とは一致しない結果となった。矢野の「地域」をめぐる理念の現実化は東南アジア地域ではできなかったのである。ここに矢野の「地域」に対する議論の限界があったとされてきた。しかし，ここで，南東欧・バルカン半島地域における考察を進める上では，あえて，矢野の「地域」概念の定義や議論を用いることに一定の意義があると筆者は考えた。なぜなら，「『アルバニア人居住圏』地域」にみられるアイデンティティとは，馬場のいう「文化的アイデンティティ」であるという点と共通している部分があるからである。「文化的アイデンティティ」の定義を，馬場は，「ある文化の側面を己れが希求する価値と一体化し，その文化創造の『主体』たろうとする精神作用」であるとしている。そして，この「文化的アイデンティティ」とは，単に自己と，ある文化とを一体化（同一視）するばかりではなく，さらにその文化を継承・発展させ，今ある悪の現実を超克しようとする側面もあるとして，馬場は，アイデンティティの同一性と主体性・存在証明の両側面を有するものだと指摘している（馬場，1983：3-7）。こうしたことから，筆者は，この「地域」の定義や議論に準拠して議論を進めることとした。

(11) この内容については，2013年6月24日のコソヴォ共和国副首相エディタ・タヒリ（Edita Tahiri）博士（当時2014年より対話相）への首都プリシュティーナ市の内閣府副首相執務室にお

ける筆者の聞き取り調査や提供されたコソヴォ政府の関係資料などから得られた諸情報に基づくものである。

参考文献

Anderson, B. (2006) *Imagined Communities : Reflections in the Origin and Spread of Nationalism new material.* Verso, London, U.K.

Clausewitz, C. (1933) *Vom Kriege.* Karl Linnebach, GERMANY. (＝篠田英雄訳（1968）『戦争論』（上）（中）（下）岩波書店)

Clausewitz, C. (1957) *Vom Kriege.* Verlag des Ministerriums für Nationale Verteidigung, Berlin, GERMANY. (＝清水多吉訳（1966）『戦争論』現代思潮社)

Clausewitz, C. (1980) *Vom Kriege.* Philipp Reclam jun. GmbH & Co., Stuttgart, GERMANY. (＝日本クラウゼヴィッツ学会訳（2001）『戦争論 レクラム版』芙蓉書房出版)

Castellan, G. (1994) *Le monde des Balkans Poudrière ou zone de paix?* Librairie Vuibert, Paris, France. (＝萩原直訳（2000）『バルカン世界 火薬庫か平和地帯か』彩流社)

Erikson, H.E. (1968) *Identity-Youth and Crisis.* W. W. Norton & Company, Inc., New York, U.S.A. (＝岩瀬庸理訳（1982）『改訂 アイデンティティ 青年と危機』金沢文庫)

Fejtö, F. (1972) *Histoire des démocraties populaires, l'Ère de Staline 1945-1952.* Éditions du Seuil, Paris, FRANCE. (＝熊田亨訳（1979）『スターリン時代の東欧』岩波書店)

Fejtö, F. (1972) *Histoire des démocraties populaires, Après Staline 1953-1971.* Éditions du Seuil, Paris, FRANCE. (＝熊田亨訳（1978）『スターリン以後の東欧』岩波書店)

Franck, T. M. (2003) "Interpretation and Change in the Law of Humanitarian Intervention." Holzgrefe, L. J. and Keohane, O. R, eds, (2003) *Humanitarian Intervention : Ethical, Legal, and Political Dilemmas.* Cambridge University Press, Cambridge, U.K.

Fromm, E. (1941) *Escape from Freedom.*, New York, U.S.A.

Fukuyama, F. (1992) *The End of History and The Last Man.* International Creative Management, New York, U.S.A.

Galtung, J. (1985) "Twenty-Five Years of Peace Research: Ten Challenges and Some Responses." *Journal of Peace Research.* 22: 141-158.

Gellnar, E. (1983) *Nations and Nationalism.* Blackwell, Oxford & Cambridge, U.K.

Hagan, J. (2003) *Justice in The Balkans.* The University of Chicago, Chicago, U.S.A.

Hamm, H. (1963) *Robellen Gegen Moskau.* Wissenschaft und Politik, Köln, WEST GERMANY. (＝石堂清倫訳（1966）『アルバニアの反逆』新興出版社)

Hobsbawm, E.J. (1990) *Nation and Nationalism since 1780.* Cambridge University Press,

Cambridge, U.K.
Hobsbawm, E.J. and Ranger, T, eds. (1983) *The Invention of Tradition*. Cambridge University Press, Cambridge, U.K.
Kaldor, M. (1999) *New and Old Wars : Organized Violence in a Global Era With an Afterword*. Polity Press, Oxford, U.K.
Kaldor, M. (1999) *New and Old Wars : Organized Violence in a Global Era With an Afterword*. Polity Press, Oxford, U.K. (=山本武彦・渡部正樹訳(2003)『新戦争論 グローバル時代の組織的暴力』岩波書店)
Kaldor, M. (2003) *Global Civil Society : An Answer to War*. Polity Press, Cambidge, U.K.
Kaldor, M. (2007) *Human Security Reflections on Globalizing and Intervention*. Polity Press, Cambridge, U.K. (=山本武彦・宮脇昇・野崎孝弘訳(2011)『「人間の安全保障」論 グローバル化と介入に関する考察』法政大学出版局)
Kamberi, M. L. (2011) *Shteri Kandidat I bashkimit Evropean*. West Print, Tiranë, ALBANIA.
Kardelj, E. (1975a) *Istorijski koreni nesvrstavanja Izdavački*. CentarKomunist, Beograd, YUGOSLAVIA. (=山崎洋・山崎那美子訳(1975)『非同盟の歴史的根源』大月書店)
Kardelj, E. (1975b) *Istorijski koreni nesvrstavanja*. Izdavački centar, Komunist, Beograd, YUGOSLAVIA. (=山崎洋・山崎那美子訳(1978)『自主管理社会主義と非同盟 ユーゴスラヴィアの挑戦』大月書店)
Kardelj, E. (1975c) *The Nation and International Relations*. Socialist Thought and Practice. Beograd, YUGOSLAVIA. (=高屋定國・定形衛訳(1986)『民族と国際関係の理論―世界政治と平和共存―』ミネルヴァ書房)
Kardelj, E. (1976a) *Protivrečnosti društvene svojine u savremenoj socijalističkoj praksi.*, Drugo dopunjeno izdanje, Randnička štampa, Beograd, YUGOSLAVIA. (=山崎洋・山崎那美子訳(1978)『自主管理社会主義と非同盟 ユーゴスラヴィアの挑戦』大月書店)
Kardelj, E. (1976b) *Protivrečnosti društvene svojine u savremenoj socijalističkoj praksi*. Drugo dopunjeno izdanje Beograd, YUGOSLAVIA. (=山崎洋・山崎那美子訳(1976)『現代社会主義実践における社会的所有の矛盾増補第二版』大月書店)
Kohn, H. (1944) *The Idea of Nationalism*. The Macmillan Company, New York, U.S.A.
Kohn, H. (1965) *Nationalism : its meaning and history*. Princeton : Van Nostrand, London, U.K.
Kohn, H. (1965) *Nationalism Its Meaning and History Revised Edition*. Krieger Publishing Company, Malabar, Florida, U.S.A.
Kosovo Foundation for Open Society and British Council (2012) *Kosovo Calling International Conference to Launch Position Papers on Kosovo's Relation with EU and regional Non-recognishing Countries*. Kosovo Foundation for Open Society and

British Council, Prishtinë, KOSOVO.

Kuhn, S. T. (1962) *The Structure of Scientific Revolutions.* The University of Chicago Press, Chicago, U.S.A.

Lijphart, A. (1977) *Democracy in Plural Societies : A Comparative Exploration.* Yale University Press, Connecticut, U.S.A.

Lijphart, A. (1999) *Patterns of Democracy : Government Forms and Performance in Thirty-Six Countries.* Yale University Press, Connecticut, U.S.A.

Lijphart, A. (2008) *Thinking about Democracy : Power Sharing and Majority Rule in Theory and Practice.* Routledge, London, U.K.

Miller, D. (1995) *On Nationality.* Oxford University Press, Oxford, U.K. (= 富沢克・長谷川一年・施光恒・竹島博之訳（2007）『ナショナリティについて』風行社)

Miller, D. (2007) *National Responsibility and Global Justice.* Oxford University, Oxford, U.K.

Organization for Security and Co-operation in Europe Mission in Kosovo (2013a) *Municipal Profiles Zubin Potok.*
http://homepage3.nifty.com/jniv/election/kslocalresult.html（2013年12月4日アクセス）

Organization for Security and Co-operation in Europe Mission in Kosovo (2013b) *Municipal Profiles Leposavić / Leposaviq.*
http://homepage3.nifty.com/jniv/election/kslocalresult.html（2013年12月4日アクセス）

Organization for Security and Co-operation in Europe Mission in Kosovo (2013c) *Municipal Profiles Vushtrri / Vučitrin.*
http://homepage3.nifty.com/jniv/election/kslocalresult.html（2013年12月4日アクセス）

Organization for Security and Co-operation in Europe Mission in Kosovo (2013d) *Municipal Profiles Skënderaj / Srbica.*
http://homepage3.nifty.com/jniv/election/kslocalresult.html（2013年12月4日アクセス）

Pomian, K. (1990) *L'Europe et ses nations.* Édition Gallimard, Paris, FRANCE.

Pomian, K. (1990) *L' Europe et ses nations.* Éditions Gallimard, Paris, FRANCE（= 松村剛訳（2002）『[増補] ヨーロッパとは何か 分裂と統合の1500年』平凡社)

Riesman, D. (1950) *The Lonely Crowd : A Study of the Changing American Character.* Yale University Press, U.S.A.

Sartori, G. (1997) *Comparative Constitutional Engineering, 2nd ed.* Macmillan, London, U.K.

Shukriu, E. (2012) *Kisha e Shën Prendës Prizren. Zhvillimi dhe prejardhja.* Prishtinë, KOSOVO.
Smith, D. A. (1979) *Nationalism in the Twentieth Century.* Australian National University Press, Canbera, AUSTRALIA. (＝巣山靖司訳（1995）『20世紀のナショナリズム』法律文化社)
Smith, D.A. (1986) *The Ethnic Origins of Nations.*, Basil Blackwell, Oxford, U.K.
Smith, D. A. (1991) *National Identity.* Penguin Books., Ltd., London, U.K.
Smith, D. A. (2003) *Chosen Peoples Sacred Sources of National Identity.* Oxford University Press, Oxford, U.K.
Smith, D.A. (2003) *Chosen Peoples : Sacred Sources of National Identity.* Oxford University Press, Oxford, U.K. (＝一條都子訳（2007）『選ばれた民 ナショナル・アイデンティティ，宗教，歴史』青木書店)
Smith, D.A. (2008) *The Cultural Foundations of Nations : Hierarchy, Covenant, and Republic.* Wiley-Blackwell, Oxford, U.K.
Smith, D. A. (2009) *Ethno-symbolism and Nationalism : A Cultural Approach.* Routledge, London, U.K.
Štaubringer, Z. (1976) *Titovo Istorijsko Ne Staljinizmu.* Radnička Štampa, Beograd, YUGOSLAVIA. (＝岡崎慶興訳（1980）『チトー・独自の道 スターリン主義との闘い』サイマル出版会)
Suger, P. F. and Lederer, I. J. eds. (1969) *Nationalism in Eastern Europe.* University of Washington Press, Washington, U.S.A. (＝東欧史研究会訳（1981）『東欧のナショナリズム 歴史と現在』刀水書房)
The Global Forum of Japan ed. (2005) *Report of The Japan-Wider Black Sea Area Dialogue on "Peace and Prosperity in the Wider Black Sea Area and the Role of Japan".* The Global Forum of Japan.
Who recognized Kosova as an independent State? the Kosovar people you！(2014) http://www.kosovothanksyou.com/（2014年1月27日アクセス）
Zavalani, T. (1969) "Albanian Nationalism." Suger, P.F. and Ledere, I.J. eds. [1969] *Nationalism in Eastern Europe.* University of Washington Press, Washington, U.S.A.
天羽民雄（1988）『バルカンの余栄―東西南北の接点ユーゴ・アルバニアの実相』恒文社。
天羽民雄（1990）『多国間外交論―国連外交の実相』PMC出版。
新井春美（2015a）「ヨーロッパを目指す東欧の難民 ―「ゲートウェイ」からの視点―」『海外事情』63 (12)：103-111ページ。
新井春美（2015b）「トルコとIS ―浮かび上がるトルコの課題―」『海外事情』63 (9)：57-71ページ。
稲田十一（2004）「紛争と開発・援助―どのような関係があるのか」稲田十一編（2004）『紛争と復興

支援 平和構築に向けた国際社会の対応』有斐閣：26-46 ページ。
岩間陽子（2009）「冷戦後の国際政治」日本国際政治学会編 李鐘元・田中孝彦・細谷雄一責任編集（2009）『日本の国際政治学 4 歴史の中の国際政治』有斐閣：173-187 ページ。
上野勝男（1991）「ユーゴスラビアの改革動向と連邦の危機」（社）ソ連東欧貿易会ソ連東欧経済研究所編（1991）『ゴルバチョフ改革とソ連・東欧』（社）ソ連東欧貿易会ソ連東欧経済研究所：106-132 ページ。
NHK「環地中海」プロジェクト編（2001）『環地中海 民族・宗教・国家の噴流』NHK 出版。
NHK NEWS WEB（2014）「EU セルビアと加盟交渉開始」http://www3.nhk.or.jp/news/html/20140122/t10014667301000.html（2014 年 1 月 23 日アクセス）。
NHK 取材班（1987）『NHK 特集 現代の鎖国アルバニア』日本放送出版協会。
遠藤由美（2004）「自己」無藤隆・森敏昭・遠藤由美・玉井耕治（2004）『心理学』有斐閣：323-344 ページ。
大倉晴男・金森俊樹・中津孝司（1999）『新版・現代バルカン半島の変動と再建』杉山書店。
小倉和夫（1985）『権力の継承 レーニン／スターリン／毛沢東／ホー・チ・ミン／チトー』日本国際問題研究所。
長有紀枝（2009）『スレブレニツァ ―あるジェノサイドをめぐる考察―』東信堂。
金森俊樹（1996a）「バルカン半島南西部の民族問題と地域統合 ―アルバニア人問題を中心に―」『ロシア・東欧学会年報』25：91-98 ページ。
金森俊樹（1996b）『東欧革命以降のバルカン半島の分離と統合 アルバニア・コソヴォ・マケドニアを中心にして』（慶應義塾大学大学院学位論文（修士（法学）））。
金森俊樹（1997）「世界の言語 31 アルバニア語」『言語』26（7）。
金森俊樹（1999a）「体制転換下のアルバニア経済」『ロシア・東欧貿易調査月報』44（5）：77-85 ページ。
金森俊樹（1999b）「アルバニア」小山洋司編〕（1999）『東欧経済』世界思想社：263-280 ページ。
金森俊樹（1999c）「コソヴォ紛争についての若干の考察―国際秩序の転換及び再建と展望―」大倉晴男・金森俊樹・中津孝司（1999）『新版・現代バルカン半島の変動と再建』杉山書店：195-229 ページ。
金森俊樹（2001）「アルバニア」『角川世界史辞典』角川書店：52 ページ。
金森俊樹（2004）「バルカン半島とエネルギー回廊」佐藤千景・島敏夫・中津孝司編（2004）『エネルギー国際経済』晃洋書房：84-95 ページ。
金森俊樹（2010）「コソヴォ独立とアルバニア人ナショナリズムの質的変容―民族・エスニシティ問題を中心に―」『ロシア・ユーラシア経済―研究と資料―』937：39-50 ページ。
金森俊樹（2011）『アルバニア系民族居住圏を中心とした南東欧・バルカン半島地域と宗教紛争に向けたアプローチ ―カトリック・東方教会・イスラーム』東京外国語大学アジア・アフリカ言語文化研究所中東・イスラーム教育セミナー報告資料。
金森俊樹（2012a）「＜研究ノート＞宗教をめぐる紛争とアイデンティティ―バルカン半島地域の紛

争を中心に―」『ロシア・ユーラシアの経済と社会』964：31-44 ページ。
金森俊樹（2012b）「バルカン半島地域における宗教と地域紛争―宗教をめぐる紛争とアイデンティティを中心に―」『社学研論集』20：110-122 ページ。
金森俊樹（2013a）「欧州における『新しい戦争』と平和構築への挑戦―旧ユーゴスラヴィア連邦地域についての一考察―」『社学研論集』22：45-60 ページ。
金森俊樹（2013b）「冷戦後のバルカン半島にみる『人間の安全保障』の可能性と課題 ―コソヴォ紛争をめぐる若干の考察―」アジア研究機構アジア・ヒューマン・コミュニティー（AHC）研究所編（研究代表者：早稲田大学社会科学学術院 山田満教授）（2013）『東南アジアの紛争予防と平和構築 ―アジアにおける人間の安全保障の取り組み―』：120-133 ページ。
金森俊樹（2013c）「欧州とバルカン地域の関係についての一考察 ―EU の東方拡大と欧州アイデンティティを中心に―」『ソシオサイエンス』19：48-59 ページ。
金森俊樹（2013d）「コソヴォ独立にみる民族・エスニシティとナショナリズム―冷戦後の地域紛争とアイデンティティを中心に―」『社学研論集』21：102-115 ページ。
金森俊樹（2014a）「『アルバニア人居住圏』地域にみる民族・宗教とアイデンティティ ―現代バルカン半島の平和構築に向けて―」（早稲田大学大学院学位論文（博士（学術）））。
金森俊樹（2014b）「『アルバニア人居住圏』地域の新しいアイデンティティの可能性」『社学研論集』23：105-120 ページ。
金森俊樹（2015）「コソヴォ紛争にみる安全保障観の変遷と正義」（ロシア・東欧学会2015年度研究大会自由論題報告ペーパー）。
金森俊樹（共著）（1998）『現代バルカン半島の変動と再建』杉山書店。
金森俊樹（共著）（1999d）『新版・現代バルカン半島の変動と再建』杉山書店。
唐澤晃一（2013）『中世後期のセルビアとボスニアにおける君主と社会 ―王冠と政治集会―』刀水書房。
唐澤晃一（2015a）「セルビア人以前のセルビア 東西ローマの境界地域」柴宜弘・山崎信一編著（2015）『セルビアを知るための60章』明石書店：40-44 ページ。
唐澤晃一（2015b）「中世王国の時代 史実と伝説」柴宜弘・山崎信一編著（2015）『セルビアを知るための60章』明石書店：45-49 ページ。
木村凌二・高山博（2009）『地中海世界の歴史 ―古代から近世―』（一財）放送大学教育振興会。
久保慶一（2003）『引き裂かれた国家 ―旧ユーゴ地域の民主化と民族問題』有信堂。
久保慶一（2013a）「セルビアとコソボの関係正常化合意―その意義と限界（後編）」http://www.euij-waseda.jp/news/post-64.html.（2013年12月3日アクセス）。
久保慶一（2013b）「セルビアとコソボの関係正常化合意―その意義と限界（前編）」http://www.euij-waseda.jp/news/post-63.html.（2013年12月3日アクセス）。
グローバル・フォーラム編（2007）『第2回「日・黒海地域対話：激動する世界における日本と黒海地域」＜報告書＞』グローバル・フォーラム。
グローバル・フォーラム編（2013）「『日・黒海地域対話』開催さる 日・黒海地域協力の発展に向け

て」『グローバル・フォーラム会報』：14（3）55：1-2 ページ。
小山洋司（1996）『ユーゴ自主管理社会主義の研究―1974 年憲法体制の動態』多賀出版。
小山洋司・富山栄子（2007）『東欧の経済とビジネス』創成社。
坂本勉（2006）『トルコ民族の世界史』慶應義塾大学出版会。
坂本勉（2008）「トルコ民族主義とイスラーム」『別冊　環』14,2008：79-88 ページ。
佐瀬昌盛（2015）「悩み多き NATO」『海外事情』63（12）：20-27 ページ。
定形衛（2015）「旧ユーゴスラヴィアの終焉と人間存在の変容」初瀬龍平・松田哲学編（2015）『人間存在の国際関係論 グローバル化のなかで考える』法政大学出版局：289-315 ページ。
塩川伸明（2008）『民族とネイション ―ナショナリズムという難問―』岩波書店。
篠田英朗（2007）『シリーズ国際関係論 1 国際社会の秩序』東京大学出版会。
篠田英朗（2012）『「国家主権」という思想 国際立憲主義への軌跡』勁草書房。
柴宜弘（1987）「多民族国家と少数民族問題―ユーゴスラヴィアのアルバニア人の場合」『敬愛大学研究論集』：177-214 ページ。
柴宜弘（1994）「民族自決から地域自決へ 旧ユーゴスラヴィア」蓮實重彦・山内昌之編（1994）『いま、なぜ民族か』東京大学出版局：132-152 ページ。
柴宜弘（1996a）『ユーゴスラヴィア現代史』岩波書店。
柴宜弘（1996b）『バルカンの民族主義』山川出版社。
柴宜弘（2006a）「連合国家セルビア・モンテネグロの解体　―モンテネグロの独立と EU ―」『海外事情』54（6）：88-101 ページ。
柴宜弘（2006b）「地域史とナショナル・ヒストリー ―バルカン諸国共通歴史副教材の『戦略』」高橋秀寿・西成功編（2006）『東欧の 20 世紀』人文書院：325-345 ページ。
柴宜弘（2008）「なぜ独立国家を必要とするのか―ギリシアからコソヴォまで」高橋哲哉・山影進編（2008）『人間の安全保障』東京大学出版会：34-50 ページ。
柴宜弘（2009）「バルカンのナショナリズム」大澤真幸・姜尚中編（2009）『ナショナリズム論・入門』有斐閣：271-291 ページ。
柴宜弘（2011a）「コソヴォ独立加盟と EU 加盟に揺れるセルビア」羽場久美子・溝端佐登史編（2011）『ロシア・拡大 EU』ミネルヴァ書房：205-221 ページ。
柴宜弘（2015a）「対外関係 EU とロシアのはざまで」柴宜弘・山崎信一編著（2015）『セルビアを知るための 60 章』明石書店：139-142 ページ。
柴宜弘（2015b）「旧ユーゴスラヴィア諸国との関係 内戦の傷跡を乗り越えて」。
柴宜弘監修・百瀬亮司編（2012）『旧ユーゴ研究の最前線』渓水社。
柴宜弘・木村真・奥彩子編（2012）『東欧地域研究の現在』山川出版社。
柴宜弘・佐原徹哉編（2006）『バルカン学のフロンティア』彩流社。
柴宜弘・中井和夫・林忠行（1998）『連邦解体の比較研究―ソ連・ユーゴ・チェコ―』多賀出版。
柴宜弘・山崎信一編著（2015）『セルビアを知るための 60 章』明石書店：147-150 ページ。
柴宜弘編（1998）『バルカン史』山川出版社。

柴宜弘編（2008）『バルカン史と歴史教育「地域史」とアイデンティティの再構築』明石書店。
下斗米伸夫・高橋直樹（1996）『改訂版 先進諸国の政治』（財）放送大学教育振興会。
杉浦功一（2012）「平和構築」初瀬龍平編著（2012）『国際関係論入門 思考の作法』法律文化社：284-296 ページ。
鈴木健太（2015）「連邦解体とユーゴスラヴィア紛争 民族の自決と『セルビア人問題』」柴宜弘・山崎信一編著（2015）『セルビアを知るための 60 章』明石書店：83-87 ページ。
鈴木基史（2000）『社会科学の理論とモデル 2 国際関係』東京大学出版会。
鈴木基史（2007）『シリーズ国際関係論 2 平和と安全保障』東京大学出版会。
関根政美（1994）『エスニシティの政治社会学 ―民族紛争の制度化のために―』名古屋大学出版会。
関根政美（2000）『多文化主義社会の到来』朝日新聞社。
髙橋和（1996）「チェコとスロヴァキアにおけるユーロリージョン ―ミクロレベルからみた東西ヨーロッパの統合―」百瀬宏編（1996）『下位地域協力と転換期国際関係』有信堂：110-129 ページ。
髙橋和（2004）「【研究ノート】EU における地域協力の制度化の進展と地域的空間の形成に関する一考察 ― INTERREG III をめぐって―」『山形大学紀要（社会科学）』36（2）：47-67 ページ。
髙橋和（2007）「下位地域協力と地域政策」大島美穂（2007）『EU スタディーズ 3 国家・地域・民族』勁草書房：177-193 ページ。
髙橋和（2012）「欧州における下位地域協力の展開―近代国家体系への挑戦」百瀬宏編著（2012）『変貌する権力政治と抵抗 国際関係学における地域』：151-172 ページ。
高橋和夫（1995）『現代の国際政治（三訂版）―冷戦を越えて―』（財）放送大学教育振興会。
高橋和夫（2008）『現代の国際政治 ― 9 月 11 日後の世界―』財団法人放送大学教育振興会。
高橋和夫（2015）「ロシアとトルコ 撃墜事件でよみがえる 500 年来の対立の歴史」
　　（http://thepage.jp/2015 年 12 月 20 日アクセス）。
高橋正雄（1982）『チトーと語る』恒文社。
竹中千春（2009）「国家とナショナリズム」日本国際政治学会編（2009）『日本の国際政治学 3 地域から見た国際政治』有斐閣：21-40 ページ。
鑪幹八郎・山下格（1999）「アイデンティティとは何か その原点と現点を探る」鑪幹八郎・山下格編（1999）『アイデンティティ』日本評論社：147-174 ページ。
鑪幹八郎・山下格編（1999）『アイデンティティ』日本評論社。
多谷千香子（2005）『「民族浄化」を裁く ―旧ユーゴ戦犯法廷の現場から―』岩波書店。
多谷千香子（2006）『戦争犯罪と法』岩波書店。
月村太郎（2006）『ユーゴ内戦―政治リーダーと民族主義』東京大学出版会
月村太郎（2013）『民族紛争』岩波書店。
坪郷實（2006）「はじめに ―ヨーロッパ・デモクラシーの新世紀」高橋進・坪郷實編（2006）『ヨーロッパ・デモクラシーの新世紀 グローバル化時代の挑戦』早稲田大学出版部：i -viii ページ。
長島大輔（2015）「ボスニア，クロアチア，コソヴォのセルビア人 マジョリティからマイノリティへ」柴宜弘・山崎信一編著（2015）『セルビアを知るための 60 章』明石書店：185-190 ページ。

中津孝司（1991）『変革の現代史シリーズ3 アルバニア現代史』晃洋書房。
中津孝司（1997）『アルバニアの混乱と再生』創成社。
中津孝司（1999）『アルバニアの混乱と再生 修正版』創成社。
中津孝司（2000）『南東ヨーロッパ社会の経済再建 バルカン紛争を超えて』日本経済評論社。
中津孝司（2004）『アルバニアの混乱と再生［第二版］』創成社。
中津孝司（2007）『ロシア世界を読む』創成社。
中津孝司（2010a）「はじめに」中津孝司編（2010）『欧州新時代 ―6億人のEUとビジネス―』晃洋書房：ⅰ-ⅱページ。
中津孝司（2010b）「トルコはEUに加盟できるのか」中津孝司編（2010）『欧州新時代 ―6億人のEUとビジネス―』晃洋書房：42-54ページ。
中津孝司（2010c）「新たなエネルギー回廊構築が大欧州世界を強化する」中津孝司編（2010）『欧州新時代―6億人のEUとビジネス―』晃洋書房：71-90ページ。
中津孝司（2014）『ウクライナブックレット2 クリミア問題徹底解明』ドニエプル出版。
中津孝司（2015）「『クリミア独立』に見る地政学的リスクと国際関係」中津孝司編著（2015）『グローバル経済徹底解明 ―「シェール革命」から読み解く世界―』創成社：122-160ページ。
中津孝司編著（2010）『欧州新時代 ―6億人のEUとビジネス―』晃洋書房。
中野毅（1997）「宗教・民族・ナショナリズム」中野毅・飯田剛史・山中弘編（1997）『宗教とナショナリズム』世界思想社：3-26ページ。
日本イスラム協会監修（2002）『新イスラム事典』平凡社。
野村甚三郎（2008）『国境とは何か 領土・制度・アイデンティティ』芙蓉書房出版店。
最上敏樹（2001）『人道的介入 ―正義の武力行使はあるか―』岩波書店。
百瀬亮司（2015a）「コソヴォ問題 錯綜する歴史と現在」柴宜弘・山崎信一編著（2015）『セルビアを知るための60章』明石書店：122-126ページ。
百瀬亮司（2015b）「NATO空爆 疑問視される『動機』と『成果』」柴宜弘・山崎信一編著（2015）『セルビアを知るための60章』明石書店：127-131ページ。
萩原直（2000）「バルカン研究の行方」Castellan, G., [1994] *Le monde des Ballkans Poudrière ou zone de paix?* Librairie Vuibert, Paris, France.（＝萩原直訳（2000）『バルカン世界 火薬庫か平和地帯か』彩流社）：293-324ページ。
初瀬龍平（2001）「国際関係論におけるパラダイムの転換」初瀬龍平・定形衛・月村太郎編（2001）『国際関係のパラダイム』有信堂：1-4ページ。
初瀬龍平・定形衛・月村太郎編（2001）『国際関係論のパラダイム』有信堂。
馬場伸也（1980）『アイデンティティの国際政治学』東京大学出版会。
馬場伸也（1983）『比較文化叢書7 地球文化のゆくえ 比較政治と国際政治』東京大学出版会。
林佳世子（2008）『興亡の世界史10 オスマン帝国500年の平和』講談社。
廣瀬徹也（2007）『テュルク族の世界 シベリアからイスタンブールまで』東洋書店。
廣瀬徹也（2015）「安倍政権の『地球儀俯瞰外交』の中東の要トルコ」（第82回世界経済研究会報告）。

廣瀬陽子（2008）『コーカサス 国際関係の十字路』集英社。
廣瀬陽子（2011）『ロシア 苦悩する大国，多極化する世界』（株）アスキー・メディアワークス。
廣瀬陽子（2014）『未承認国家と覇権なき世界』NHK 出版。
藤原帰一（2002）『デモクラシーの帝国 —アメリカ・戦争・現代世界—』岩波書店。
藤原帰一（2011）「新しい戦争・新しい平和」藤原帰一・大芝亮・山田哲也編（2011）『平和構築・入門』有斐閣：1-18 ページ。
藤原帰一・大芝亮・山田哲也編（2011）『平和構築・入門』有斐閣。
藤原帰一・李鐘元・古城佳子・石田淳一編（2004）『国際政治講座④ 国際秩序の変動』東京大学出版会：197-237 ページ。
町田幸彦（2013）『世界の壊れ方 時評二〇〇八〜二〇一二年』未來社。
松嵜英也（2015）「モルドヴァと沿ドニエストル『共存』の選択—和平交渉の検討をもとに（1992 − 1997）—」『ロシア・ユーラシアの経済と社会』994：17-30 ページ。
山田高敬（2004）「地球環境領域における国際秩序の構築 国家の選好と知識」。
山田高敬（2011）「安全保障」山田高敬・大矢根聡編（2011）『グローバル社会の国際関係論［新版］』有斐閣：92-131 ページ。
山田満（2015）「平和構築と紛争予防ガバナンス —東ティモールの治安部門改革（SSR）を事例として—」初瀬龍平・松田哲編（2015）『人間存在の国際関係論』法政大学出版会：213-237 ページ。
山田満編著・中野洋一，吉川健治，滝澤三郎，桑名恵，椎木哲太郎著（2010）『新しい国際協力論』明石書店。
山本武彦（2005）「リージョナリズムの諸相と国際理論」山本武彦編（2005）『地域主義の国際比較—アジア太平洋・ヨーロッパ・西半球を中心にして—』早稲田大学出版部：1-28 ページ。
矢野暢（1987）「地域研究と政治学」矢野暢 責任編集（1987）『講座 政治学Ⅳ 地域研究』三嶺書房：3-46 ページ。
矢野暢責任編集（1987）『講座 政治学Ⅴ 地域研究』三嶺書房。
吉川元（1992）『ソ連ブロックの崩壊—国際主義，民族主義，そして人権』有信堂高文社。
吉川元（2015）「グローバル化と安全保障パラダイム転換 —ガバナンスを問う安全保障観の形成過程—」初瀬龍平・松田哲編（2015）『人間存在の国際関係論 グローバル化のなかで考える』法政大学出版局：183-211 ページ。
吉川元・加藤普章編（2000）『マイノリティの政治学』有信堂。
吉川元・加藤普章編（2004）『国際政治の行方 グローバル化とウェストファリア体制の変容』ナカニシヤ出版。
渡辺松男（2004）「EU の紛争分野の支援における活動と役割」稲田十一編（2004）『紛争と復興支援 平和構築に向けた国際社会の対応』有斐閣：113-135 ページ。

（金森俊樹）

Ⅷ イラン制裁解除の国際政治経済学

1. 歴史的な制裁解除となるか

　大悪魔，悪の枢軸と互いに揶揄してきた米国とイランとが水面下の交渉を重ねた結果，ようやく核協議が最終合意に達し，2015年10月18日，その合意が発効した。イラン経済制裁が解除される運びとなった。

　国連安全保障理事国5カ国にドイツを加えた6カ国はイランと「包括的共同行動計画」を立案し，これを国連安全保障理事会が承認。米国と欧州連合（EU），それに国連がイランに科してきた制裁解除への道筋が整った。イランで保守穏健派とされるロウハニ大統領の存在が交渉妥結に弾みをつけた。最高指導者のハメネイ師も核合意を公に承認している(1)。

　イラン革命（1979年）が勃発する以前，米国はイランを中東戦略の拠点に仕立て上げた。イランは中東地域で模範的な親米国家を自認した。しかし，イランは革命を機にイスラム教シーア派法学者が君臨する反米国家へと大転換した。在テヘラン米国大使館人質事件以降，米国はイランと断交，両国は永遠の敵国同士に転じた。

　そこへイランの核開発疑惑が浮上。2002年にイラン反体制派が秘密の核開発施設がイラン国内に存在すると暴露した。義務づけられているにもかかわらず，イランは国際原子力機関（IAEA）に核開発について申告していなかった事実も判明。ワシントンはイランが核武装を画策していると非難，国際社会の危機感が一気に強まった。

　イランは核拡散防止条約（NPT）加盟国である(2)。NPTは米国，ロシア，英国，フランス，中国以外の核兵器拡散を禁じている。イランには核兵器を開発する資格がない。イランが核武装国に転じると，中東地域の緊張は頂点に達する。米国の同盟国イスラエルは公然とイランを攻撃できる。中東地域の勢力

バランスは大きく変化する。

　欧米諸国がテヘランに事実を公表するように求めたものの，イラン指導部は頑なに拒否。報復として，イランに制裁が科された。イランはドル箱である原油を輸出できなくなった。この制裁が多大な効果を発する。オイルマネーの枯渇がイランを追いつめた。イランは経済的に行きづまり，国民の不平不満が限界線を越えていった。

　この経済的困窮がイラン指導部を翻意させた。イランは交渉のテーブルで譲歩する姿勢を鮮明にする。イランに核兵器開発に結びつかないウランの濃縮（濃縮度3.67％以下）を容認する一方，核開発は制限されると同時に，IAEAの監視下に置かれる(3)。イランは高濃縮ウランやプルトニウムを製造・取得しないと確約した。濃縮に使う遠心分離機も現状の3分の1以下に減らす。ただ，軍事施設の査察は「包括的共同行動計画」に明記されていない。

　イランがこのような合意内容を遵守すれば，科されている経済制裁は解除される。イランは念願の原油輸出を再開できる。また，金融取引の制限も同時に解除される。もちろん，イランが合意内容を反故にすれば制裁は復活される。

　かくして，ホワイトハウスの対イラン関係が大きく見直されることになった。1980年以来，米国はイランとの国交を断絶してきたが，関係修復に向けて一歩踏み出した。ワシントンは民主党政権時代に外交姿勢を急転換している。まずはベトナム，そしてキューバ，さらにイラン。あからさまな敵対姿勢を修正して，関係改善の道を模索してきた。

　ベトナムとキューバは共産党一党独裁国。イランもイスラム教シーア派独裁国。ベトナムとキューバはソ連邦時代，コメコン（経済相互援助会議）加盟国でソ連邦の同盟国だった。米国はソ連邦の元同盟国を自陣営に再編入し，失地回復に奏功している。

　ただ，米国内では共和党やイスラエルは猛反発。サウジアラビアも米国とイランの接近に警戒感を募らせる。ただし，イラン指導部の対米警戒心は厳然として存在し，不信感は払拭されていない。それゆえに欧州諸国のイラン進出が先行し，米国企業の対イラン進出は遅れると思われる。

今後，イランを取り巻く内外環境は激変していく。早速，国際社会は激変に対応しようと試行錯誤を重ねるようになった。

2. 制裁解除の国際経済学

経済制裁が解除されたことを受けて，イラン市場が久しぶりにグローバル経済へと復帰した。イランの人口規模は7,850万人（2014年），国内総生産（GDP）は4,027億ドル（同）とされる。タイや南アフリカよりも大きな有望市場である(4)。1人当たり国民総所得は6,000ドルといわれる。

経済成長率は2014年実績で9.6％と高いとされるが，この数字は信憑性に乏しい。公式統計で失業率は11.6％（2014年）とあるが，この数値もまた疑わしい。若年層の失業率はかなりの水準だと聞く。2015年はゼロ成長に甘んじ，制裁が解除された2016年には4-5.5％に急伸すると予想されている(5)。

しかしながら一方で，イランの魅力は市場規模と潤沢な資源にある。

イラン革命を経験していない35歳以下の若年層が人口の75％を占有する。雇用の機会が増えれば，全体としての所得水準が切り上がり，大きな購買力を形成する。少子高齢化とは無縁の社会である。この年齢層が制裁解除を大歓迎している。イランが外国で保有する金融資産の凍結が解除されれば，国内に流入するからにほかならない。

また，イランは世界有数の資源大国でもある。原油確認埋蔵量は1,578億バレル（世界シェアは9％）で世界第4位，天然ガス確認埋蔵量は34兆立方メートル（同18％，いずれも2014年末）で世界首位を誇る(6)。原油と天然ガスを合計した確認埋蔵量は原油換算で2,500億バレルを超える規模だ。しかも，開発・生産コストは破格に安価，海上油田の生産コストで1バレル5-10ドルで陸上油田ではさらに低い(7)。

加えて，イラン経済はほかのペルシャ湾岸産油国と違い，石油部門に対する依存度が低い。GDPの構成を見ると，サービス業が48％，鉱工業が23％であるのに対して，石油部門は17％に過ぎない。ほかに農業が9％，その他3％となっている。石油・天然ガス産業依存度が40％に達するサウジアラビ

アと比べれば，原油安に対する耐用度は高いといえる。

　イランの原油輸出量は現在，日量110万バレル（産油量は2015年5月で日量285万バレル，2011年では同360万バレル(8)）だが，制裁解除後，ここに日量100万バレル分が追加される。それでも，サウジアラビアの日量715万バレルとの差は歴然としている(9)。

　2011年には日量360万バレルの産油量をイランは誇ったが，現段階では日量287万バレル（2015年7月）に収縮している。この現状を打破すべく，10年後に同500万バレルに増強される目標が掲げられている。これには2,800億ドルの投資が必要だという(10)。2022年までに1,800億ドルを投資する計画である。この際，イランは1,000億ドル規模の外資を呼び込みたい(11)。

　他方，原油生産能力は日量350万-370万バレルで，コンデンセートを含めると同400万バレル程度となっている(12)。

　合わせて，イランには天然ガスも豊富に埋蔵されるが，未開発の天然ガス田が多く残されている。中でも有望なのは海底のサウスパルス天然ガス田。天然ガス田の新規開発にも膨大な投資が求められる。

　米通信社ブルームバーグはイランがカタールのような天然ガス輸出国にはならないと決めつけるが(13)，それは間違っている。逆に，外資の参入で液化天然ガス（LNG）(14)生産国にイランが仲間入りする可能性を否定できない。イランが有望な天然ガス生産国となれば，周辺国にパイプラインでも輸出できる。それは中東地域のみならず，インド市場まで巻き込める可能性を秘める。

　ただし，イラン当局が積極的に外国資本を誘致したいのであれば，現行のバイバック契約を見直す必要がある。バイバック契約では原油がイラン政府の所有となる。これでは外資に不利だ。これを生産物分与協定（PSA）に切り換えていかねばならない。生産物分与協定が締結されれば，外資系企業はイラン国営石油会社（NIOC）やその子会社と合弁企業を設立できるようになる。外資参入を促すべく，イラン政府はバイバック契約から生産物分与協定に転換している。

　イランはまず，原油の在庫を放出するが，その放出先はスポット（随時契約）

市場に限定されるだろう。産油量が思い通りに回復するかどうかは不透明なものの、また、制裁解除直後に原油輸出量が急増する見込みはないものの、さらにNIOCの企業統治（コーポレート・ガバナンス）は明瞭でないものの、2016年以降、イラン産原油が国際石油市場で本格的に再登場すれば、それは直線的に国際原油価格の下押し要因として作用する(15)。

イラン当局は2016年に日量50万-100万バレルの増産を見込む。一方、国際エネルギー機関（IEA）は最大で日量73万バレル拡大する可能性があるとの見方を示している(16)。イランの市場復帰で2016年には石油価格を1バレル5-15ドル程度押し下げるとする試算がある(17)。

中国の国際商品需要減退も原油安要因となる。アジア市場では石油製品の在庫が積み上がったままだ。加えて、米連邦準備理事会（FRB）は追加利上げの機会を探っている。金利を伴わない国際商品から米ドルへとマネーはシフトする。ドル高が定着すると、自ずと国際商品価格はドル建てであるから割高となる。ドル高と原油安は表裏一体の経済現象である。全体として、原油を筆頭にエネルギー資源の国際価格は短期的に低迷する。

事実、国際商品価格は軒並み低迷、原油価格は下げを加速している。ニューヨーク市場では指標となるWTI（ウエスト・テキサス・インターミディエート）は心理的な節目である1バレル50ドルを割り込んで推移している。米国市場では産油量が堅調であることに加えて、原油在庫は高水準。需給は緩む一方である。原油の買い材料が見当たらない。IEAは原油の供給過剰が2016年前半まで続くと予測している(18)。

米国外に眼を転じると、市場占有率を確保しようとサウジアラビア（産油量は2015年6月で日量1,060万バレル）やイラク（産油量は日量400万バレルをうかがう展開、2015年7月の原油輸出量は日量310万バレルという歴史的高水準）が増産を急ぐ。石油輸出国機構（OPEC）全体の産油量は日量3,200万バレルの水準を維持、OPECは原油生産量の最大化を追求する姿勢を鮮明にしている(19)。

また、OPEC非加盟国のロシアも通貨ルーブル安を背景に原油輸出を増やしている。

このように，国際石油市場では供給過剰に歯止めがかからない一方で，需要が盛り上がっていない。原油価格全般に下落圧力が強まっている。

原油価格下落を主導するのが投資ファンド（ヘッジファンド）と生産企業。ファンド勢は売り持ち高を膨らませ，この投資姿勢が価格の下落圧力として作用する。米国シェールオイルの生産企業も将来の値下がりに備えて売りヘッジ姿勢を強める。現物市場では入札の不調が目立ち始めているという(20)。

OPEC が原油価格を恣意的に操作できる時代は終焉を迎え，市場が原油価格を決定する本来の姿へと回帰した(21)。その際，原油価格の主要な決定要因は供給サイドでは米国を含む北米の産油量，需要サイドでは中国経済の動向となる。OPEC の強みは全般的に開発・生産コストが安価だという優位にある。しかしながら，それでも価格カルテルとしての OPEC はすでにその役割を終えている。否，OPEC みずからがその機能を放棄している。

価格低迷の影響に直撃されるのは資源国。中東の産油国はもちろんのこと，ロシアも大打撃を被る。イラン産の原油と天然ガスはロシアにとっての脅威となる。特に，欧州市場での価格競争は熾烈化する。

ロシアの場合，ウクライナのクリミア半島強奪を罪状とする金融制裁が国内経済を直撃。原油安の長期化はロシア経済の停滞に拍車をかける。この損失を埋めるべく，クレムリン（ロシア大統領府）は値崩れのない原子力発電所や武器・兵器の輸出を強化しようと，大号令をかけることだろう。ロシア（国営原子力独占体ロスアトム）はすでにイラン南部のブシェールに原子炉4基を建設しているが，対イラン輸出をいっそう重視するであろうことは想像に難くない。

原子力発電所の建設では中国が先手を打った。オマーン湾に面するイラン南部の沿岸部に原子力発電所2基を建設する(22)。

かつて最大級の日の丸油田と期待されていたアザデガン油田の開発権益を国際石油開発帝石が保有していた。しかし，2010年にやむなく権益を放棄し撤退。日本はイランからの原油輸入を自粛した。その結果，日本の原油輸入に占めるイラン産の比率は2005年の13.8％から2014年には4.9％へと激減している(23)。

日本勢の撤退後，中国の石油企業がアザデガン油田開発の契約に調印した。

だが、2014年にイラン側が契約を撤回している。アザデガン油田開発は日本企業にも道が開かれている。

　もちろん、欧州勢もイラン進出を狙う。他方、エクソンモービル、シェブロン、コノコフィリップスといった米系石油企業の進出は遅れるだろう。欧州勢では英蘭系の国際石油資本（メジャー）であるロイヤル・ダッチ・シェル、フランスの石油最大手トタル、イタリア炭化水素公社（ENI）、それにスイスの多国籍企業グレンコアや英国系メジャーのBPはイラン当局と接触している模様だ。中国石油化工（シノペック）やロシアの大手民間石油企業ルークオイルもイランでのプレゼンス強化を狙う(24)。

　産油量と原油増産には投資と技術の双方が不可欠。イラン当局は1,000億ドル規模の外国資本が流入することを見込んでいる(25)。老朽設備の更新・近代化や新規開発、それに関連設備の増強など外資系企業の活躍の場は無制限に広がる。プラント大手にとっても新たな事業機会が眼前に広がっている。

　イラン市場進出を虎視眈々と狙っているのは石油企業だけではない。

　イランの自動車生産はトルコに次ぐ中東第2位。2014年実績で109万台が生産されている（2011年では160万台）。2015年の生産予想台数は140万台とされる。イラン政府は2025年の国内生産台数を300万台に引き上げたい。潜在的には年間300万-400万台の生産台数能力を秘めているとする見方もある。

　同国GDPに占める自動車産業の割合は現在10％程度であるけれども、人口1,000人当たりの自動車保有台数は米国の4分の1、ドイツの3分の1にとどまっている。販売台数は2014年実績で見ると90万台である(26)。所得が増加すれば、イランの自動車市場は今後さらに拡大していくことが見込まれる。

　自動車市場における占有率を概観すると、イラン勢が51.8％と最も多く、その後を33.8％の欧州勢が追う。以下、中国8.3％、韓国2.6％、日本2.3％、インド1.1％と続く。米国企業のシェアはゼロである。イランの消費者が現在のところは低価格志向であることがわかる。

　欧州勢ではフランスのプジョーシトロエングループ（PSA）がイランの現地企業と協力関係強化に乗り出した。PSAは2015年4月にイラン現地国営企業

の自動車最大手ホドゥロと協定を締結。イランで組み立てる，いわゆるノックダウン生産を推進していく。PSA はイランに高級車ブランド DS を投入する。

また，ルノーもホドゥロと資本提携する協議に入った。インドで生産される小型クロスオーバー車をイランに投入する構えでいる。日産自動車の親会社がフランスのルノーであることから，同社のイラン進出は早いかもしれない。

ドイツのフォルクスワーゲン（VW）やダイムラーもイラン進出を模索している模様だ。

中国勢の市場占有率は 8.3 ％であるが，中国にとってイラン市場は最大の自動車輸出先である。2014 年実績で 11 万 4,000 台を輸出している。中国勢が今後，さらに攻勢をかければ，欧州勢は中国勢と競合していくことは間違いがない。

中国を筆頭に新興国経済がきしむ中，欧州勢はイラン進出で投資の分散先多様化を目指したい。

ドイツではガブリエル副首相が 2015 年 7 月中旬にイランを訪問，イラン詣で先陣を切った(27)。同行した化学世界最大手の BASF はイランで天然ガスを活用する化学事業の展開が有望だと語っている。イランを生産拠点に仕立て上げることができれば，欧州市場とアジア市場の双方に睨みを利かせることができる。

フランスもドイツに遅れまいとイランに熱い眼差しを向ける。ファビウス外相が 2015 年 7 月下旬にテヘランの土を踏み，フランス外相として 12 年ぶりのイラン訪問を実現した。同年 9 月には 100 社規模の経済使節団をテヘランに送り込むという。イラン進出をフランス経済増強の起爆剤としたい。

イタリアでは 2015 年 8 月上旬，外相がイランを訪問し，ENI 進出を後押ししている。スペインも閣僚をイランに派遣する一方，オーストリアのフィッシャー大統領も 2015 年 9 月上旬に訪れた。

加えて，イランでは旅客機の需要も伸びるだろう。欧州のエアバス・グループや米国のボーイング，ブラジルのエンブラエルが対イラン輸出に関心を高めているという。

都市交通など社会資本の整備，建設機械（建機）の需要増も見込める。発電所の新設も喫緊の課題だ。課題は山積している。これはビジネスチャンスが溢

れていることと同義だ。オイルマネーの大量流入と比例しつつ，イランビジネスが活況を呈していく。

　日本政府も動いた。経済制裁解除後を視野に入れ，投資協定（企業が安心して外国に投資できるように，投資財産保護，投資自由化ルールを定めた協定）の締結交渉に着手，イラン側と締結することで合意している。投資協定が日本企業のイラン進出に先行すれば，イラン側の外資規制を軽減でき，投資環境の整備につながる。

　2015年8月8-10日に山際大志郎経済産業副大臣がテヘランを訪問，総合商社5社，大手銀行など21社が同行した。ここにはアザデガン油田の権益を保有していた国際石油開発帝石も含まれる。アザデガン油田の権益を取り戻す思惑がある。実現すれば，イラン産輸入量増加の道が開ける(28)。

　2015年10月初旬，イランの首都テヘランで産業見本市が催され，300社以上の外国企業が参加した。もちろん，日本からも18社が出展，イラン市場で開拓を急ぐ姿勢を鮮明にしている。

　新日鉄住金はシームレス鋼管や自動車用鋼板について説明した。NECはネットワーク機器などを展示した。冨士製作所は即席麺の機器を展示した。制裁解除後には資金決済が容易になり，イラン側の購買力は確実に強まる。これを見据えて，解除後すぐに進出できるように備えている。また，イラン当局はホテルの建設を急ぐ方針を表明している(29)。

　そして，2015年10月中旬，岸田文雄外相がテヘランを訪問し，ザリフ外相やザンギャネ石油相，ネマトザデ鉱工業相，それにロウハニ大統領と会談(30)。日本・イラン協力協議会が設置されることになった。ここでは経済協力や貿易・投資などについて協議される。日本による対イラン投資の道が開かれた。岸田外相には日本から22の企業や団体が同行している。

3. 制裁解除の国際政治学

　中東地域における核拡散のドミノ現象を封じ込めることができた歴史的な合意だと国際社会では評価されている。中東緊張の要因が1つ除去されたのだか

ら，確かに歴史的合意なのかもしれない。しかしながら，中東地域には不安定要因が混在する。イランの脅威が低減されたからといって，これが即刻，中東地域の安定に結びつくと判断するのはあまりにもナイーブに過ぎる。

中東地域では20世紀の遺産が今もって払拭，清算できていない。オスマン帝国の分割をめぐって英国，フランス，ロシアが秘密裏に約した，サイクス・ピコ協定（1916年5月）以来，中東地域を覆ってきた，いびつな秩序が残存する一方，新たな秩序に踏み出そうとする兆候すらない。あくまでも模索の段階に過ぎない。

中東の民主化運動「アラブの春」を通じて独裁者は姿を消したものの，ポスト「アラブの春」の中東世界は混迷をきわめる一方である。独裁者が抹殺されただけで国家としての安定した秩序を構築した国は1つもない。

逆に，各国で内戦が続く始末。「アラブの春」の発火点であったチュニジアでは残虐な無差別テロが頻発。リビアでは群雄割拠が常態化し，内戦が日常の風景となっている。エジプトでは軍事クーデターを経て，当面の秩序を回復したものの，中東での存在感は大きく低下した。イエメンは国家分裂の状態が続く。

かつての独裁者が去った結果，強制的，ならびに独裁的な力とはいえ，求心力が喪失。代わって遠心力が際立つ。北アフリカや中東から難民が溢れ出し，欧州へと流れ込む事態を招いている。

国際移住機関（IOM）によると2015年1-8月期に欧州まで到達した難民や移民は35万1,000人に達したという。2014年通年の数字が21万9,000人だったことから判断すると，急上昇していることが判明する。中東からの難民が殺到するドイツでは，難民対策に100億ユーロを超える公費を投じるという[31]。

リビアやモロッコから地中海を経て欧州を目指す地中海ルートと，トルコからバルカン半島を縦断してドイツや北欧諸国などを目指すバルカンルートがある。大挙して押し寄せるため，欧州は難民危機に直面している。ドイツでは難民申請が2015年，最大で80万人に達した[32]。

国家としての秩序と中東地域としての秩序の形成は今後の課題となっている。しかし，現段階ではその糸口すらつかめていない。

一般に，中東地域はイスラム教の宗派で色分けして解説されることが多い。この手法は簡潔だが，残念ながら，現実は複雑怪奇だ。
　中東世界を観察する際の一般論は次のようなものである。
　イスラム教の宗派をスンニ派とシーア派とに大別する。そのうえでスンニ派の盟主をサウジアラビア，シーア派のそれをイランと位置づける。
　サウジアラビアはOPECの頂点に立つと同時に，湾岸協力会議（GCC）を束ねる。ここに連なるのはクウェート，バーレーン，アラブ首長国連邦（UAE），カタール，オマーンといったペルシャ湾岸産油国。いずれも国王が君臨する絶対王制国家群であり，親米国家群でもある。そして，イランと敵対する構図が描かれる。
　他方，シーア派国家・イランは同類のイラク中央政府，イエメンの武装勢力，シリア・アサド政権を擁護，援軍を派遣する。合わせて，レバノンのヒズボラ，パレスチナのハマスも庇護する。かくしてイランが中東シーア派勢力の盟主としてそのプレゼンスを誇示する。
　さらに米国の同盟国であり，核武装国のイスラエルがここに加わる。イスラエルもイランを敵国と識別し，イランの核武装を一貫して牽制。と同時に，米国がイランに接近する動きにも目を光らせる。米国のオバマ大統領は早速，イスラエルの懸念払拭に尽力，イスラエルとの連携を継続していくことを力説している。
　オバマ政権はペルシャ湾岸産油国の懸念払拭にも腐心。特に，米国が軍事支援するサウジアラビアにはイラン核合意の経緯について丁寧に説明した。
　2015年9月4日，サウジアラビアのサルマン国王が訪米し，ホワイトハウスでオバマ大統領と会談した。サルマン国王は会談でイランの核合意について支持を明言，両国の関係強化についても確認した。海上安全保障やサイバー攻撃からの防衛，弾道ミサイル防衛で協力を拡大することも共同声明に盛り込まれた。対テロリスト掃討においても両国が連携する姿勢も打ち出された(33)。
　通航料の収入増を期待してスエズ運河（全長190キロメートル，地中海と紅海を結ぶ海運の要衝(34)）を拡張したエジプトにも，シシ大統領にイラン核合意の意

義が説明されている。エジプトでは2013年7月に軍事クーデターが勃発, 軍部が全権を掌握していたが, 議会選挙が2015年10月と11月に実施された(35)。

ワシントンは地対空誘導弾パトリオットミサイル (PAC 3) をサウジアラビアに追加売却するうえ, カタールなどにも配備する。むろん, 迎撃能力を強化して, イランの脅威に備える狙いがある(36)。

イランではイスラム教シーア派の宗教指導者による独裁体制が貫徹されている。現在, 最高指導者ハメネイ師に全権が集中する。これは公然たる個人崇拝で, ソ連邦時代のスターリン体制から北朝鮮の金王朝に至る体制と何ら変わりはない。イランの脆弱性はまずこの点にある。

ここに革命防衛隊というファクターが注入される。革命防衛隊がイラン経済の基幹部門を牛耳っていると表現しても過言ではない。大いなる既得権益層だ。イラン経済の自由化とは革命防衛隊の死滅を意味する。これにはそれ相当の労力とコスト, それに覚悟を要する。

イランで個人崇拝が全面否定され, 革命防衛隊が撃滅される日は到来するのか。この日までイランは特殊な国家として存立し続ける。イランを観察する際, この視点はきわめて重要である。イスラム教シーア派とまったく関係がないことにも留意する必要がある。

「アラブの春」が事実上, 失敗したイエメン。イエメンは現在, 国家分裂の危機に瀕している。サウジアラビアはハディ暫定大統領を援護射撃すべく, イスラム教シーア派の武装組織フーシに集中砲火を浴びせた。フーシを支援するのはイラン。イエメンを戦場とするサウジアラビアとイランとによる事実上の代理戦争だ。

イランの経済制裁が解除されれば, 潤沢なオイルマネーが流入する。イランの経済力は当然のごとく強化される。オイルマネーは戦費にも充当されるだろう。イエメンを戦場とする代理戦争は長期化するに違いない。

A. 中東世界の撹乱要因：イスラム国 (IS)

イランはイラクの中央政府にも支援の手を差し伸べる。イラク北部からシリ

ア北部に至るベルト地帯ではスンニ派過激組織・イスラム国（ISIS：Islamic State of Iraq and the Levant，以下IS）が猛威をふるう。周知のとおり，イラク政府はIS退治に躍起になっている。ISとは仰々しいが，実態は単なるゲリラ，正規軍ではない。力の空白地帯でのみ通用する武装組織に過ぎない。イランはISにも掃討作戦を展開，IS壊滅を目指す。

　ISの資金源は原油。支配地域に眠る油田から湧き出る油を日量3万4,000 - 4万バレル売りさばき，1日当たり153万ドル，年間5億ドルを調達する。原油の一部は製油所に送られ，石油製品も生産している模様だ。同時に，天然ガス田やそのプラントも略奪しているようである(37)。

　資金は支配層に集中し，そこからサラリーとして戦士に支払われている。例えば，外国人兵士の場合，特別手当て込みで平均月給600ドル程度だと推測されている。他方，兵士の基本給は月額50 - 150ドル程度だとされる(38)。

　ロシア南部がイスラム過激派に脅かされていることから，ロシアはISと向き合うイランに期待を寄せる(39)。2015年8月中旬にはイラン革命防衛隊のソレイマニ司令官がモスクワを訪問，プーチン大統領とロシアの地対空ミサイルS300などの購入について協議したとされる(40)。そして，2015年11月9日，ロシア国営軍産複合体ロステクノロジーのチェメゾフ社長がS 300をイランに輸出する契約に調印したと言明している(41)。

　制裁解除後のイランを視野に入れ，ロシアは武器・兵器の売り込みに熱心だ。イランはロシア製の武器・兵器で戦力増強を図りたい。むろん，このような動きに米国やイスラエルは警戒，反対の立場を明確にした。

　2015年8月下旬にロシアで開催された国際航空ショーにはヨルダンのアブドラ国王やエジプトのシシ大統領，それにUAE連邦軍の副最高司令官が招かれた。そして，対IS掃討でロシアと連携を強化することを申し合わせている(42)。

　さらに，クレムリンはイランを自陣営に組み入れる受け皿として，上海協力機構（SCO）を位置づけたい。SCOはかつてホワイトハウスを牽制するための共闘の道具に過ぎなかった。しかし，今はSCO存在の意味内容が違う。SCOは事

実上のユーラシア協力機構に変貌を遂げている。モスクワはここにイランを招き入れたい。イランのSCO加盟が実現すれば，モスクワの外交的勝利となる。

　天然ガス輸出フォーラムに出席する機会を利用して，プーチン大統領は2015年11月23日，イランの首都テヘランで最高指導者ハメネイ師と会談している。ハメネイ師は米国の中東政策がイランとロシアの脅威になると指摘したうえで，ロシアのシリア介入を歓迎した(43)。

　もちろん，ロシアとイランとは競争相手同士でもある。両国とも中国市場により大量の原油を売り込みたい。イラン産原油の国際市場復帰は原油価格の下落要因であることから，産油国のロシアにとっては痛手だ。

　この痛手をイランのSCO加盟で補えるか。クレムリンは今，国益を厳密に計算中である。クレムリンの野望は尽きることがない。SCOを将来，軍事機構に格上げできれば，NATOに対抗する軍事軸を確保できる。ロシアの戦略はここで結実する。

　クレムリンは従来からシリアのアサド政権に同情的な立場を貫いてきた。もちろん，アサド政権が崩壊する事態に直面すれば，モスクワはアサド大統領を見限るだろう。しかし，アサド政権が存在している限り，IS掃討作戦ではロシアとシリアの思惑は一致する。米国主導のIS壊滅戦略とは異なる，ロシア独自の戦略展開を強調したい。

　そこで，ロシアはシリアのアサド政権をテコ入れすべく，戦車揚陸艦2隻，輸送機，戦闘機，偵察機，精密誘導ミサイル，最新地対空ミサイルシステム・パーンツィリSなどを派遣，配備する一方で，100人を超える海軍歩兵部隊や軍事顧問もシリアに投入，アサド政権への軍事支援を強化した(44)。ロシアからシリアに2,000人の人員を派遣したとの情報も流れている(45)。

　事実上のシリア内戦軍事介入となる。ロシアはまず手始めに，シリア国内の地中海沿岸部にある軍事拠点ラタキアから戦闘機を飛ばし，首都ダマスカスを防衛する目的で，ISではなく，周辺に展開する反政府勢力を空爆した。イラク政府から要請があれば，ロシアは躊躇なくイラク北部に広がるISによる占領地域にも空爆の範囲を拡大していくだろう。ロシアの参戦で勢力の構図はさ

らに複雑化している。

　2000年のプーチン政権誕生後初の中東軍事介入となる。ロシア流のテロとの戦いが奏功するか。ここでロシアがいうテロリストとはアサド政権から見たテロリストである。これは反アサド分子全体を指す。シリアとウクライナの二正面作戦でロシアの財政は疲弊しないか。介入の出口をどのように見据えるのか。

　このクレムリンの軍事介入がホワイトハウスとの対立を再燃させる火種となっている。クレムリンはIS掃討作戦でさまざまな勢力を束ね，陣頭指揮を執りたい。この対外的リーダーシップをロシア国内向けにアピールしたいのであろう。クリミア半島略奪で国際的に孤立するロシアの閉塞状況を打破しようと，プーチン大統領は国連総会の機会を有効活用して，オバマ大統領との首脳会談に臨んだ。2015年9月末のことである。ロシアを無視，軽視してきたホワイトハウスに対してシリア軍事介入を突破口に，ロシアと向き合わざるを得ない状況をつくり出した。

　ホワイトハウスはロシアと協調，協働するのか，あるいは逆にロシアに挑戦状を突きつけるのか。ボールが投げられた今，ワシントンが対露政策で決断しなければならない状況に追いつめられた。もちろん，アサド政権を温存したくないワシントンとモスクワの思惑はすれ違っている。

　民主主義を価値観とするワシントンは独裁者アサド大統領の退陣を迫る。他方，クレムリンはアサド政権に影響力を行使したい。アサド大統領を擁護すると同時に，ポストアサド時代を見据えて，アサド政権崩壊後もシリアを中東戦略の拠点に仕立て上げたいのである。この基本的な認識の米露間のズレをどのように修復していくのか。

　ただ，シリア難民問題で頭を抱える欧州諸国はロシアの軍事介入を歓迎している節がある。これを有効利用したいロシア。モスクワは欧州と米国とを分断し，EUによる対露金融制裁を解除させたいのである。

　いずれにせよ，ホワイトハウスもクレムリンもアサド政権の生命は尽きたと判断しているようである。この点では両者の見解は一致する。クレムリンはポストアサドの時代を見据えて，アサド政権崩壊後，シリアにロシアが主導する

親露政権を樹立したいのであろう。そして，クレムリンのプレゼンスを強化したうえで，ISの勢力を粉砕したいのだと推察される。

ワシントンはIS壊滅ではクレムリンと同列に並ぶが，ロシア主導を阻止したい。ただし，ロシアの思惑どおりに作戦が完遂できるかどうかは不透明である。何よりもアサド政権はシリア国土の4分の1しか統治できていない。しかも政権内部では分裂状態が顕著となっている。モスクワの危険な賭けが仇となる可能性も高い。モスクワのシリア介入でイランがロシアに不信感を抱く懸念も否定できない(46)。

ロシアはイラクとイランを束ね，そのうえでレバノンのシーア派民兵組織ヒズボラも有効に活用したい。アフガニスタン介入で国力が低下し，国家滅亡の導火線となった経験があるロシアにとって，地上部隊の派遣はタブーである(47)。クレムリンにとってプランBは存在しない。そのためにイランの革命防衛隊とヒズボラを地上部隊としてシリアに送り込んだ。カスピ海に浮かぶ巡洋艦から巡航ミサイル・カリブルを発射したのは(48)，あくまでもロシアは空からの攻撃に徹するとの信念があることを物語っている。

短期的にはロシアとイランは同盟関係を維持するだろう。しかし，長期的には国益が自ずと異なるがゆえに，対立するリスクを抱え込む(49)。ポストアサドのシリアではロシアもイランも主導権を握り，権益を確保したい。何よりもイランはアサド政権をテヘランの盟友と位置づけてきた。アサド大統領が去ったシリアに対する戦略がロシアとイランとでは違っていて当然である。

イラクではIS掃討に伴う戦費で中央政府が疲弊。行財政改革として，副大統領職廃止を打ち出した。国際通貨基金（IMF）によると，2015年の財政赤字が対GDP比で17％に達する見通しだとする。IMFは2015年7月末には12億4,000万ドルの緊急融資を決めている(50)。

イラクの戦力はその規模でエジプトやイランよりも大きく，中東有数の兵力を誇るけれども（兵力27万1,000人，戦車336両，多目的ヘリコプター30機，輸送用ヘリコプター58機，内務省関連人員53万1,000人），いかんせん実践に弱い。と同時に，戦力は首都バグダッドや南部に集中，中部と北部は手薄になってい

る。しかも防衛力に乏しく，軍隊の再建には時間を要するという(51)。

イラクは自他ともに認める石油大国ではある。事実，イラクはOPECによる原油供給拡大の主要な原動力を演じてきた。しかし，その勢いも2015年8月には衰えている。イラク南部にある石油ターミナル港からの原油輸出量は2015年8月現在，日量295万バレルと，過去最高だった前月の同306万バレルから減少に転じている(52)。原油減産によってオイルマネーの流入が停滞すると，原油安とも相まって，イラク中央政府の国庫を圧迫することは想像に難くない。

一方で，中央政府の混乱を横目に，クルド人自治区（KRG，中心都市はエルビル）のプレゼンスが相対的に高まっている。対IS戦闘でもイラクのクルド人兵士が戦果を挙げていると聞く。

クルド人自治区は独自に原油を輸出。2014年8月から原油輸出が右肩上がりに増え続け，2015年5月からのわずか数カ月で4,000万バレル，日量45万バレルをトルコの石油積出港ジェイハン（クルド人自治区とジェイハンとは石油パイプラインでつながる）からトレーダーに売却している。その原油輸出によるオイルマネーの流入で経済力が強化されてきている。

クルド人自治区とイラク北部の油田からの輸出先は次のとおりである。イスラエル37%，キプロス17%，イタリア17%，トルコ9%，ギリシャ8%，その他（フランス，スペイン，オランダ，クロアチア，エジプト）12%(53)。

イスラエルが戦略物資である原油の輸出相手国首位であることに留意する必要があろう。イスラエルにとって今や，クルド自治区産の原油はエネルギー安全保障の一角を占める位置にある。イスラエル原油輸入の4分の3がクルド人自治区産で占有される（イスラエルの原油需要量は日量24万バレル）。2015年5月から同年8月11日の期間に，イスラエルはクルド人自治区産原油を1,900万バレル（10億ドル相当）も輸入している。

他方，イスラエルには天然ガスが埋蔵される。有望なのはリバイアサン天然ガス田とタマル天然ガス田で，2017年末にはパイプラインでエジプトとヨルダンに輸出される計画となっている。リバイアサン天然ガス田は米国のエネ

ギー大手ノーブル・エナジーとイスラエルのデレクが開発する(54)。

エジプトではナイル・デルタにあるダミエッタ市に送ガスされ，LNG 生産基地に送り込まれる。スペインのガス・ナチュラルと ENI が運営する。ヨルダンへは 15 年間に年間 30 億-40 億立方メートルの天然ガスが輸出され，5 億ドル規模の契約となる。

クルド人自治区の原油・天然ガス埋蔵量は原油換算で 130 億バレル。これが同自治区の生命線となっている。2013 年末から原油輸出が開始され，DNO，ゲネル，ガルフ・キーストーンといった企業が輸出する(55)。日量 60 万バレルを超える原油をトルコに直接，輸出しているもようだ(56)。

イラクの現状はかつてのボスニアに酷似している。否，ボスニアよりも対立の構図は複雑かもしれない。クルド人自治区の独立はもはや現実的な段階を迎えた。シーア派は南東部に集中して居住する一方で，スンニ派はイラク国内に点在する。イラク国内のスンニ派住民は最も貧しく，原油資源も保有せず，もっぱら農業に従事する。このスンニ派への対処が重要だった。

にもかかわらず，中央政府は対応を間違えた。これが IS を生み出す結果を招いたのである(57)。IS では米軍が殺害した，フセイン大統領時代の兵士が幹部役になっている。この IS 掃討を口実にスンニ派住民を弾圧，追放，国内避難民は 300 万人に及ぶという(58)。国外避難民や亡命申請者は 50 万人とされる。事実上の民族浄化である。この民族浄化を米軍が空爆で支援しているとの見解もある。イランがイラクを浸食していくのは時間の問題であるのかもしれない。

イラクで君臨した当時のフセイン大統領がイランに総攻撃を仕掛けたのが 1980 年。イランイラク戦争の号砲が鳴った。喧嘩両成敗のごとくイランイラク戦争が終結する 1988 年まで両国は睨み合いを続けた。

しかし，情勢は急展開。フセイン大統領が米軍に殺害されると，情況は一変。イラクには反フセイン勢力によるシーア派政権が樹立される。これを好機と見てイランがイラク政府に接近。シリア内戦も作用して，両国は経済関係を強化する絶好の機会，黄金のチャンスを迎えている。特に，イランがイラクに輸出攻勢をかけている模様だ(59)。

そしてシリア。シリアの国軍は今やシーア派民兵が主力となっている(60)。イランがこれを援護する。ここにロシアも加担する。その一方で、反体制組織を後方支援するのはサウジアラビア。シリア内戦でもサウジアラビアとイランとが角を突き合わせる。アサド政権にとってロシアの存在は必要不可欠の要素となっている。

パレスチナのガザ地区を支配する、イスラム原理主義組織ハマスにもイランは資金と武器を供与してきた。また、イランはレバノンで展開する、ヒズボラを創設。ハマスとヒズボラを駆使しつつ、イスラエルと対決姿勢を鮮明にする。

アサド政権側の兵力はイラン兵士やヒズボラを含めて33万人とされる(61)。これに対して、ISの兵力は5万人、非ISイスラム武装集団が3万人、南部戦線の兵力が3万5,000人である。南部戦線とはヨルダン国境付近で展開し、ペルシャ湾岸諸国が支援するイスラム穏健派を指す。

シリア内戦の4年半で死者は30万人に達し、1,100万人におよぶ避難民が溢れる(62)。アサド政権は首都ダマスカス周辺しか統治できないほど弱体化、特に、2015年の夏場に劣勢が決定的となった。

むろん、事態は刻々と変化する。シリアでアサド政権が崩壊すれば、空白地帯が発生する。ここにISが台頭してくるリスクは否定できない。しかし、それよりも現実的なのはこの空白を狙って、ヒズボラが勢力を拡張していくことだろう。

シリア北部からはクルド人勢力、イラン、米国、トルコがIS打倒、アサド政権打倒の攻勢をかける。一方、シリア南部からはペルシャ湾岸諸国、米国、欧州諸国がアサド政権崩壊を目指す。情勢は混沌としているが、シリア内戦の終結が地域の安定を導出しない現実が横たわる。

いずれにせよ、アサド政権崩壊でシリア分割の号砲が鳴る。アサド政権を擁護してきたイランではあるけれども、政権崩壊後はヒズボラを全面的に支えるだろう。合わせて、ISが空中分解すると、新たな空白地帯がさらに広がる。この空白をどの勢力が埋めていくのか。この段階でシリアの勢力地図が大きく塗り替えられる。

ISがハマスにも宣戦布告したことから、ハマスの戦略には変化が生じている。2015年7月、ハマスのマシャル指導者がサウジアラビアを訪問、サルマン国王と会談した。イランの核協議合意、それにIS対応の影響で、ハマスはサウジアラビアにも協力を求めざるを得なくなった。情勢変化が戦略を修正に追い込む好例だろう。

要するに、イラン核合意を契機に、中東の勢力地図が大きく塗り変えられることになる。当然、イランを基軸とする同盟集団が形成される。これを背景にテヘランのプレゼンス、発言力が大幅に強化されていく。今、その入り口に立とうとしている。

B．孤立するサウジアラビアの凋落

ペルシャ湾岸産油国を束ね、OPECの盟主として君臨してきたサウジアラビアのプレゼンスは今後、イエメン介入による消耗戦が仇となって、低下していく公算が大きい。原油の生産余力を有するサウジアラビアではあるが、すでに原油生産量のスイング（調整）役を放棄、OPECによる原油価格支配の時代は終焉を迎えた(63)。

サウジアラビアは確かに世界最大の原油輸出国ではあるが、原油安や対イエメン軍事介入の戦費が財政を圧迫。世界最大の原油輸出国であるがゆえに、原油安の悪影響も世界最大なのかもしれない。

サウジアラビア政府は産業構造の多角化を進めてはいるが、それでも原油輸出がGDPの43％、政府歳入の80％を占有する(64)。財政収支の黒字と赤字の分岐となる財政均衡点は2012年の68ドルから2015年には95-106ドルに上昇している。

周知のとおり、原油価格は1バレル40-50ドルで推移していることから、当然、財政収支は赤字に転落する。IMFは2015年の財政赤字が対GDP比で22％に達すると予測、2014年の3％から財政赤字は急拡大する(65)。サウジアラビアの2015年予算では400億ドルの赤字となっている。

そうなると、サウジアラビア政府は補助金の付与で国民を懐柔できなくな

る(66)。IMFは補助金削減などの改革を促している。国民の不平不満が政府に向かうと，サウジアラビアにも遅ればせながら「アラブの春」が訪れるかもしれない。当局は痛みを伴う構造改革に着手できるか。

　財政赤字を補填すべく，サウジアラビア財務省は2015年8月11日，200億リヤル（6,600億円）相当の政府開発債（5年債，7年債，10年債）を発行し，国内の民間金融機関などに割り当てたと発表した。石油王国サウジアラビアがついに国債の発行に追い込まれた。2015年に1,000億–2,000億リヤルの国債を発行するとの観測もあった。2015年9月までに350億リヤルの国債を発行した。

　一方，外貨準備金は2014年8月の7,370億ドルから2015年9月には6,470億ドルに減少している(67)。原油安が続くと，外貨準備金は5,000億ドルへと減少していくことだろう。サウジアラビア政府は外貨準備金の切り崩しと国債発行で財政赤字（2015年には4,000億リヤルに達する見通し）を埋める方針でいる(68)。

　通貨サウジリヤルの米ドルペッグ（固定連動）制を堅持するとサウジアラビア通貨庁（SAMA）は言明しているが，原油安や国債発行は通貨切り下げ圧力として作用する。米国が利上げすれば，ドルペッグ制を維持するために，追随して政策金利を引き上げなければならない。これは金融引き締めを意味する。景気が低迷する中で引き締め政策を採用すれば，経済はますます冷え込んでしまう。サウジアラビア当局はこのようなジレンマに直面している。この間隙を突いて，投機筋がサウジリヤル売りを仕掛けてくる可能性は否定できない(69)。

　OPECの2014年石油輸出収入は対前年比で11％減少した(70)。2013年の石油輸出収入は8,240億ドルであったが，2014年の石油輸出純収入は7,300億ドル（国民1人当たり2,186ドル）に減少している。2010年以来最低の水準にとどまった。7,300億ドルのうち，サウジアラビアに流入したオイルマネーは2,460億ドルである。当然のことながら，原油価格が低迷したこととOPEC全体の輸出量が低下したことが減収の原因となっている(71)。

　OPECの結束を内外に誇示すべく，インドネシアのOPEC再加盟（1962年に加盟，2009年に脱退）が承認されたものの，インドネシアはすでに原油の純輸

入国に転落。インドネシアが OPEC に再加盟する大義は失われている。インドネシアが OPEC に加わったことで，OPEC は原油輸出国の運命共同体ではなくなった(72)。

2015 年の原油価格は前年よりも低い水準で推移したことから，2015 年の OPEC 石油収入は 3,800 億ドル程度（国民 1 人当たり 1,114 ドル）にとどまるとの試算がある。2016 年には 5,150 億ドルに回復すると見通されているが，それでも 2014 年の水準には追いつけない。金融市場で原油価格の長期低迷見通しが優勢となる中，OPEC 加盟国に流入するオイルマネーは当分の間，停滞しそうである(73)。

そうなると，弱体化するサウジアラビアの周辺産油国はそれぞれの独自路線を模索せざるを得ない。

中東地域随一のハブ機能を備えた UAE は本来，イランビジネスに積極的で，UAE 国内にはイラン出身者の大規模な共同体があるという(74)。ドバイの企業はイランとのビジネスを得意とする。IMF によると，イラン市場の対外開放でドバイ首長国の GDP を 1 ％押し上げると予測している(75)。

ほかのペルシャ湾岸産油国もイランビジネスに積極的な姿勢へと転換，UAE に追随していくことだろう。「中東のスイス」とよばれるオマーンもイランビジネスの一大拠点である(76)。全方位外交を自認するオマーンのプレゼンスは高まるばかりだ。トルコもイラン交渉の独自ルートを保持する。

結果として，サウジアラビアが孤立していく。米国もサウジアラビアをいつまでも庇護するとは限らない。サウジアラビアと距離を置き，イランに接近する――サウジアラビアが最も恐れるシナリオだ。イランとサウジアラビアが中東地域で覇権を争う構図が今後浮き彫りとなるだろう。

孤立を恐れるサウジアラビアは米国に庇護を求めると同時に，ロシアにも擦り寄る。2015 年 8 月下旬，サルマン国王がモスクワを訪問，最大で 100 億ドルを金欠に苦悶するロシアに投資すると表明した。翌月にワシントンを訪れる前に，サルマン国王はモスクワに足を運んでいたのである(77)。

100 億ドルの投資はロシアにとって天の恵み。サウジアラビアはロシアのエ

ネルギー産業をテコ入れする姿勢を鮮明にした。世界屈指の産油国であるサウジアラビアとロシアとが協力して，米国の「シェール革命」に対抗していく方針を内外に打ち出した瞬間である。技術革新主導の「シェール革命」が勝利するか。それとも，産油量で勝負するサウジアラビア・ロシア枢軸が勝利するか。

米国を含む北米では原油と天然ガスの生産量が顕著に回復している。米国の産油量は2008年以来，日量400万バレル増加している(78)。メキシコへの米国産軽質油輸出が解禁されたほどだ。米国の産油量増加には西側石油消費国の対イラン，ロシア依存を引き下げる効果がある。

ただ，原油確認埋蔵量1,670億バレル（世界第3位）を保有するカナダの重質油オイルサンドの生産は伸び悩んでいる。油田地帯は石油都市カルガリーがあるアルバータ州に広がる。原油価格が高値圏で推移していた2012年まではアルバータ州は石油特需で潤った。平均家計収入は19万カナダドルとカナダ平均の2倍を誇った。人口は倍増し，住宅価格は3倍に跳ね上がった。北米地域における過去5年間の産油量増加分のうち，5分の1，すなわち日量110万バレルがカナダによる貢献である。

ところが，原油価格が半値にまで落ち込むと，逆噴射に見舞われる。新規プロジェクトが見送られたことで，失業率は8.6％と過去1年で2倍を記録。投資不足が雇用情勢を急悪化させた。人材と資金が流出したことに加えて，アルバータ州知事に左翼系が就任し，法人税率の引き上げが予定されていることも石油企業にとって足枷となっている。

オイルサンドの開発・生産では原油価格が1バレル100ドルの水準が維持されないと，採算割れする。オイルサンド開発の場合，初期投資が巨額であるうえに，米国のシェールオイルほどには産油量を調整できない。2015年の関連部門投資計画によると，370億ドルと対前年比で40％のマイナスとなる。増産については2020年までに年間で日量15万6,000バレル，2030年まででは同8万5,000バレルとされる(79)。

原油価格の下落はアルバータ州だけではなく，カナダ全体に悪影響を及ぼしている。カナダの主要産業であるエネルギー関連が打撃を被った結果である。

2015年4-6月期のGDP成長率は対前期比で0.5％減，同年1-3月期0.8％減と2四半期連続でマイナス成長となり，リーマン・ショック以降で初めて景気後退局面に入ったと診断されている(80)。

カナダGDPの3割を輸出が，輸出の3割がエネルギー関連であるため，市況変動の影響を受けやすい。利下げだけで景気後退局面から脱出できるか。政治的判断も要求される段階を迎えている。

それでも早晩，北米地域では原油と天然ガスの自給自足体制，相互融通体制，サプライチェーンが構築される。ここに至ると，米国産業にとって中東産の原油は無用の長物となる。と同時に，中東地域で米軍が駐留，展開する大義が失われる。米国の納税者は米軍の中東撤退を叫ぶようになるだろう。米国大統領は納税者，有権者の声を無視することはできない。

やむなく米軍が中東撤退することになれば，米軍の役割は北大西洋条約機構（NATO）に移譲される。米国の対中東軍事戦略はNATOを経由する戦略へと変質していく。中東諸国はNATOとの協力関係強化を模索するようになるだろう。そして，NATOの存在理由も変質せざるを得ない。

サウジアラビアはOPEC内部で指導力を発揮できなくなった。もはやOPECの盟主ではない。OPECは価格カルテルとして機能せず，実質的には解体寸前となった。イエメンへの軍事介入と原油安で経済は疲弊し，財政は圧迫される一方である。公的支出が極度に抑制される状況に追い込まれると，国民の不平不満は頂点に達する。絶対王政を放棄せざるを得ない日が到来する可能性も否定できなくなった(81)。それだけサウジアラビアは追いつめられている。否，地球上の産油国もまたサウジアラビアと同じ運命を辿りつつある。

C. トルコは救世主か，それとも不安定要因か

いわゆる冷戦の終結後，NATO存在の大義が雲散霧消しようとしていた。皮肉なことに，ここに命を吹き込んだのがロシアと中東情勢。ロシアの大胆不敵なウクライナ・クリミア半島併合で欧州大陸は否応なく，ロシアリスクと向き合わざるを得なくなった。加えて，中東情勢の不安定化もNATOに新たな

役割を付加した。

　ここで登場する国が NATO 加盟国のトルコ。トルコは中東世界と欧州世界，そしてロシアをつなぐ地政学的要衝に位置する。米国も欧州もトルコの地政学的重要性を軽視できない。

　ロシアもトルコを特別扱いしてきた。ロシアからはトルコに観光客が年間 450 万人も訪れている(82)。また，ロシアはかねてから黒海経由で天然ガスをトルコに輸出してきた。この黒海海底天然ガスパイプラインはブルーストリームと命名されている。トルコはブルーストリームとトランスバルカン天然ガスパイプラインでロシア産の天然ガスを受け入れてきた。トルコの天然ガス輸入量は 2014 年実績で 450 億立方メートルであるが，このうち 58 ％ をロシアから輸入している(83)。ロシアにとってトルコは今やドイツに次ぐ天然ガス輸入国である。

　これに加えて現在，トルコストリーム建設計画（年間 630 億立方メートル）が浮上している。これはロシア産の天然ガスをトルコ経由で南欧諸国に輸出する構想である。この計画が実現すれば，トルコのロシアからの天然ガス輸入は 2020 年に年間 400 億立方メートルに増える見込みだ。2020 年を迎えると，トルコの天然ガス需要量は年間 700 億立方メートルに増加すると見通されている。

　ロシアの国営天然ガス独占体ガスプロムが欧州天然ガス需要の 3 分の 1 を供給しているが，この欧州市場がガスプロムの天然ガス収入の 80 ％ を占有する。トルコではガスプロムが天然ガス輸入業者ボスポラスガスの権益 71 ％ を保有する。予定どおりにトルコストリームが完成すれば，トルコの対ロシア天然ガス輸入依存度は現在の 58 ％ から 70 ％ に跳ね上がるという。

　トルコのエルドアン大統領はオスマン帝国時代の「スルタン」を常に意識している。北アフリカから中東を経て，中央アジアに至るベルト地帯全域に眼を光らせ，大国意識を隠そうとしない。それでも，アンカラは中東地域での武力行使を意図的に控え，外国人戦闘員のトルコ越境，シリア・イラク入国を黙認してきた。IS に参加したトルコ人は最大で 1,300 人に達するという(84)。

　エルドアン大統領はここで大きな賭けに出た。トルコ国内で相次いでテロ事

件が続発する事態に鑑みて，トルコ軍は 2015 年 7 月 24 日にシリアとの国境沿い，IS の司令部など拠点 3 カ所を初めて空爆，本格的に対 IS 戦に本格参入した(85)。戦車部隊や兵員をシリア国境に集結させるとともに，空爆作戦を本格化させている。さらに，シリア北部に IS を排除した安全地帯を設置する方針を表明した。

これを機にシリア北部にはトルコリラが浸透。通貨リラを通じてトルコの影響力がシリア北部で強まってきたという。一方でシリアポンドの価値下落は止まらない。トルコの影響力浸透をオスマン帝国による占領だとの表現もある(86)。

合わせて，米軍にはトルコ南部のインジルリク空軍基地を提供，対米協力姿勢にシフトさせている。基地提供で米軍の作戦能力は大幅に改善する。IS 包囲網は徐々に強化されつつある。インジルリク空軍基地の使用が容認された米軍は早速，無人機を駆使して IS を空爆した(87)。続けて，米空軍の F16 戦闘機 6 機と要員約 300 人を配備(88)，有人戦闘機による空爆を実施した(89)。シリア領内の IS 拠点を攻撃の標的としている。

中東から撤退したいオバマ政権ではあるが，猛威を振るう IS を標的に，米軍はやむなく IS への空爆に踏み切った。2014 年 8 月 8 日のことである。地上部隊の派遣には慎重な姿勢を崩していないが，戦況次第で米軍がシリア内戦にまで関与する可能性はにわかに高まっている。英国もフランスもイラク領内，ならびにシリア領内の IS に空爆する(90)。

こうした米国を主軸とする，いわゆる有志連合による IS 空爆作戦にトルコも全面参加する方針を固めた。トルコ空軍の参加で空爆能力は格段に強化される(91)。

エルドアン政権にはお家の事情もある。

トルコでは 2015 年 6 月に総選挙が実施されていた。この総選挙でトルコの有権者はエルドアン大統領の独裁的な言動に対して，毅然とノーの意思決定を突きつけた。圧勝すると観測されていた与党・公正発展党（AKP）の獲得議席数は過半数割れ。定数 550 議席のうち 258 議席しか獲得できなかった。その後

の連立協議も行きづまっていた。再選挙も取り沙汰された(92)。

　エルドアン大統領は大統領の権限を大幅に強化，行政権を集中させたい。その前提条件はAKPの支持率向上を基盤とする総選挙での議席過半数獲得。エルドアン大統領は再選挙を決断，2015年11月1日に再選挙が実施された。選挙前にはAKPによる単独政権の樹立は難しいとされていたものの，ふたを開けてみればAKPが単独過半数を大幅に上回る317議席を獲得，地すべり的勝利を収めた(93)。有権者は単独与党による安定の道を選択したことになる。金融市場もこれを好感し，株式，債券，通貨のすべてに買いが入り，トリプル高となった。

　ただし，憲法改正に必要な330議席には届いていないことから，憲法改正を断行し，大統領権限を強化することは依然として困難な情勢となっている。それでも憲法改正が実現すれば，議院内閣制から大統領制に移行することになる。仮にエルドアン大統領による独裁色が強まれば，逆に，金融市場は懸念を抱き，トリプル安が再現されることになる。ただ，民主的憲法への改正であれば，市場は大いに歓迎するところだ。

　エルドアン大統領は空爆実施で政治的劣勢を挽回したかった。そして，対IS空爆を口実にトルコ国内のクルド人勢力を駆逐したい。エルドアン大統領にとっての真の標的は，自治を宣言した，クルド労働者党（PKK）。PKKはトルコでは非合法の武装組織と認識されている(94)。PKKとISへの二方面作戦を通じてテロとの戦いを浮き彫りにしたかった。トルコ国内ではISおよびPKK関係者の大量拘束が強行されている(95)。AKP党首でもあるダウトオール首相もPKK掃討作戦を継続すると言明している(96)。

　エルドアン政権のPKKと向き合う姿勢は和平から戦闘へと急転換。その狙いは再選挙で過半数の議席を確保することにある。エルドアン大統領とAKPの危機を突破する手段として空爆が選択されたのであった。エルドアン大統領は空爆で，シリア北部でISと闘うクルド人勢力・民主連合党（PYD）の台頭を封じ込めたい。シリア北部地帯では事実上のクルド人自治区が誕生している。この事態にエルドアン政権は神経質にならざるを得ない。

エルドアン政権の悩みは経済情勢にもある。トルコは新興国として安定した経済成長を享受してきた。リーマン・ショック（金融危機）後の2011年には9％成長を謳歌していた。エルドアン大統領はトルコのGDPを2013年の8,200億ドルから1兆3,000億ドルに拡張すると豪語する(97)。

だが，2014年の経済成長率は2.9％と前年の4.2％から急減速，目標の3.3％を下回って着地した。2015年経済成長率の政府目標は4％であるけれども，また，民間の投資と消費は旺盛のようだけれども，目標数値を下回るとの見方が支配的だ(98)。政府目標のGDP規模を実現するには，年率平均で15％以上の経済成長率が必須条件となる。失業率も11％にのぼり，過去5年間で最高を記録している(99)。

確かにトルコ市場の規模は大きいが，外国依存型の体質を是正できていない。輸出では欧州市場に依存する（対EU輸出が輸出全体の44％を占める）一方，ファイナンスは米国に依拠する。この状況下でシリアの混迷が深まったこと，ISの勢力伸長といった悪材料が原因となって，ペルシャ湾岸諸国への輸出ルートを失った。その結果，リビア，エジプト，イラク，サウジアラビア，UAE，イラン，アゼルバイジャン，ロシアとの貿易が減少に転じている(100)。

経常赤字は対GDP比で5％と通貨リラを下押しする。トルコ企業の対外債務は1,700億ドルに達する。その一方で国内貯蓄は乏しい。米FRBによる利上げもさらなるトルコリラの下落圧力として作用する。

事実，政治的不安定と治安の悪化でリラは売り込まれ，史上最安値圏に沈む。通貨防衛を優先すると，インフレ率が8％であるにもかかわらず，トルコ中央銀行は金利の引き上げを躊躇せざるを得ない。中央銀行が金利を引き上げられないのには，政府からの圧力もある。それでも，通貨安と株安がトルコ経済の先行きを暗示する。

個人消費とインフラ整備という内需だけで経済を下支えできるか。壮大なインフラ整備計画では政権に近い建設会社に大きな利益をもたらしている。インフラ整備需要よりも建設自体が目的化していると揶揄されてきた。エネルギー消費国トルコにとっての朗報は資源安のみか。中進国の罠の壁を越えることが

できるか。悩ましい展開が続く。

　エルドアン政権は政治と経済の双方から追い詰められている格好だ。焦りが先行して，エルドアン大統領の見せかけ神通力は通用しなくなった(101)。

　加えて，ロシアとの関係悪化が決定的となった。シリア内戦に対してトルコとロシアは対極的な立場にある。エルドアン大統領が反アサドの急先鋒であったのと対照的に，プーチン大統領はアサド政権を全面的に支えてきた。そこにモスクワは反アサド勢力に集中砲火を浴びせる。これはトルコに対する宣戦布告と同義である。ロシアはトルコ政府と対立するクルド系反政府勢力と結託する可能性もある。

　2015年11月下旬にはトルコ軍がロシアの戦闘機を撃墜する事件が発生したが，これは必然的帰結なのである。報復措置としてロシアはトルコに経済制裁を突きつけた。既述のトルコストリーム構想の交渉は凍結されてしまった。いずれにせよ，トルコ・ロシア両国の経済関係が急速に冷めていくことは必至の情勢だ(102)。トルコがNATOの一員で，米軍がトルコを拠点にIS空爆を継続していることを忘れてはなるまい。

　こうしたエルドアン政権に対して，NATOはテロとの戦いでトルコと連帯していくことを表明し(103)，NATOの安全保障と不可分だと言明した。ただ，NATOはIS・PKK空爆の評価については言及せず，トルコの軍事行動に理解を示すことに終始している。NATOは依然として，中東地域に踏み込むリスクを回避しようとしているのだろう。弱体化するエルドアン政権を横目に，このようなNATOの消極姿勢はいつまで続くのか。

4．ロシアのシリア介入で中東の勢力地図は激変する

　中東世界に地殻変動が生じている。経済制裁が解除されたイランが影響力の強化を狙う一方，サウジアラビアはイランの脅威に身構える。そのサウジアラビアは愚かにもイエメンに軍事介入を断行した結果，戦費がかさみ，財政赤字国に転落した。IS掃討作戦でイラクの財政も疲弊している。IS空爆に踏み切った米国の中東地域におけるプレゼンスは大きく揺らいだままだ。IS退治とシ

リアのアサド大統領退陣の二兎を追った作戦に失敗した。ホワイトハウスの無責任な対応が逆に中東世界を混乱，米国の影響力は地に落ちた。オバマ大統領の中東戦略は完全に行きづまり，失敗している。

中東世界が不安定化した間隙を突いて，ロシアがアサド政権擁護を錦の御旗に，露骨にも反アサド勢力に空爆を仕掛けた。中東世界から米国が抜け落ちた空白を埋めるべく，ロシアは大胆にもシリア支配を目論んだ。地上ではシリア政府軍，イラン革命防衛隊，イランが創設したレバノンのヒズボラといったイスラム教シーア派同盟が反アサド勢力を迎え撃つ。ロシアがこれらを束ねる役割を果たす。

欧州諸国は難民問題でにわかに頭を抱えるようになった。シリアをはじめ中東・北アフリカ地域から溢れ出る難民の対処に苦悩している。クレムリンはアサド大統領を支援することで，アサド大統領の政治的延命を画策。難民問題解決にはアサド大統領の存在が不可欠だと欧州に吹聴する。欧州は一理ありと診断，ロシアのIS空爆を黙認した。

ウクライナのクリミア半島を略奪したペナルティーとして，EUは結束してロシアに制裁を科した。制裁の経済効果は如実に発揮され，ロシア経済は青息吐息の状況に追い込まれた。プーチン大統領はIS空爆，すなわち難民問題に対する側面支援で欧州諸国からの同調を誘おうとする作戦を立てた。ワシントンはこれに猛反対するが，米国によるロシア制裁の影響は軽微である。もってロシアは欧州と米国を分断，EUによる制裁解除を狙う。

ウクライナとその周辺諸国を防衛すべく，NATOは軍事演習を連発。戦力強化でロシアに圧力をかける。正面衝突となれば，士気の低いロシア軍はNATO軍に太刀打ちできない。プーチン大統領はロシアが敗北することを承知している。ゆえに，願わくはNATOとは対決したくない。NATOとの衝突を回避すべく，ロシア軍は兵力をウクライナ東部地域から撤退させた。プーチン大統領はこの敗北をシリア介入で挽回すると同時に，NATOを牽制したい。

ロシアのシリア内戦軍事介入の真の目的はEU制裁の解除にある。EU制裁さえ解除されれば，ロシアの経済が息を吹き返すとプーチン大統領は判断して

いる。つまりプーチン大統領の戦略はシリア介入で欧米を分断したうえで，EUによる制裁を解除させ，ロシア経済の復活を意図するものである。アサド大統領のモスクワ電撃訪問はクレムリンのプレゼンスを誇示するための国際世論操作に過ぎない。地中海を睨む好立地にあるシリアを親露国に仕立て上げ，軍事基地化できれば，ロシアは地中海展開するための悲願の要衝を確保できる。

　もちろんモスクワの思い通りにはならない。トルコではエルドアン大統領の政治力が弱体化しているけれども，トルコは中東世界で相対的な大国。トルコは反アサドの急先鋒役，旗振り役を演じてきた。モスクワのアサド支援は容認できない。トルコとロシアの関係は冷却していく。黒海海底に敷設予定のロシア産天然ガスを運ぶパイプラインは実現しないだろう。合わせて，ロシアは地中海でNATOと向き合わねばならない。NATOの対露圧力は増強されていくだろう。対抗してロシアも軍事費を増大させれば，自業自得。軍拡競争が伏線となってソ連邦が空中分解したように，今度はロシアが消滅してしまう。

　米国が先導した対イラン制裁解除がロシアのシリア内戦介入を誘発した。ワシントンは制裁解除が中東の安定に役立つと判断しているようだが，事実は異なる。イランをめぐる米国とロシアの綱引きが先鋭化してきた。シリアではロシアが優勢を保つ。

　アサド政権が継続した場合，ロシアとシリアの関係はいっそう緊密化する。仮にアサド政権が崩壊しても，プーチン大統領はシリアに傀儡政権の樹立を画策するだろう。シリアに空白地帯が生じると，周辺国も巻き込み，あらゆる勢力による争奪戦が繰り広げられるだろう。シリアがシリアでない混沌とする情勢が長期化する。米国が想定する民主主義国家への脱皮は不可能である。ロシアが示したシリア内戦和平案も中途半端で受け入れられない。いずれにせよ，シリアは第二のリビアと化すに違いない。

　プーチン大統領のIS殲滅作戦とパワーポリティクスは奏功するか。中東世界はその成り行き次第に当面左右される。事態を注視することしか手立てはない。ただ，米軍であれ，ロシア軍であれ，大規模な地上部隊を投入しない限り，IS壊滅は不可能である。確かにISは単なるゲリラに過ぎない。決して正

規軍ではない。正規軍がゲリラに負けるはずはない。しかし，それは地上戦で決まる勝負である。たとえ対戦相手がゲリラであったとしても，空爆のみでは壊滅することは困難である。このままでは時間ばかりが過ぎ去っていく(104)。

------------------------------- 註 -------------------------------

（1）イランに対する制裁は次のとおり。米国：イランと原油決済取引をする外国金融機関に米国内での取引を制限，イランとエネルギー関連取引を行う外国企業に米国内での活動を制限　欧州連合（EU）：イラン系銀行の営業制限，イラン産原油の輸入禁止　国連：イランの金融機関に外国での支店開設を禁止，革命防衛隊関連組織などの資産凍結，イランへの武器禁輸（『日本経済新聞』2015年7月15日号，『日本経済新聞』2015年10月20日号，『日本経済新聞』2015年10月22日号）。
（2）『日本経済新聞』2015年7月15日号。
（3）『日本経済新聞』2015年7月18日号。
（4）『日本経済新聞』2015年7月17日号。
（5）『日本経済新聞』2015年10月14日号。
（6）『日本経済新聞』2015年8月20日号。
（7）『日本経済新聞』2015年11月14日号。
（8）*Oil & Gas Journal,* July 6, 2015, p.28.
（9）『日本経済新聞』2015年7月18日号。
（10）『日本経済新聞』2015年7月29日号。
（11）*Financial Times,* July 15, 2015.
（12）*Oil & Gas Journal,* June 1, 2015, pp.30-32.
（13）『日本経済新聞』2015年7月19日号。
（14）液化天然ガス（LNG）とはセ氏マイナス162度に冷却して液体にした天然ガス。体積を600分の1に圧縮できるため，専用タンカーで運べる。LNG輸入国の受け入れ基地で再び気化し，燃料・原料として消費する。日本はLNG最大の輸入国で，2014年度実績で7兆7,000億円相当のLNGを輸入した。5年前に比べて2.7倍に増加している（『日本経済新聞』2015年7月20日号）。
（15）*Oil & Gas Journal,* August 3, 2015, pp.35-36.
（16）『ロイター通信』2015年8月12日号。
（17）*Financial Times,* June 11, 2015.
（18）『日本経済新聞』2015年8月14日号。
（19）『日本経済新聞』2015年8月7日号。石油輸出国機構（OPEC）加盟国の原油生産量は2015年7月で日量3,151万バレルで，生産枠の同3,000万バレルを上回っている（『日本経済新聞』

2015 年 8 月 14 日号)。
(20) 『日本経済新聞』2015 年 8 月 8 日号。
(21) *Oil & Gas Journal*, July 6 , 2015, pp.92-96.
(22) 『日本経済新聞』2015 年 7 月 23 日号。
(23) 『日本経済新聞』2015 年 8 月 19 日号。
(24) *Financial Times*, June 11, 2015.
(25) *Financial Times*, July 2, 2015.
(26) *Financial Times*, July 16, 2015.
(27) 『日本経済新聞』2015 年 8 月 20 日号。
(28) 『日本経済新聞』2015 年 8 月 19 日号。
(29) 『日本経済新聞』2015 年 10 月 7 日号。
(30) 『日本経済新聞』2015 年 10 月 13 日号,『日本経済新聞』2015 年 10 月 14 日号。
(31) 『日本経済新聞』2015 年 9 月 8 日号。
(32) 『日本経済新聞』2015 年 9 月 2 日号。
(33) 『日本経済新聞』2015 年 9 月 5 日号. *Financial Times*, September 5, 6, 2015.
(34) 『日本経済新聞』2015 年 8 月 7 日号。
(35) 『日本経済新聞』2015 年 8 月 31 日号。なお，イタリア炭化水素公社（ENI）がエジプト沖で巨大天然ガス田を発見している。その天然ガス埋蔵量は地中海最大で 30 兆立方フィート（原油換算で 55 億バレル）に達するという。エジプト経済の発展に寄与すると期待されている（*Financial Times*, August 31, 2015)。
(36) 『日本経済新聞』2015 年 8 月 5 日号。
(37) *Financial Times*, October 15, 2015. *Financial Times*, October 16, 2015.
(38) *Financial Times*, December 16, 2015.
(39) *Financial Times*, July 22, 2015.
(40) 『日本経済新聞』2015 年 8 月 14 日号。
(41) 『日本経済新聞』2015 年 11 月 10 日号。
(42) 『日本経済新聞』2015 年 8 月 27 日号。
(43) 『日本経済新聞』2015 年 9 月 15 日号.『ロイターニュース』2015 年 9 月 9 日号。『日本経済新聞』2015 年 9 月 23 日号.『日本経済新聞』2015 年 9 月 26 日号. *Financial Times*, September 12, 13, 2015.
(44) *Financial Times*, October 1, 2015.
(45) *Financial Times*, September 24, 2015.
(46) *Financial Times*, October 9, 2015.
(47) 『日本経済新聞』2015 年 10 月 8 日号,『日本経済新聞』2015 年 10 月 9 日号。
(48) 『日本経済新聞』2015 年 8 月 13 日号。
(49) *Financial Times*, November 21, 22, 2015.

(50) *Financial Times*, July 11, 2014.
(51) 『ロイター通信』2015年8月19日号。
(52) *Financial Times*, August 24, 2015.
(53) *Financial Times*, May 22, 2014.
(54) *Financial Times*, July 29, 2015.
(55) 『日本経済新聞』2015年8月12日号。
(56) *Financial Times*, July 8, 2014.
(57) 『選択』2015年8月号、24-26ページ。
(58) *Financial Times*, October 29, 2015.
(59) 『日本経済新聞』2015年7月18日号。
(60) *Financial Times*, May 8, 2015.
(61) *Financial Times*, September 28, 2015.
(62) *Financial Times*, June 11, 2015.
(63) *Financial Times*, May 14, 2015.
(64) 『日本経済新聞』2015年8月14日号、『日本経済新聞』2015年10月24日号。
(65) *Financial Times*, October 12, 2015.
(66) *Financial Times*, November 10, 2015.
(67) *Financial Times*, August 6, 2015.
(68) 『日本経済新聞』2015年8月27日号。
(69) *Oil & Gas Journal*, April 6, 2015, p.8.
(70) サウジアラビアの主要輸出相手国は2013年実績で次のとおりである。台湾540億ドル、中国470億ドル、米国460億ドル、日本440億ドル、韓国330億ドル、インド310億ドル、シンガポール120億ドル、南アフリカ80億ドル、タイ70億ドル、その他930億ドル (*Financial Times*, June 29, 2015)。
(71) 『日本経済新聞』2015年9月10日号。
(72) 『日本経済新聞』2015年9月16日号。
(73) 『日本経済新聞』2015年8月10日号。
(74) 『日本経済新聞』2015年9月8日号。
(75) 『選択』2015年8月号、22-23ページ。
(76) 『選択』2015年9月号、24-26ページ。サウジアラビアとロシアが急接近する一方で、ロシアの国営石油最大手ロスネフチのイーゴル・セチン社長は原油市場におけるOPECの黄金時代は終焉を迎えたと認識すべきだと明言。サウジアラビアやOPEC加盟産油国の増産姿勢が原油価格の暴落を招いたとOPECに非難の矛先を向けている。そのうえで欧州の原油トレーダーとの関係を重視する姿勢を鮮明にした (*Financial Times*, September 8, 2015)。
(77) *Financial Times*, June 10, 2015.
(78) *Financial Times*, June 17, 2015.

(79) 『日本経済新聞』2015 年 9 月 2 日号。
(80) *Oil & Gas Journal*, June 1, 2015, pp.86-91. トルコの天然ガス輸入（2014 年実績で 450 億立方メートル）のうち、58 % がロシア、以下、イラン 19 %、アゼルバイジャン 9 %、アルジェリア 9 %、ナイジェリア 3 %、残余スポット（随時契約）となっている。
(81) *Financial Times*, November 30, 2015.
(82) 『日本経済新聞』2015 年 11 月 30 日号。
(83) 『日本経済新聞』2015 年 8 月 8 日号。
(84) 『日本経済新聞』2015 年 7 月 25 日号。
(85) *Financial Times*, August 19, 2015.
(86) 『日本経済新聞』2015 年 8 月 6 日号。
(87) 『日本経済新聞』2015 年 8 月 10 日号。
(88) 『日本経済新聞』2015 年 8 月 13 日号。
(89) 『日本経済新聞』2015 年 9 月 8 日号。
(90) 『日本経済新聞』2015 年 8 月 27 日号。
(91) 『日本経済新聞』2015 年 8 月 1 日号。
(92) 『日本経済新聞』2015 年 11 月 3 日号。*Financial Times*, November 5, 2015.
(93) 『日本経済新聞』2015 年 8 月 26 日号。
(94) 『日本経済新聞』2015 年 7 月 26 日号。
(95) 『日本経済新聞』2015 年 11 月 13 日号。
(96) *Financial Times*, November 28, 2014.
(97) 『日本経済新聞』2015 年 9 月 11 日号。
(98) *Financial Times*, June 10, 2015.
(99) *Financial Times*, September 22, 2014.
(100) *Financial Times*, September 23, 2015.
(101) *Financial Times*, October 13, 2015.
(102) 『日本経済新聞』2015 年 11 月 30 日号。
(103) 『日本経済新聞』2015 年 7 月 29 日号
(104) *Financial Times*, November 26, 2015.

（中津孝司）

索 引

A-Z

BRICs（ブラジル，ロシア，インド，中国）……………… 6
EU の東方拡大 ……………… 127
Euro Atlantic Integration
　（=ユーロ・アトランティック・インテグレーション（欧州・大西洋統合））構想 ……… 206
G ゼロ後の世界 ……………… 166
IG メタル ……………………… 72
IS・イスラム国 ………… 145, 236
R&D（研究・開発）……… 32, 103
RTS …………………………… 95
WTI（ウエスト・テキサス・インターミディエート）……… 9, 228
——原油 ………………………… 28

ア

アイデンティティ ……………… 123
——・クライシス ……………… 167
アウタルキー経済体制 ………… 194
アクティビスト ………………… 32
アザデガン油田 …………… 11, 229
アサド大統領 ……………… 12, 237
アジアインフラ投資銀行(AIIB) … 98
アジェンダ 2010 ………………… 68
アシュトン ……………………… 191
新しい戦争 ……………………… 128
アデナウアー …………………… 58
アドリア海横断パイプライン(TAP) ……………………… 116
アナトリア横断天然ガスプロジェクト（TANAP）…………… 116
アノミー ………………………… 150
アブハジア共和国 ……………… 208
安倍晋三首相 …………………… 92
天羽民雄 ………………………… 212
アラブの春 ……………………… 233
アリア …………………………… 194
アリババ集団 …………………… 4
アルバニア決議案 ……………… 198

アルメニア人虐殺問題 ………… 138
アルバニア人居住圏地域 ……… 165
安全保障 ………………………… 170
アンダーソン …………………… 152
安定化・連合協定（Stabilization and Association Agreement=SAA）………………… 191
安定的民主主義 ………………… 177
イエレン議長 …………………… 5
異次元金融緩和 ………………… 7
イスカンデル …………………… 101
イスラム教シーア派 …………… 10
イスラム教スンニ派 …………… 10
イスラム国 (IS) ………… 34, 236
イゼトベコヴィッチ …………… 133
1 億総活躍社会 ………………… 7
イデオロギー …………………… 129
イラク戦争 ……………………… 177
イラン・イスラム革命 ………… 13
イラン革命 …………………… 224
イリュリア人 …………………… 175
イールドカーブ ………………… 27
インジルリク空軍基地 ………… 249
インフレターゲット …………… 96
ヴィシェグラード協力（Višegrád Cooperation）………………… 188
上からの統合 ………………… 187
上からのナショナリズム ……… 133
ウクライナ危機 ……………… 131
ウクライナ紛争 ……………… 131
エアハルト（Ludig Erhard）… 58
液化天然ガス(LNG)… 107, 227, 255
エスニック集団 ……………… 149
エスニック・ナショナリズム … 152
越境地域協力（Cross Border Cooperation=CBC）……… 155
——計画（INTERREG）…… 188
エディタ・タヒリ（Edita Tahiri） ……………………………… 206
エトニ ………………………… 151
エネルギー回廊 ……………… 141
エリクソン …………………… 128
エルドアン …………………… 140

——大統領 ……………………… 248
エンタープライズ・プロダクツ・パートナーズ ………………… 9
オイルサンド ……………… 113, 246
欧州アイデンティティ ……… 124
欧州安全保障協力会議（CSCE） ……………………………… 143
欧州安全保障協力機構（Organization for Security and Cooperation in Europe）……… 178
欧州安定メカニズム（ESM）… 45, 55
欧州委員会 …………………… 189
欧州議会 ……………………… 189
欧州共同体（EC）………… 50, 140
欧州中央銀行（ECB）… 7, 30, 41, 189
欧州の火薬庫 ………………… 127
欧州連合（EU）…… 30, 41, 92, 224
オスマン帝国 ………………… 124
オバマ大統領 ………………… 91
オフショア …………………… 20
オランド大統領 …………… 37, 45
オリガルキ（寡占資本家）…… 93
オレンジ革命 ………………… 208

カ

外国直接投資（FDI）………… 103
下位地域(サブ・リージョン)… 155
——統合 …………………… 127
開放条項 ……………………… 79
傀儡国家 ……………………… 208
核拡散防止条約（NPT）……… 224
革命防衛隊 …………………… 235
ガスプロム ……………… 113, 114
カトリック・プロテスタント文明圏 ……………………………… 123
カムフィン …………………… 117
カラー革命 …………………… 208
ガリ …………………………… 176
カリーニングラード ………… 101
カルデリ ……………………… 154
カルドー ……………………… 123
ガルトゥング ………………… 176
環黒海地域 …………………… 142

完全交換性 ……………… 108
環太平洋経済連携協定 (TPP)
　……………………… 5, 34
基幹民族 ………………… 168
企業統治 (コーポレート・ガバナンス) …………………… 228
基軸通貨 …………………… 86
岸田文雄外相 ………… 90, 232
北大西洋条約機構 (NATO)
　……… 18, 35, 53, 94, 134, 147, 247
急進左派連合 …………… 40
旧ユーゴスラヴィア連邦国際刑事裁判所 (International Criminal Tribunal for Former Yugoslavia=ICTY) ……… 190
ギュル …………………… 140
ギュルハネ勅令 ………… 154
ギュレン運動 …………… 135
共通外交安全保障政策 (Common Foreign and Security Policy=CFSP) ………… 189
共同決定法 …………… 75, 76
極東経済特区 (極東新型特区) … 90
ギリシャ・ショック …… 45
キリスト教民主同盟 …… 58
緊急即応部隊 (NRRF) … 102
緊急流動性支援 (ELA) … 41, 54
銀行同盟 …………………… 7
近代主義 ………………… 133
クラウゼヴィッツ ……… 180
グランド・セオリー …… 151
クリミア半島 ………… 34, 89
クリミア併合 …………… 165
クルグズスタン介入 …… 208
クルド民族 ……………… 138
クルド労働者党 (PKK) … 250
グレートゲーム ………… 109
クレムリン (ロシア大統領府)
　…………… 17, 35, 90, 229
黒田総裁 …………………… 5
グローバリゼーション論 … 175
グローバル・ウォー・テロリズム (=GWOT) ……………… 180
グローバル化 …………… 145
グローバル・ガヴァナンス論 … 175
クーン …………………… 206
経営協議会 (Betriebsrat) … 76
経営協約 ………………… 78
経済協力開発機構 (OECD) … 94
啓典の民 ………………… 136

ゲオルク・イェリネック …… 168
ゲグ方言 ………………… 193
憲法工学 ………………… 210
公正発展党 (AKP) …… 140, 249
構造・手段主義的アプローチ … 133
幸福党 …………………… 140
国際移住機関 (IOM) …… 233
国際エネルギー機関 (IEA) … 228
国際原子力機関 (IAEA) … 224
国際司法裁判所 (International Court of Justice=ICJ) …… 179
国際人道法 (戦争法) …… 179
国際石油資本 (メジャー)
　…………………… 2, 110, 230
国際通貨基金 (IMF)
　…………… 14, 41, 94, 140, 239
国際立憲主義 …………… 211
国内総生産 (GDP)
　………… 10, 33, 40, 93, 226
国連コソヴォ暫定統治機構 (UNMIK) ……………… 171
コソヴォ人 ……………… 171
コソヴォ紛争 ………… 123, 170
コソヴォ平和維持部隊 (KFOR) … 171
コソヴォ・ポーリェの戦い … 174
コソヴォ民主同盟 (LDK) … 213
国家安全保障 …………… 170
黒海経済協力機構 (BSEC) … 142
黒海・コーカサス (カフカス) 諸国
　……………………… 130
国家の権利及び義務に関する条約
　……………………… 168
国家の三要素 …………… 168
国家福祉基金 (NWF) …… 117
国境 ………………… 126, 130
孤独な群衆 ……………… 150
コノコフィリップス ……… 17
コミンフォルム ………… 196
コメコン (経済相互援助会議) … 130
コモディティー (商品) …… 112
雇用のための同盟 ……… 64
コール (Hekmut Kohl) … 60
コーン …………………… 127

サ

サイクス・ピコ協定 …… 233
サイクス・ピコ体制 …… 138
最高経営責任者 (CEO) … 95
最低賃金 ………………… 81
債務不履行 (デフォルト) … 42

サウジアラビア通貨庁 (SAMA)
　……………………… 244
サウジアラムコ ………… 15
サウスパルス天然ガス田 … 227
サチ ……………………… 191
サブプライムローン ……… 6
サプライチェーン ……… 247
様々なエピソード ……… 211
サラフィズム …………… 135
サルマン国王 …………… 245
産業革命 ………………… 137
シーア派 ………………… 135
シヴィル・ソサエティ … 177
ジェイハン ……………… 240
シェールオイル ………… 113
シェール革命 … 8, 31, 112, 246
シェンゲン条約 ………… 207
事実上の国家 …………… 165
下からの越境地域協力 … 187
下からのナショナリズム … 134
実効支配 ………………… 89
シベリアの力 …………… 115
資本主義市場経済 ……… 129
市民革命 ………………… 137
社会契約説 ……………… 185
社会主義体制 …………… 129
社会的市場経済 ……… 60, 73
社会民主党 (SPD) ……… 58
上海協力機構 (SCO) … 54, 109, 236
上海ショック ………… 1, 45
上海総合指数 …………… 22
自由からの逃走 ………… 150
自由主義 ………………… 129
自由貿易協定 (FTA) …… 100
自由民主党 (FDP) ……… 58
住民投票 ………………… 212
主権国家 ………………… 125
シュミット (Helmut Schmidt) … 58
使用者団体から離脱する … 78
少数民族 ………………… 168
消費者物価指数 (CPI) …… 22
ジョージア (旧称グルジア) … 208
シリア内戦 ……………… 18
シーレーン (海上輸送路) … 91
シロビキ (強硬派) ……… 89
新規株式公開 (IPO) …… 15
人権 ……………………… 170
新常態 (ニューノーマル) … 104
新世界秩序 ……………… 166
新戦争論 ………………… 128

索引　261

人道的介入 …………………… 170
人民元相場 …………………… 18
新民主主義党（ND） ………… 44
心理・生物主義的アプローチ … 133
スイングプロデューサー …… 113
スエズ運河 …………………… 234
杉浦功一 ……………………… 211
スターリン主義 ……………… 194
スターリン批判 ……………… 197
ストレステスト（健全性検査）… 46
スポット（随時契約）…… 10, 227
スミス ………………………… 127
スレブレニツァ ……………… 178
スンナ派 ……………………… 135
生活圏 ………………………… 205
生産物分与協定（PSA）… 110, 227
政治的生態空間 ……………… 203
脆弱国家 ……………………… 185
製造業購買担当者景気指数（PMI）
　……………………………… 22
制度論者 ……………………… 175
セーヴル条約 ………………… 139
世界帝国 ……………………… 125
石油輸出国機構（OPEC）
　……………………… 2, 112, 119, 328
世俗主義 ……………………… 140
セチン社長 ……………… 89, 118
セーフティーネット ………… 51
セルゲイ・イワノフ大統領府長官
　……………………………… 89
ゼロ・プロブレム外交 ……… 145
全欧安全保障協力会議（Conference on Security and Cooperation in Europe=CSCE）………… 178
1974年憲法 …………………… 200
想像の共同体 ………………… 152
ゾーグ ………………………… 195
組織的虐殺（ジェノサイド）… 138
ソ連ブロック ………………… 153

タ

大アルバニア民族主義 ……… 175
第一次世界大戦 ……………… 137
大西洋憲章 …………………… 171
大セルビア民族主義 ………… 174
第二次世界大戦 ……………… 145
大民族主義 …………………… 172
大陸間弾道ミサイル（ICBM）… 101
ダーウィン港 ………………… 25
多極共存型権限共有制 ……… 178

多極共存型民主主義 ………… 178
多数決型民主主義 …………… 178
ダチッチ ……………………… 191
ダディッチ …………………… 191
多谷千香子 …………………… 179
ダルダニア …………………… 174
タンズィマート制 …………… 154
地域（リージョン）…………… 155
チェチェン紛争 ……………… 36
チプラス首相 ………………… 40
中欧 …………………………… 123
中国人民銀行 ………………… 1
中国製造2025 ………………… 24
中国代表権問題 ……………… 197
中心国外交 …………………… 146
中世セルビア王国 …………… 174
中東産ドバイ原油 …………… 28
中範囲の理論 ………………… 151
チューリップ革命 …………… 208
通貨の番人 ……………… 30, 86
通貨バスケット ……………… 23
月村太郎 ……………………… 172
創られた伝統 ………………… 152
ティトー ……………………… 154
テッサロニキ港 ……………… 47
テュルク ……………………… 134
伝統的国際法 ………………… 169
伝統的戦争 …………………… 185
東欧革命 ……………………… 128
東京証券取引所 ……………… 45
東西ドイツの統一 …………… 60
トゥジマン …………………… 133
東方正教文明圏 ……………… 123
同盟90/緑の党（Bundis90/Die Grunen）…………………… 64
特別引き出し権（SDR）… 19, 108
トスク方言 …………………… 193
ドネツク人民共和国 ………… 208
トラフィギュラ ……………… 118
トランスバルカン天然ガスパイプライン ……………………… 248
トルコ共和国 ………………… 134
トルコストリーム …… 53, 115, 248
トルコ・ナショナリズム …… 140
トレプチャ鉱山 ……………… 211

ナ

内政不干渉の原則 …………… 169
ナショナリズム ……………… 132
ナショナリティ ……………… 182

ナショナル・アイデンティティ … 182
ナチス党 ……………………… 150
ニキータ・フルシチョフ …… 197
日経平均 ………………… 21, 45
日ソ中立条約 ………………… 88
日本銀行 ……………………… 5
人間の安全保障 ………… 156, 170
ネイション …………………… 132
ノックダウン ………………… 231
ノバテック …………………… 114
ノーリ ………………………… 195

ハ

バイバック契約 ……………… 227
袴田茂樹 ……………………… 209
パクス・オトマニカ（オスマンの平和）……………………… 136
破綻国家 ……………………… 185
初瀬龍平 ……………………… 206
パトリオットミサイル（PAC3）… 235
ハナフィー法学派 …………… 135
馬場伸也 ……………………… 129
ハビエール・ソラナ ………… 210
ハプスブルク帝国 …………… 149
パブロプロス大統領 ………… 49
ハマス ………………………… 242
ハメネイ師 …………………… 237
バラ革命 ……………………… 208
バルカン半島地域 …………… 123
ハルツ（Pater Hartz）………… 65
パレスチナ問題 ……………… 138
パワーポリティクス ………… 254
バンカー（トーチカ）………… 194
東シベリア太平洋石油パイプライン（ESPO）………………… 119
ビザンツ帝国 ………………… 124
ヒズボラ ………………… 35, 242
非伝統的安全保障観 ………… 170
非伝統的国際法 ……………… 169
非同盟中立会議 ……………… 197
ビトルグループ ……………… 9
ピレウス港 ……………… 25, 47
ビレリ ………………………… 117
ビロード革命 ………………… 156
廣瀬徹也 ……………………… 134
廣瀬陽子 ……………………… 207
フェデラルファンド（FF）…… 3
付加価値税（VAT）……… 14, 40
フーシ …………………… 12, 235
プーチン大統領 ………… 34, 92

フラポート … 46	マディーナ（メディナ） … 136	吉川元 … 179
ブラント（Willy Brandt） … 58	ミクロ・リージョン … 155	**ラ**
フリバナ … 100	ミサイル防衛（MD） … 99	ラチャク村事件 … 171
ブルーストリーム … 248	未承認国家 … 142	ラブロフ外相 … 90
ブレマー … 166	ミッレト制 … 136, 154	リスクオフ … 1, 43, 86
フロム … 150	ミトロヴィッツァ（セルビア名ではコソヴォスカ・ミトロヴィッツァ） … 192	リスクオン … 43
文化大革命 … 197		リスクマネー … 7
文化的アイデンティティ … 213	南オセチア共和国 … 208	リースマン … 150
米国 9・11 同時多発テロ事件 … 181	ミラー … 181	立地論争（Standortdebatte） … 63
米国同時多発テロ事件 … 128	ミロシェヴィッチ … 133	リベラル・ナショナリスト … 185
ヘイズ … 181	民主主義 … 129	リーマン・ショック（金融危機） … 7, 30, 42, 87, 251
米連邦公開市場委員会(FOMC) … 2	──統治制度 … 178	
米連邦準備理事会（FRB） … 2, 30, 86, 228	民主党（DP） … 140	領域 … 126
	民主連合党（PYD） … 250	──国家 … 130
平和維持 … 176	ミンスク合意 … 99	──的支配 … 126
平和構築 … 176	民族・エスニシティ … 126	領土の一体性 … 169
平和創造 … 176	──紛争 … 133	ルゴヴァ … 213
平和への課題 … 176	民族国家 … 130	ルソー … 185
ベクタシー教団 … 135	民族浄化 … 167	ルーブル … 94
ペッグ（固定） … 6, 14	民族的支配 … 126	ルワンダ国際刑事裁判所（International Criminal Tribunal for Rwanda=ICTR） … 211
包括的共同行動計画 … 224	民族連邦制 … 167	
保護する責任 … 169	ムスタファ・ケマル … 137	
ポスト・冷戦期の終わり … 147	ムスリム人 … 200	レイプハルト … 178
──の時代 … 165	メヴレヴィー教団 … 135	歴史主義 … 133
ボスニア人 … 200	メドベージェフ首相 … 89	レンツィ首相 … 11, 51
ボスニア・ヘルツェゴヴィナ紛争 … 123	メルケル首相 … 35, 47	労働協約 … 78
	最上敏樹 … 208	労働者自主管理主義経済体制 … 154
ボスニャク人 … 200	モスクワ取引所 … 98	ロウハニ大統領 … 11, 224, 232
ボスフォラス宣言 … 143	百瀬宏 … 144	ローザンヌ条約 … 139
ボスポラス海峡 … 25	モンタン共同決定法 … 75	ロシア・グルジア戦争 … 208
北海ブレント原油 … 28	モンテヴィデオ議定書 … 168	ロシア中央銀行 … 96
ホッジャ … 194	**ヤ**	ロシア帝国 … 149
ホッブズ … 185	矢野暢 … 203	ロスネフチ … 89, 113, 114
北方領土 … 89	山田高敬 … 180	ロック … 185
ホドゥロ … 231	ヤマル LNG 生産基地 … 114	**ワ**
ホブズボーム … 152	柔らかい専制 … 136	ワイマール憲法 … 150
ポミアン … 152	有効需要 … 87	ワラキア・モルドヴァ問題 … 150
ホルムズ海峡 … 13	ユーラシア経済同盟（EEU） … 109	ワルシャワ条約機構（Warsaw Treaty Organization=WTO） … 187
ポロシェンコ大統領 … 99	ユーロ圏 … 32, 44	
マ	ユーロ・リージョン（Euroregion） … 155	湾岸協力会議（GCC） … 12, 234
マイナス金利政策 … 7	預金準備率 … 106	
マッカ（メッカ） … 136	抑止戦略 … 186	
松里公孝 … 142		

《編著者紹介》

中津孝司（なかつ・こうじ）担当：はじめに，Ⅰ，Ⅱ，Ⅲ，Ⅴ，Ⅷ
1961年大阪府生まれ。大阪商業大学総合経営学部教授。
経済学博士（大阪学院大学）。
1989年神戸大学大学院経済学研究科博士後期課程単位取得。
大学での講義，執筆活動のほかに，テレビ，ラジオに出演，各地で講演も多数行っている。
主要著書に『ロスネフチの逆襲』，『プーチン降板』，『日本株式投資入門』，『世界市場新開拓』，『資源危機サバイバル』，『日本のエネルギー戦略』，『ロシア世界を読む』，『エネルギー資源争奪戦の深層』，『ロシアマネー日本上陸』いずれも小社刊，『クレムリンのエネルギー資源戦略』（同文館），『ガスプロムが東電を買収する日』（ビジネス社）など75冊以上。

（検印省略）

2016年6月20日 初版発行　　　　　　　　　略称－大欧州

苦悶する大欧州世界

編著者　中津孝司
発行者　塚田尚寛

発行所　東京都文京区　株式会社　創成社
　　　　春日2-13-1
　　　　電　話 03（3868）3867　　FAX 03（5802）6802
　　　　出版部 03（3868）3857　　FAX 03（5802）6801
　　　　http://www.books-sosei.com　振替 00150-9-191261

定価はカバーに表示してあります。

©2016 Koji Nakatsu　　　　組版：亜細亜印刷　印刷：S・Dプリント
ISBN978-4-7944-3170-7 C3033　　製本：宮製本所
Printed in Japan　　　　　　　落丁・乱丁本はお取り替えいたします。

── 経済学選書 ──

苦悶する大欧州世界	中津孝司	編著	2,600 円
グローバル経済徹底解明 ―「シェール革命」から読み解く世界―	中津孝司	編著	2,000 円
日本のエネルギー政策を考える	中津孝司	編著	2,700 円
世界激変！指導者交代 ―2012年以降を大胆予測―	中津孝司	編著	2,200 円
世界市場新開拓 ―チャイナ・リスクに警鐘を鳴らす―	中津孝司	著	2,200 円
中東問題の盲点を突く	中津孝司	編著	1,800 円
エネルギー資源争奪戦の深層 ―国際エネルギー企業のサバイバル戦略―	中津孝司	著	2,000 円
ロシア東欧産業地図	中津孝司	編著	1,800 円
アジア社会経済論 ―持続的発展を目指す新興国―	澤田貴之	編著	2,600 円
中国の労働問題	塚本隆敏	著	2,900 円
入門経済学	飯田幸裕 岩田幸訓	著	1,700 円
財政学	小林威	監修	3,200 円
国際経済学の基礎「100項目」	多和田眞 近藤健児	編著	2,500 円
国際公共経済学 ―国際公共財の理論と実際―	飯田幸裕 大野裕之 寺崎克志	著	2,000 円
マクロ経済学のエッセンス	大野裕之	著	2,000 円
ファーストステップ経済数学	近藤健児	著	1,600 円
福祉の総合政策	駒村康平	著	3,000 円
ミクロ経済学	関谷喜三郎	著	2,500 円
マクロ経済学	石橋春男 関谷喜三郎	著	2,200 円
イギリス経済思想史	小沼宗一	著	1,700 円

（本体価格）

創成社